公共政策と人間
社会保障制度の準市場改革

ジュリアン・ルグラン［著］
郡司篤晃［監訳］

MOTIVATION, AGENCY,
AND PUBLIC POLICY
Of Knights & Knaves, Pawns & Queens
JULIAN LE GRAND

聖学院大学出版会

© Julian Le Grand 2003

**Motivation Agency and Public Policy:
Knights & Knaves, Pawns & Queens**

*was originally published in English in 2003.
This translation is published by
arrangement with Oxford University Press.*

政治機構における権力抑止の装置を用意する場合，人間はならず者（knave）であり，その行動のすべてにおいて私的利益以外の目的をもたないと想定されなければならない。われわれは，この私的利益によって人間を支配しなければならず，この私的利益を通じて，その足るを知らない貪欲と野心とにもかかわらず，公共の利益に寄与するようにさせなければならない。
　　　　　（デービット・ヒューム（David Hume），「議会の独立について」[*1]）

　ただの歩（pawn）だっていいわ。入れてもらえさえすれば──そりゃもちろん，女王になりたいのは山々だけど。
　　　　　　　　　（ルイス・キャロル（Lewis Carroll），『鏡の国のアリス』[*2]）

　もし，すべての駒に卑しく狡猾な感情や知恵が多少なりともあるとしたら，チェスの試合は一体どうなるか，想像してもらいたい。敵の駒の動きがつかめないだけではなく，自分の駒の動きもはっきり分からず，持ち駒のナイトがこそこそと勝手に動きまわって新たな枡目を作り出すようなことがあれば，試合はどうなるだろう。あなたのキャスリングのやり方にうんざりしたビショップが，ポーンを甘言で誘い出し持ち場から動かしてしまったり，ポーンがポーンという立場故にあなたを憎み，不意にチェックメートをかけることも出来る指定の持ち場から勝手に逃げ出してしまったら，チェスの試合は一体どうなるだろうか。どれほど演繹的推理に優れた利口な人でも，自分の持ち駒のポーンに裏をかかれるかもしれないのである。傲慢にも自分の頭脳の回転を全面的に信頼し，情念をもつ駒を軽視したりすると，取り分け手酷くやっつけられることだろう。

　　　　　　　　　　　　　　（ジョージ・エリオット（George Eliot），
　　　　　　　　　　　　　　　　　　『急進主義者フィーリクス・ホルト』[*3]）

［*1］　小松茂夫訳，『市民の国について』（下），岩波文庫，1982，164頁に収録されているが，ここでは泉谷周三郎『ヒューム』（イギリス思想叢書5），研究社出版，1996，176頁を引用した。
［*2］　矢川澄子訳，新潮文庫，新潮社，1944，42頁。
［*3］　冨田成子訳，日本教育研究センター，1991，4頁。

日本語版序文

　本書の日本語版序文を書く機会が与えられたことをうれしく思います。それは，1つには家族に関わる理由で，私と妻が貴国を訪問した時のとても楽しい思い出があること，それから私の娘が日本で1年間の教師生活をしたことがあるからです。もう1つの理由は私の専門に関係するものです。私は従来から日本と日本社会に深い関心を持っておりましたので，本書が日本の読者に読んでいただけることを大変うれしく思います。

　本書で議論される概念や用語のあるものはイギリスでつくられてきたものですから，日本の読者にはなじみが薄いものもあるかもしれませんが，私は本書の議論は日本にも適用できる有用なものであると信じています。中心的な議論である，公共サービスに従事している人々の動機や，サービスの受け手の行為主体としての能力に関する理解は，世界的に現実に適用可能なものであります。また，これらのサービス提供において，効率と社会正義の双方の目的を達成するために「準市場」を発展させようという考えは，イギリスと同様に日本においても容易に適用可能なのではないかと思います。

　本書の最初の英語版は2003年の9月に出版されました。その後に起こった1つの出来事について，ここでお話ししておく価値があると思います。それは，私がトニー・ブレア（Tony Blair）首相の2年間の上級政策補佐官（a senior policy adviser）に招かれたことです。

　当時，政府は医療，教育，福祉サービスの準市場改革の導入に忙殺されておりました。私はこれらの改革を下支えする分析結果に基づき，そこから具体的な政策を立案し（それらのほとんどが本書で触れられていますが），それらを導入することに深く関わることになりました。厳密に公共サービスではありませんが，私がその設立を強く主張してきた児童基金（Child Trust Fund）など

の案は実際に導入されました．私は基本的には研究者ですが，自分の口に自分のお金を運ばなければならないという，尋常ではない立場に立たされたのです．

それでは，この「私の」政策案が実際に導入された経験が，私の考えを変えたでしょうか？　さらに重要なことは，その経験が基本的な分析や考え方を変えたでしょうか？　答えは「否」でした．もし何か変化が起こったとしたら，それらの経験によってむしろ，動機と行為主体についての基本的な理解が公共政策の立案と導入には本質的に重要であるという見方がむしろ強まったということでしょう．本書が意図したことはその理解を促進することであり，その仕事は現在でも2003年と同様に重要な仕事であります．

最後に，郡司篤晃教授とそのチームが本書を訳し出版してくださったことに深謝します．これらの仕事は決して容易ではありませんので，私は読者ともどもも大いに感謝したいと思います．

ジュリアン・ルグラン（Julian Le Grand）
ロンドン経済政治大学
2006年12月

まえがき

　私がこの本の最初に引用しデービット・ヒューム（David Hume）の言葉に出会ったのは，ロンドン経済政治大学の教授に任命され，就任記念講義を準備しているときだった。大学の就任記念講義というものは，新任教授が学部の同僚とか学生ばかりでなく，大学の他の学部学生やスタッフ，それに友人や親類をも含む聴衆に対して正式な授業をするというのだから，気をひるませるような催しである。大方の人々は講演者の仕事や専門領域については何も知らないのである。そこで，あまり専門的ではないものを用いて，聴衆にある程度の情報を与え，かつ面白いと思わせ，大学は確かに良い人事をしたと思わせなければならない。

　講義の演題は「社会保障の新たなビジョン」〔*1〕という，ちょっと地味な題に決まったが，私の準備は難航した。というのは，当時（1990年の半ば），ちょうど福祉国家の劇的な変革の時期にあり，そのことを反映させようと思ったからである。それらの変化とは，医療や教育など，古い国家独占の公共サービスの崩壊と，「内部市場」，あるいは「準市場」への変換などを含んでいた。年金や所得保障のような現金給付に関する福祉政策についても，所得の再分配の方法として現金給付の有効性を疑問視して，貧困と不平等を減少させるための，古いやり方とは違うやり方が求められていた。これらのすべての変化は公共サービス（public service）と福祉国家に対する考え方の大きな変動を表していることは明らかであった。しかし，これらの変動の本質が何なのか，そしてどこからきたのか，定かではなかった。福祉国家は存在して，すでに50年ほどにな

〔*1〕　原文は‘The New Visions of Welfare’である。ここでは welfare を社会保障と訳したが，教育や住宅対策などを含む。一般的には social security が社会保障と訳されるが，イギリスにおいては年金や生活保護など，現金給付的な経済的保障を意味する。

るし，その間の数々の政治的，あるいは経済的危機にもかかわらず，その基本的な形や構造は結局変わらなかったのである。これらの劇的な変化をもたらしたものは何なのか？　なぜ，今，政策立案者はラディカルな構造改革に取り組んでいるのだろうか？　そこには一貫した形があって，それを見れば実際に何が起こっているのかについて洞察を与えてくれるのだろうか？

　ヒュームの1節はこの問いを解く手がかりを私に与えてくれた。その中で，ヒュームは，政策立案に携わるものは，政府組織内の人はすべて基本的には利己主義者——つまり悪党（knave）——なので，そのように政策を立案すべきだと勧めている。しかし，主な政府の政策の例，すなわち福祉国家の歴史を見ると，それらの制度を最初に設計した人々は，ヒュームの金言には全く従っていなかった。すべての人は悪党だという仮定するどころか，彼らは，専門職や政府の行政官は公共心にあふれた利他主義者である，つまり悪党ではなくナイト（knight）であると信じられてきたように見える。さらに，福祉国家の給付の対象とする人々は，ナイトでも悪党でもなく歩（pawn）に近いような存在，すなわちサービスや給付の受動的な受け手であり，ナイトである行政によるサービスを何の文句もいわずに受け取るだけの存在と想定されてきた。

　1980年代から1990年代に起こったと思われる変化は，これら一連の確信の転換である。今や，政策立案者は，公的セクターで働く人々がナイトであるより，むしろ悪党に近いと思っているようである。さらに，ジョージ・エリオットからの引用がいうような，おそらく一部は意識下の恐怖感のゆえに，政策立案者は，福祉国家の受益者がチェスにおける最も弱い駒である歩ではなく，最も強力なクイーンのように扱われるべきであると信じるようになった。言葉を変えれば，政策立案者の「動機（motivation）」，つまり何が公的セクターで働く人々の動機となっているかについての信念と，「行為主体（agency）」，つまり個人，特に福祉国家の受益者が独立的に，あるいは自主的に行動できる能力についての信念に変化が生じたのである。そして，これらの変化は，特に行政サービスや福祉国家全体をどう構築すべきかについての見方に影響を与え，深い転換へと導いたのである。

このような洞察によって，私は急いで講義をつくり変えた。そして，講義もその後のこのテーマの論文もうまくいった（Le Grand 1997b）。しかし，私は満足できなかった。多くの問題が答えられずに残された。それらは，さほど経験的でも，あるいは歴史的（実際何が起こったか？）でもなく，規範的，あるいは政策指向的（何が起こるべきだったのか，また，今も起こるべきであるか？）であった。これらの動機や行為主体に関する信念が転換したとする根拠は確かなのだろうか？　サービスの利用者は歩であるべきか，それともクイーンであるべきなのか？　公的セクターで働く人々は何が動機となっているのだろうか？　彼らは単純にナイトなのか，または悪党なのか，それともさらにありそうなことだが，彼らはその両方であって，彼らが置かれた状況によって動機のバランスを取っているのか？　政策は，そのようにしてこの動機のバランスをうまく用いて，つまりもしそれが望ましいなら歩をクイーンに変え，立案されるべきなのだろうか？

　これらの問いの少なくともいくつかに答えようとした私の試みがこの書物となった。だから，本書は，経済学や公共政策，社会政策，政治学，社会学，社会心理学，政治哲学の研究者にも学生にも興味深いものとなったはずである。しかし，研究関係者だけではなく，政治家や行政官，公的セクターの専門職者，メディアなどのオピニオンリーダなど，公共政策や公共サービスに関心を持つ人々にも興味を持って読んでいただけると思う。そのため，私の希望は程よくわかりやすく書くことである。専門用語はできるだけ避け，それが必要なときには説明を加えた。4章の需要と供給の議論には，グラフの補論（annex）をつけた。しかし，グラフに不慣れな人でも心配する必要はなく，本文に言葉で説明されている。引用は著者・発表年方式を用いたが，詳細は巻末の文献リストに載っている。

　ナイト（knight）と悪党（knave）という隠喩（metaphor）について2点だけ述べておきたい。第1点は，『Shorter Oxford English Dictionary』には，'knave'とは「節操のない人——道義心のない人，卑しくずる賢い悪党（an unprincipled man : a base and crafty rogue）」という意味が書かれていること

である。（面白いことに，この説明ははっきりと言葉の古い意味，すなわちナイトにしばしば反抗する召使として雇われた少年や若者を意味している。）私が後で説明するように，私の用い方はデービット・ヒュームやその他の政治哲学者と同じであり，単純に自分の利益のために行動する人を意味し，若干広く使っている。ある個々人が自己の利益追求のために卑しかろうがずる賢かろうが直接は関係ない。

第2点は，性差に関することである。knight も knave も男性のように聞こえるが，驚くことに前掲の辞典の定義は上述のとおりである。しかし，隠喩として使う際に，男性だけを指そうと思ったわけではない。実際，4章にあるように，利己と利他の問題を議論する際には，性差の問題が出てくる。したがって，それぞれの言葉は男性も女性も含めて使われている。

この種の仕事の常ではあるが，私は同僚，友人，そして家族に多くを負っている。同僚と友人の中では，3人が際立っている。ニコラ・レイシー（Nicola Lacey）は原稿の全体を数度も読み直してくれた。彼女の知的で感性豊かな部外者として見方は，極めて貴重だったし，それで本書のかなりの部分を再考させられた。ニコラス・バー（Nicholas Barr）とジェフリー・ブレナン（Geoffrey Brennan）もまた，原稿を読んでくれた。ニコラス・バーは内容の再構成について重要な示唆と，また細かい点を指摘してくれた。ジェフ・ブレナン（Geoff Brennan）は，当初のドラフトで重大な論理的な欠落部分を厳しく，しかし全く正しく指摘してくれて，そのためにもう1章追加したほうがいいといわれたので，それを適切にすることができた。私はこれらの人々に深く感謝したい。

また，フィル・アガルニク（Phil Agulnik），ダン・ハウスマン（Dan Hausman），デービット・ニッサン（David Nissan）にも感謝したい。彼らは私が共著者である著作の一部を使わせてくれたし，その中での議論から多くを得ることができた。さらに，ハワード・グレナスター（Howard Glennerster），ジョン・ヒルズ（John Hills），マーティン・ナップ（Martin Knapp），エリアス・モシアロス（Elias Mossialos），キャロル・プロッパ（Carol

Propper），レイ・ロビンソン（Ray Robinson）をはじめ，経済社会研究機構の社会的排除分析センター（Economic and Social Research Council's Centre for Analysis of Social Exclusion〔CASE〕）とロンドン経済政治大学健康と社会ケア研究センター（LSE Health and Social Care）の同僚に多くを負っている。彼らは有用なコメントや文献，必要なときには精神的なサポートをしてくれただけではなく，ナイトと悪党，歩とクイーンの隠喩の説明や変形について，驚くほどの優しさと忍耐をもって聞いてくれた。

　本書の執筆中，私はフェビアン協会の税制と市民権に関する委員会（Fabian Society's Commission on Taxation and Citizenship）と公共政策研究所の公/私協働に関する委員会（Institute of Public Policy Research's Commission on Public/Private Partnerships）のメンバーだった。このことは本書の出版の遅れという対価を支払うことになったが，いくつかの重要な部分，特に目的税の章の改善に大きく寄与した。マイケル・ジェイコブズ（Michael Jacobs）は同協会の総書記であり，会長がレイモンド・プラント（Raymond Plant）である。フラン・ベネット（Fran Bennett）とニコラス・モンク（Nicholas Monk）を含め，委員会の他のメンバーとの議論も非常に有益だった。しかし，私の結論には同意しないかもしれない。フェビアン協会には，私も共著者になっているパンフレットを再掲することの許可をいただいた（Nissan and Le Grand 2000）。行政サービスについての公共政策研究所の委員会における討論，特に書記のガビン・ケリー（Gavin Kelly）や会長のマシュー・テイラー（Matthew Taylor）との議論もまた，非常に有益であった。

　私はまた，以下の人々の各章についてのコメントや，初期の段階での素材提供や有用な文献の提供に感謝したい――ロス・アルトマン（Ros Altmann），ケート・バクスター（Kate Baxter），テッサ・クリリー（Tessa Crilly），ブレディン・デイヴィス（Bleddyn Davies），アライン・エンソーヴェン（Alain Enthoven），ブルーノ・フレイ（Bruno Frey），ヴィクター・フクス（Victor Fuchs），ロバート・グッディン（Robert Goodin），アンドリュー・ヒーリー（Andrew Healey），ジャーヴァス・ハクスレイ（Gervas Huxley），

イオナ・ヒース（Iona Heath），ジェレミー・ケンダル（Jeremy Kendall），アマンダ・キローラン（Amanda Killoran），ルドルフ・クライン（Rudolf Klein），シュテーファン・ライブフリード（Stephan Leibfried），ペニー・レオナルド（Penny Leonard），ロドニー・ロウ（Rodney Lowe），マノス・マタゴニス（Manos Matsaganis），スザンナ・モリス（Susannah Morris），ジェニー・ロバート（Jenny Roberts），クレア・アンガーソン（Claire Ungerson），アン・ウェスト（Anne West），カレン・ライト（Karen Wright）。ロンドン経済政治大学健康と社会ケア研究センターと経済社会研究機構（Economic and Social Research Council）のCASEに対する研究費（RES-558-28-5001）から経済的な支援を頂戴した。

オックスフォード大学出版局にも多くを負っている。アンドリュー・シュラー（Andrew Schuller）は出版の過程全体を管理し，また文章について有用なコメントをしてくださった。マシュー・ダービーシャー（Matthew Derbyshire）は制作の世話をしてくれて，本の体裁について重要な意見をいただいた。マイケル・ジェームズ（Michael James）は優れた原稿整理で，多くの不適切な表現や引用の間違いを正してくれた。

最後になったが，とはいえ最も少なくというのではなく，私の家族に感謝しなければならない。彼らは本の虫となった夫であり父親に忍耐してくれただけではなく，積極的に協力してくれた。特に，娘のズーイ（Zoe）は文献の引用を手伝ってくれたし，ズーイの妹のポリー（Polly）は考えの背後にある経済学の部分をきちんとしてくれた。だから，本書が彼女らへの献呈となっているのは通常の意味ではない。

誰だったか，多分アイリス・マードック（Iris Murdoch）だったと思うが，正確な出典を特定できなかったのだが，こういった——哲学の研究は終わりがない，だから途中で断念するしかない，と。私は繰り返し博士後期課程の学生にいっているのだが，これは哲学に限ったことではなく，すべての研究に当てはまる。そして，それは，本書にも当てはまる。この主題を6年も暖めてきたにもかかわらず，研究が完了する前に断念しなければならなかった。私が取り

まえがき

上げたテーマのあるものはそのようなスケールのものであり，私は理想的に展開するのに必要な時間もエネルギーも持ち合わせていない。私ができることはとりあえずここでバトンを下ろすことである。本書を読んだ誰かがそれをまた取り上げて，さらに運んで行ってほしいと望んでいる。

ジュリアン・ルグラン（Julian Le Grand）

ロンドン経済政治大学

2003年3月

目　　次

日本語版序文　3
まえがき　5

1　序論――動機，行為主体，公共政策　15

第Ⅰ部　ナイトと悪党の理論 …………41

2　公的セクターにおけるナイトと悪党
　　――その言葉は何を意味し，我々は何を知っているのか？　43
3　動機づけと政策の文脈　66
4　公共サービスの動機に関する理論　82

第Ⅱ部　歩とクイーンの理論 …………111

5　行為主体と公共サービス　113
6　行為主体と財政　133

第Ⅲ部　政　　策 …………145

7　医　　療　147
8　学校教育　163
9　デモグラント　180
10　パートナーシップ貯蓄　205

11　目 的 税　217
12　終章——穏やかな商取引　238

訳者あとがき　247
文　献　250
索　引　271

図表
1-1　動機と行為主体とイデオロギー　36
4-1　悪党的な供給　106
4-2　ナイト的な供給　107
4-3　ナイト的供給と低い需要　107
4-4　ナイト的な供給と高い需要　108
4-5　ナイト的な供給と中程度の需要　108
4-6　ナイト的・悪党的な需要と供給　109

1　序論——動機，行為主体，公共政策

　　われわれが食事ができるのは，肉屋や酒屋やパン屋の主人が博愛心を発揮するからではなく，自分の利益を追求するからである。人は相手の善意に訴えるのではなく，利己心に訴えるのであり，自分が何を必要としているのかではなく，相手にとって何が利益になるのかを説明するのだ。
　　　　　　　　　　　　　　　　　　（アダム・スミス（Adam Smith），『国富論』）[*1]

　　民間の市場は……あるとき，好きに生きる自由を与えられていたとしても，すべての人の選択の幅を狭めることになる。人々が道徳的な選択をしたり，利他的に行動したいと欲しても，市場による強制力は，そのような選択をする自由を減じたり，奪ったりするので，『社会政策』と呼ぶプロセスによって，その力を弱めたり，取り除いたり，制御したりすることは，国家の責任である。
　　　　　　　　　（リチャード・ティトマス（Richard Titmuss），*The Gift Relationship*）

　　我々は，こどもの教育を，教師が一番教育についてわかっているということで専門職の教師に任せるべきだろうか？　病気になったとき，医者がうまく治療してくれると単純に信頼して我慢しているべきなのだろうか？　我々は病気を治してくれる病院や，こどもが教育される学校を選択する権利を持つべきではないのだろうか？　あるいは，そうした選択は，学校同士，病院同士を破壊的な競争に導き，選択する人々を害するだけでなく，それらの施設で働く人々や，さらにはより広い社会的利益を害するようになるのだろうか？　患者や親の権限が大きくなると，専門職としての，あるいはその他の利他的な動機が侵

[*1]　山岡洋一訳，日本経済新聞出版社，2007，上，17頁。

食されていくのだろうか？　もっと一般的にいって，公共サービスの受け手に権限を与えると，公共サービスのいわゆるエートスが破壊され，その結果，社会は物心両面で荒れ果ててしまうのだろうか？

　医療や教育のような公共サービスに対するこれらの問いに答えることは極めて重要である。しかし同様な問題は，しばしば福祉国家と名づけられた公共政策のいたるところに存在し，またこれらの問題は個人の収入や支出により直接関係するものもある。政府は，年金のためにもっと節約することを我々に強制するべきなのだろうか？　我々は長期ケアが必要になるかもしれないので，保険に入るべきではないだろうか？　それとも，蓄えを奨励する何か他の方法があるのだろうか？　機会の平等性を促進する最良の方法は，青年により高い教育の機会を与えることだろうか？　あるいは，選択肢を広げるためには，公的資金による奨学金を給付や貸与にするべきなのだろうか？　もっと一般的にいえば，我々は政府が我々に代わって賢く税金を使うと信頼すべきなのか，それとも我々が納めた税金の使い道についてもっと権限を持つべきなのだろうか？

　本書が答えようとしているのはこれらの問についてである。事実，それらはすべて，公共政策のデザインに関するさらに幅広い問いの一部であり，本書の根底をなすテーマでもある。それらは，動̇機̇（motivation）と行̇為̇主̇体̇（agency）[*2]の役割に関する問いである。人間の動機——内的な欲求や行動を駆り立てる選好——と，行為主体の行動する能力に関する仮定は，公共政策のデザインと実施における鍵となるものである。政策立案者は，政策を実施する人々と，彼らから利益を受ける人々が，ある法則で行動するという仮定に基づいて政策を立てるが，両者が，ある動機と，あるレベルの能力を行為主体が持つという仮定に基づいて作成するのである。ある場合にはそれらの仮定は明白であるが，よりしばしば不明確であったり，意識されていない価値観を反映したり，あるいは明文化されていない政策立案者の信念であったりするのである。

　意識してもしなくても，これらの仮定は政策を構築するやり方の決め手とな

〔*2〕　agencyは，個人だけではなく組織などの「行為主体」を意味し，その「能力（capacity）」の意味が含まれる。

1　序論——動機，行為主体，公共政策

るだろう。例えば，人間は自身の利益優先を動機にするという仮定（この本の冒頭で引用したデービット・ヒュームの言葉によれば，knaves—悪党）によってつくられた政策と，人間は公共心と利他性を優先するという仮定による政策では，かなり違ったものになるだろう。〔本書では〕彼らを悪党の対称的な存在であるので，名づけてナイト（knight）と呼ぶことにする。同様に，人々が独立して行動する裁量権を考慮に入れない政策——公的セクターで働いている人とか，環境の被害者として受身的に公的セクターの恩恵を受ける人々を，すなわち〔本書では〕チェスの歩（pawn）と名づけられる人々として遇する政策——は，働き手，受け手を，積極的な行為主体，つまりチェスでいえば最も弱い駒の歩ではなく，最も強い駒のクイーン（queen）として遇しようという政策と，全く違ったものになるだろう。

　これらの仮定，もっと正確にいえば，人間の動機と行為主体に関する仮定と現実との関係が，公共政策が成功するかどうかを決定する。例えば，実際には公的セクターの働き手がほぼ悪党であるのにもかかわらず，政策は彼らが基本的にナイトであるという仮定からつくられたものであったら，それは破滅的な結果に終わるだろう。しかし，彼らが悪党であるという前提で政策がつくられれば，彼らの自然な利他的な衝動を抑えてしまうことになり，良質な公共サービスを提供する動機を一部壊してしまい，同様の結果となるだろう。同様に，意識的にであってもなくても，人々を歩として扱う政策は，働き手のやる気をなくさせ，受け手に不満を持たせ，政策の意図に反して悪い結果となるだろう。また，働き手か受け手かどちらかにあまりに多くの力を与える政策は，個々人や他人の福祉を損なう結果に終わるかもしれない。

　私は，この章の最後で，これらの概念の違いにもう一度立ち返ることとする。そこで，読者に対して，本書の主な議論を案内する地図を提供する。しかし，はじめに，具体例を用いて，政策のデザインにおいて人間の動機と行為主体について考えることの重要性を説明したい。それは，イギリスその他の福祉国家に起こった重要な発展の1つであり，公共サービスの提供における「準市場革命」と呼ばれるものである。後で説明するように，それは，医療と教育といっ

た主要なサービスを公共サービスとして提供するという静的な方法から，より市場指向型の方法への移行である。それは，劇的な政策転換であり，政策形成上多くの学ぶ点がある。しかも，多くの公共サービスがいまだにこの革命の遺産と戦っていることから，本章のはじめの部分で，政策改革に関するこれらの問いについて論ずることはまた，かなりの妥当性があるだろう。

政策の仮定と福祉国家

ほとんどの国の政府は，歴史的に，教育や医療のような福祉サービスと，その財源を提供してきた。この実際のサービス提供は，しばしば官僚機構をとおして提供されてきた。また国の財源によって，利用時には無料（もしくはかなりの補助を受けた価格）で提供されてきた。多くの政府は，中央政府か地方政府は別として学校や大学を運営し，無料または実際よりはるかに安い価格で学校教育や大学教育を提供する。国営医療システムを持つ国の政府は，主たる医療施設を保有し，それらを用いて，無料または安い自己負担で医療を提供している。また，多くの政府は高齢者の長期ケア，身体障害者や精神障害者のケア，貧困者への住宅提供のような福祉サービスの提供とその財源を提供している。

1980年代から1990年代初頭にかけて，この種の社会政策[*3]に革命が起こった。それまで国家によるサービスと財源の提供は当然のこと（norm）であったが，いくつかの政府では，財源のコントロールを維持しつつも，サービスの提供からは後退し始めた。画一的で自由のない官僚機構がサービスを提供するかわりに，市場あるいは「準市場」(1)において，客を求めるそれぞれ独立した（民間の）提供者が，競争的にサービスを提供するようになった。これらの改革は常に論議を呼び，いくつかの国ではその後それを逆行させようとしたが，それは現実というより修辞的なレベルにすぎなかった。

[*3] social policy を社会政策と訳すが，その内容は医療・福祉だけではなく，教育や住宅，年金を含む。social security は，わが国では社会保障と訳されることが多いが，これは年金や生活保護など，金銭的な給付を意味する。

準市場の登場した原因は1つではない。主な要因は，財政の逼迫によって，政府が，ますます少なくなっていく財源を，もっと効果的に使うための新しい方法を探す必要性があったからである。これらの動きの根底にあるものは，動機と行為主体に関する政策決定者の認識の変化である。そこで，最初の良い例として，イギリスのケースを用いて説明するが，適当な場合は，他の国々の例をも参照することになる。

ナイトの時代——イギリスの福祉国家　1945—1979
　第二次世界大戦直後のイギリスのムードは，はっきり集団主義の勝利と見てとれた。イギリスが戦争をくぐりぬけるだけでなく勝利者側になれたのは，国民的な団結と共同戦線への無私の献身によるものとされていた。歴史学者ピーター・ヘネシー（Peter Hennessy）は，「集団による個人の利益の広範囲な侵害である」と書いた。彼は上級公務員の言葉を引用して，「第二次世界大戦では多くのすばらしいことがあったが，中でも最もすばらしかったことは，それは本当に私たちの『最高の時』であったことだと思う。『利己的な』人々ももちろんいたが，彼らは決して多数ではなかった……。古くからの階級を超えて同志の感覚が広がっていた」。
　この精神，つまり個人の利己心よりも，相対的に集団的な努力が重要であるとする精神は福祉国家の形成に甚大な影響を与えた。コレリ・バーネット（Corelli Barnett）は，彼の反福祉国家論である『The Audit of War〔戦争の監査〕』で，「1940—41年ごろのイギリスの文化的エリートたちは，戦勝後のイギリスに『新たなエルサレム』を建設しようと急ぎだした」と書いた。自分の

（1）「準市場」とは，競争に巻き込まれるという意味では市場であるが，通常の市場とはいくつかの点で異なる。需要側で見ると，消費者ではなく国が財源を負担し，消費者に代わってサービスを購入する代理人（agent）がいる，また供給側では，非営利あるいは政府機関までが客を得ること，あるいはまた利益のために競争する。参照—Le Grand and Bartlett（1993：10）。
（2）　この点のさらなる議論のためには，Glennerster and Le Grand（1995）を参照のこと。
（3）　Hennessy（1992：38）による，Dame Alix Meynell（上級公務員），Board of Trade 1925-55 からの引用。

欲望，ヴィクトリア時代の資本主義の精神的な遺産である個人の欲望は，すべての人の善のために熱心に働こうというキリスト教的精神に道を譲ったのだ。

　実際に，社会歴史学者ロドニー・ロウ（Rodney Lowe）は，2種類の集団主義が戦争後の福祉国家を形づくった[4]，と論じた。まず，気の進まない集団主義者がいたが，中でも突出している2人はウィリアム・ベバリッジ（William Beveridge）とジョン・メイナード・ケインズ（John Maynard Keynes）であった。そしてその次に，ロウが名づけた，より純血な集団主義者，社会民主主義者はT. H. マーシャル（T. H. Marshall），リチャード・ティトマス（Richard Titmuss），アンソニー・クロスランド（Anthony Crosland）であった。彼らについて，ロウは次のようにいう。「戦後の初期段階において，ベバリッジとケインズの大きな影響下ではあったが，福祉国家イギリスを国際的な評判にまで高めたのは，社会民主主義者たちであった。同国では，これらの理想は1945—51年の労働党政権の福祉立法に注ぎ込まれ，保守党の大臣らがそれを論駁できなかったのでさらなる発展を遂げていった」。そしてロウがいうには，不承不承の集産主義者の気持ちにもかかわらず，彼らは戦後の福祉国家の発展を決定づけたのは，「社会民主主義が歴史を味方につけたからである」という（Lowe 1993: 18-20）。

　その時，社会民主主義的福祉国家論の中にあった，人間の動機と行為主体に関する暗黙の仮定は何だったのであろうか？　この質問に答えることは，アクターを3つに分けることが役に立つ。第1のグループは，福祉国家をつくった人と福祉国家で働いた人，つまりこの政策を立案した政治家とその管理をする公務員，それとそのサービスを提供した専門家やその他の人たちである。第2のグループは，財政システムの下で，財源を提供した人，つまり納税者である。第3のグループは，福祉国家から給付を受けた人たち，つまり社会保障の受け

（4）　私のような素人の歴史家にはありがたいことに，ここ10年の間に，1945年以降の福祉国家についての優れた3冊の歴史書が出版されてきた。Rodney Lowe（1993），Howard Glennerster（1995），Nicholas Timmins（1995）である。それからNHS（National Health Service）の発展についてのすばら3冊のい研究書Rudolf Klein（1995）の第3版である。以下でこれらの4冊の書物から多くの引用をする。

手，医師の患者，学校の生徒とその親，公営住宅の入居者などである。

社会民主主義者たちは，第二次世界大戦の集団主義者の遺産を引き継いで，また19世紀後期から20世紀初期に，ジョウェット（Jowett），トインビー（Toynbee），トーニー（Tawney），テンプル（Temple）などといった思想家によって形成された公共サービスのエートスという思想に従うことで，国家やその行為主体は有能で慈善的であると仮定していた（Lowe 1993：23）。したがって，第1のグループである福祉国家を経営する人たちは，公共の利益を第一に働くと信頼されていたにちがいない。彼らは悪党ではなく，ナイトだったのである（Donnison 1982：20-1）。医者や教師のような専門職の人々は，本来，彼らの職業倫理によって動機づけられており，したがって彼らが奉仕する人々の利益を第一に考えるはずだと考えられていた。同様に，政治家，公務員，官僚，そしてその管理者たちは，該当する領域の社会や個人のニーズを正確に予測し，彼らのニーズに対処しようとしており，したがって得られる資源を最もよく活用してサービスを提供するもの，と思われてきたのである。

第2のグループである納税者もまた，少なくとも部分的にナイトとして喜んで税金を支払うと思われていた。「社会正義は，卓越した利他主義によって保証される」（Lowe 1993：19）という，集団主義の見方の一部は，「医療・福祉サービスの財源として必要である……累進的な課税の重荷」を受け入れると思われていた（Donnison 1982：20-1，また Reisman 1977：91 を参照）。もっと

（5）これらの考え方の起源はプラトン（Platon）とヘーゲル（Hegel）である。公共サービスの倫理に関しては Raymond Plan（2001）の啓発的な論文を見よ。
（6）ここで Klein（1995：243）がいうように，個人としての専門家と集団としての専門家を区別することが重要である。例えば，英国医師会（British Medical Association: BMA）のような医師の集団を相手にしている政治家で，医師が公共心に富んだ利他主義者だと思っている人は少ない。確かに Enoch Powell（1976：14）が次のようにいうことに同意する人が多いだろう。「保健大臣になった，あるいはなろうとしているものが誰でもがっかりさせられることは，医師会と議論するよう運命づけられているその唯一の課題は金であるということだ」。しかし，個人レベルでは話は違う。NHS の基礎となる政府との協定書には，個々の医師は公共の資源を用いるにあたっては専門家としての裁量を行使することができるという自由と自律が認められている（Klein 1995：243）。

具体的にいうと,裕福な人々は,啓発された利己心(enlightened self-interest)から,国民保険や医療・福祉サービスのような集団主義的事業に対しても協力するだけでなく,恵まれない人々を助けるために,あるいはそれは市民の責任の一部だとして,再分配される税を喜んで払うことを暗黙のうちに承認していると思われていた。

社会民主主義者は,第3のグループである,福祉国家の利益の受け手としての個人が,積極的な利他主義者であるとも,積極的なエゴイストであるとも仮定しなかった。むしろ,本質的に受け身である,つまりチェスでいえば歩(pawn)であると考えられていた。医療・福祉サービスの利用者たちは,だれにも共通で,しばしば基礎的なレベルのサービスで満足するものと思われていた。福祉国家論のイデオロギーの主な支持者の1人である,ロンドン経済政治大学のリチャード・ティトマスは,「公的に認められた基準のサービス」が望ましいと述べていた(Titmuss 1968:195)。例えば,NHS(National Health Service)[*4]に関していえば,患者(patient)はその名にふさわしく,我慢強い(patient)と仮定されていた。彼らは,GP(general practitioner)[*5]の診療所や病院の外来で,列をなして待たなければならなかった。もしさらに治療が必要なら,病院の入院待ちのリストで,自分の番が来るまで,辛抱強く待つことを余儀なくされた。彼らがやっと入院の時が来たときには,喜んで一般病棟に入り,ひどい食事を与えられること,そしてもっと重要なことだが,医師たちがあまりにも忙しいため,気持ちが高ぶっていて,患者に十分な説明する時間もないような扱いをされることにも我慢しなければならない。ルドルフ・クライン(Rudolf Klein)がいったように,NHSの初期のモデルにおいて,「誰に何を与えるのかを決めるのは医師である。医療のニードを決定し,優先順位を定め,その政策をNHS全体で等しく実行に移すのは医者の判断」であった(Klein 1995:248;Glennerster 1995:69)。

〔*4〕 英国保健省の国民保健サービス。
〔*5〕 総合医,かかりつけ医とも訳される。初期診療を担い,必要な場合は病院を紹介する。

同様に,公立学校のこどもの親は,専門職である教師を信頼し,教師はこどもにとって何が最も良いかを知っていると思われていた。1944年から1975年までの期間は,「教師が主導権を持っていた黄金時代」[7]だとされていた。その上,NHSと同じように,特に1960年代中期の全体的な教育改革をたどると,親たちは,「(教育政策の)優先目標は平等である」ことに同意し,そのため,その目標が達成されれば,教育内容の等質性などは問題ではないと思われていた。

住宅供給においても,公営住宅の利用者は,権利を譲渡されることの恩恵を喜んで受けるものと思われていた (Dunleavy 1981: 28-33)。それらの住宅は標準化されていて,居住者が手を加える自由は極めて制限されていた[8]。そして,ここでも専門家は,人々が住宅について望むことを最もよく知っていると仮定されていた[9]。

社会保障の受給者に対するこのような見方は,少なくとも一部の社会民主主義者の特徴であった。アラン・ディーコン Alan Deacon (1993) が論じたように,例えば,ティトマスは,社会保障を受ける人たちはほとんど選択の余地がなかった,彼らは社会経済のシステムが強力であったことの犠牲者である,彼らは行動選択の余地がなかったのであるから,政府の振る舞いの単なる受け

---

(7) Lowe (1993: 227) の引用による Chitty (1988)。これは単に教師が最もよく知っているからというだけではなく,政府の悪い影響に対する恐れもある。Nicholas Timmins (1995: 323) は,教員組合の総書記が1954年に「民主主義は,25万人の教師が何を,どのように教えるべきかの決定権によって最もよく守られる」と述べたことを引用している。
(8) クロスランドは1971年のガーディアン (Guardian) 紙に次のように書いた。「地方議会は,どのような家の修理が必要か,どのペットは飼っていいか,ドアは何色に塗るべきか,遊園地はどこにあるべきか,塀はどこに建てられるべきかを決めている。入居者は相談されることはない。彼らはそのようなことを訴える権利はない」。Timmins (1995: 366) より引用。
(9) Power (1993),特に19章を参照。Timmins (1995: 186) もまた Architectural Review の副編集長のニコラス・テイラー (Nicholas Taylor) と同様の指摘をしている。彼は,この問題解決のための最良の策は人々が何を望んでいるかを何らかの形で調べることだといったら,「何をする必要があるかは我々が知っている」といって事業主に一蹴された,という。

手なのである,と考えていた。[10]

　しかし,この見方が実際にある社会保障政策を性格づけているわけではないことは知っておく必要がある。これらの政策の戦後の歴史（実際にはその政策史全体）は,仕事嫌いの者,怠け者,もの乞いをする者などと,いろいろな言い方をされる人々を,いろいろな方法でコントロールするため,チェックとバランスを取りながら発展してきた（Deacon 1976；Bryson and Jacobs 1992；Jacobs 1994）。そこには,福祉の受け手が基本的に受け身的な歩であるという仮定と,彼らが行為主体としてある程度の能力があり,したがってインセンティブに対し反応する（基本的には悪党としてだが）という2つの仮定の間の緊張関係があり続けるように見える。

　それゆえ,社会保障は一部の例外かもしれない。しかし,人間の行動に関する暗黙の一連の仮定が,社会民主主義者のその他の福祉国家政策の特徴を,歩のためにナイトが資金調達して経営する政策であると説明することは,間違いではなさそうである。

悪党の勝利——イギリスの福祉国家　1979以後

　第二次世界大戦以後のほとんどの期間,社会民主主義的な福祉国家がほとんど問題にもならず,支配的であった。しかし,1970年代初期の経済危機によって,70年代後半から1980年代にかけて,その前提とされていた仮定,特に動機と行為主体についての仮定が,深刻な批判にさらされた。[11]集団の全体のためには,皆それぞれ標準化された質・量ともレベルの低いサービスに我慢しなければならないという考え方は,中間層だけではなく貧困層の人々にも異論があることが,研究によって明らかにされた（Le Grand 1982）。もっと一般的に,多くの人々が,特に中産階級の人々が,他の階級の人も含めて,違う種類のレベルのサービスを望むようになったのである。リチャード・ティトマス Richard

---

(10)　Deacon（1993）。ティトマスの動機と行動に関する仮定については Reisman（1977）と,その本のロバート・ピンカーによる前書きを見よ。
(11)　Glennerster（1995：193-5）,Lowe（1993：23-7）,Timmins（1995：Part V）。

Titmuss（1974：151）が論じたことによれば，ティトマス自身は一般病床で満足したかもしれないが，多くの人々はそうではなかったのである。受診までの長い待ち行列は長年の政治的な問題であった。裕福な人々はこどもを私立学校に入れ，私的な健康保険に加入し，私的な年金に加入した。教育においても，教師にカリキュラムを管理させ，入学の選抜と伝統的な教育法を復活し，優秀な者に焦点を絞るべきだという声の影響で，教育に関するコンセンサスも崩れ始めた（Timmins 1995：318-29）。公営住宅が下火になり賃貸の入居者は次第に影響力を失って，買取り入居の形態が断然好まれるようになった。[12]

福祉国家の組織で働いてきた人々はナイトとして振る舞うものだとする仮定も危うくなってきた。多くの政治家や政策研究者は，福祉行政組織と付き合ったり，中で働いたりした経験から，次第に，官僚や公務員が必ず公共の利益のために働いている，あるいは専門職の人々がただ彼らのクライエントの福利のためを思って働いている，という見方に疑問を感じ始めた（Glennerster 1995：193）。それどころか，公務員も専門職の人々の行動も，大方は利己的であると考えたほうがよりよく理解できるという主張は，公共選択理論や政治学の研究者には受け入れられつつある。[13]

福祉のために支払う人々がナイトとして行動しているという考えにも異論が唱えられている。政治学者で理論家でもあるロバート・グッディン Robert Goodin とジョン・ドライゼク John Dryzek（Goodin and Dryzek 1987）は，さらに包括的には社会史学者のピーター・ボールドウィン Peter Baldwin（1990）は，多くの先進国において，税または社会保険による福祉国家の成長は，富裕層の利他を装った行為の産物ではなく，むしろ中産階級の利己心に直接関連している，といっている。計量経済学的，あるいは社会学的な研究の結論も同様であった（Peltzman 1980；Pampel and Williamson 1989）。政治家

---

(12) Power（1993：211-16）。所有の形での入居が増えたのは税のインセンティブも影響している。しかし，これらのインセンティブが適切である思われること自体が，所有による入居に対する制度の重要性を意味している。

(13) Plant（2001：9-10），Lowe（1993：22-3）。公共選択理論のリビューは Muller（1989）を見よ。

は獲得票を最大化することを目標とするという仮定の下で，デービット・ウィンター（David Winter）と私自身が行ったさらにミクロなレベルの研究では，サッチャー政権下の公共支出や税控除の変化は，明らかに富裕層〔の投票行動〕に有効であったことを見いだした（Le Grand and Winter 1987）。

　富の再分配に対する納税者の抵抗は，政治的な事実として左翼にも右翼にも認められるようになった。例えば，政策分析のデービット・ピアショー David Piachaud（1993：3）はフェビアン協会のパンフレットの中で「今や現実には，税と社会保障給付によるこれ以上の所得の再分配はあり得ない」といった。彼の判断の根拠は技術的，あるいは社会的に望ましくないとかではなく，政治的に可能性がないということであった。フランク・フィールド Frank Field（1995：1-2）は，後に短期間ではあるが労働党の〔福祉改革〕大臣になった人だが，中産階級は貧しい人々に再分配するべきだと主張する政治家は「本当の仕事から気をそらそうとする公的な厄介者である」といった。

　1979年にイギリスでサッチャーの新自由主義の保守政権が選出されたことは，これらの考え方に転換をもたらした典型例である。新政権は公的セクターと，特にその中の専門職を大いに疑ってかかった。新政権は専門家やそのほかの公的セクターの労働者が，公共の利益というより自己の利害を追求していると考えた。つまり，彼らはナイトというより悪党であると考えたのである。さらにまた，医療・福祉サービスは国家独占的であるから，これらの悪党はその独占的な立場を用いて歩である利用者を搾取できると見た。利用者がたとえ受けるサービスに対して不満であっても，彼らはほかに行くべきところはないので，彼らは文句もいわない受動的な受け手として扱われているのである。新しい政府の見方では，この状態は根本的に望ましくない，利用者はクイーンであるはずだし，より親しまれている比喩としては消費者は王様でなければならないのである。

　基本的には，2つの信念の変化があった。1つは，本質的には経験的なものであるが，世の中の動き方に関する信念に関する変化であり，特に公的セクターの人間が何によって動機づけられているかである。もう1つは価値観の変化

で，サービスの利用者は福祉の恩恵の受動的な受け手として扱われるべきなのではなく，彼らが受けるサービスの質と量の決定に指導的な役割を果たすべきである，というものである。

これらの変化は，公共サービスが提供される方式についての見方に直接影響を与える。次章でもっと詳しく論ずるように，もし働き手が基本的に悪党で消費者が王様であると考えられるなら，サービス提供の最も良い仕組みは明らかに市場であるということになる。市場は提供者が自己の利益を追求するけれども，消費者の利益になるように限界づけられるのである。そこでサッチャー政権は直感的に公共サービスの提供にいろいろな市場機構を持ち込むことによって福祉国家の主要な問題を解決しようとしたのである。

政府は単純に公共サービスの全面的な民営化を考えてはみたが，イギリスという文脈の中では政治的にも経済的にも困難である理由がすぐわかった。理由とは，市場の平等に対する影響である。イギリスのいかなる政権も，例えば教育と医療の配分が所得の配分によって決まるようなことを許してこなかったのである。政府はまた，経済学者の警告でこの領域では市場は失敗するということにも気がついた。特に，利用者側に情報がない場合には，悪党である提供者が知識の独占によって搾取する可能性がある，というのである（Lawson 1992 : 615）。

そこで，「準市場（quasi-market）」という仕組みが使われた。その市場では，国はサービスの財政を制御する役割にとどまる。そして，所得の差によってサービスの分配に差ができないように，平等に分配されるようにする。しかし，国はサービスを提供するのではなく，独立した提供者[*6]がお互いに消費者のために競争的にサービスを提供する。国は潜在的な利用者にサービスを購入するヴァウチャーを渡す，あるいは情報の非対称を克服して，利用者のためにサービスを購入するためにある種の代理人を指名したり資金を提供したりする。

準市場はすべて基本的には同じ構造ではあるが，政府はそれぞれのセクター

[*6] independent provider とは非政府で独立採算の経営主体を意味する。

によってうまく機能させるように若干の変形を加えた。〔医療では〕NHSに国の資金による2種類の購入者をつくった。すなわち，地域のために医療サービスを購入するための地方医務局（health authority）とGP予算管理医すなわちプライマリーケア開業医であり，登録されている患者個人のために二次医療サービスを購入するのである。これらのサービス提供者は病院を紹介し，その他の医療サービスを与える半独立の非営利の構成単位である。

　教育ではヴァウチャー方式が有効であった。両親は学校の選択の自由が与えられ，学校は募集する生徒の数に比例した予算上の権限が与えられた。福祉においては，ソーシャルワーカーが「ケース・マネジャー」に任命されてクライエントのために私的，公的，あるいは非営利の提供者からケアを購入する予算を与えられた。住宅供給においては，入居者は資産調査を受ければ家賃の支払いを受けることができた。ここでもまた，ヴァウチャー方式が有効である。

　このような変化はイギリスに特別なものではない。サッチャー政権はこのプロセスの積極的な行為主体であったが，この態度変化はさらに広く世界的な動向であったのだ。財政危機，巨大な政府の官僚機構とその非効率，対応の遅さに対する失望によってあおられ，また公共選択理論の影響を受けて，多くの国々は，医療・福祉サービスの市場化，ないし準市場化を実験することになったのである。スウェーデンではストックホルム地区で医療に準市場を導入し，オランダでは公的保険に競争的な仕組みを導入した。ベルギーは教育に長いこと準市場を導入してきた。アメリカ合衆国のクリーブランド，ミルウォーキーとフロリダ州では教育に完全なヴァウチャー制度を導入した。多くの州でもいわゆるチャーター・スクールを導入しつつある。つまり，州当局から「特別認可（charter）」を受けた学校は，イギリスと同様に，生徒数に比例して資金を与えられる。したがって生存競争をしなければならない。

〔＊7〕"purchaser-provider split"とは，従来，政府は資金を使って自らサービスを提供していたが，資金は出すがサービスの提供をやめるということ。しかし，国民には，その意見を聞きながらサービスを提供するので，従来どおりサービスを受けられる，と説明された。

ニュージーランドはさらに進んだ政策を取った。医療はイギリス同様に購入者と提供者に分離されて，[*7] 提供者間の競争が促進された。提供者は別々の国有の企業となり，社会的責任を果たしていること，また事業を効率的に運営していることを示さなければならなくなった。教育においては学校運営の責任が教育省からそれぞれの学校の理事会に委譲され，両親による完全な選択性が導入され，国のシステムの準市場化が始まった。

このように，このような政府の信念と態度の変化は決してイギリスだけの特別に変わった変化ではなく，世界的なものだった。さらにまた，政権が変わっても，引き継がれたのである。イギリスに戻ると，1997年に保守党政権に取って代わったトニー・ブレア（Tony Blair）の率いる労働党政権は，前政権と同様に利用者の声に敏感に反応することが重要だとする価値観を信奉してきた。唯一の例外は保守党が導入した準市場を若干戻した程度である。

ほとんど変化はしていないがNHSに関する部分的な例外は，準市場が1997年に廃止された点である。しかしながら，その基本的な要素である購入者と提供者の分離は，少なくともイングランドでは残された。さらに最近の政策の展開は，内部市場の別の見方への回帰を示している（保健省 2002；Lewis 2002；Le Grand 2002）。それらは私的なサービスの提供者が価格に基づく資金の流動性を利用すること，独立の「病院財団」の設立，手術を選択できるように競争を再び導入することなどを含むものである。

イデオロギーと信念

このイギリスの現代史を見ると，特に福祉国家の文脈の中では，公共政策に大きな影響を与えた2つのイデオロギーがあることがわかる。我々はそれを社会民主主義と新自由主義と名づけてもいいと思う。[14] これらのイデオロギーは，

（14） 私がこのようなラベルを貼ることにはすべての人が同意しないかもしれない。しかし，どんなラベルにしようとも，彼らが表現する絵柄をそれほどひどくゆがめなくても十分正確に一定の型にはめることができるだろう。

それぞれ異なった目的と方法に愛着を持っている。目的に関しては，社会民主主義者は社会正義と平等を優先し，一方新自由主義者は個人の自由の重要性を強調する。方法については，新自由主義者は競争的な市場を重視し，社会民主主義社は国の介入を好ましいとしてそれに頼る。

新自由主義者と社会民主主義者のこの方法についての見方の違い，特にそれぞれの市場と国の役割についての違いは，一部にはそれぞれの目的についての見方の違いからくる。新自由主義者は国家は個人の自由に対する主要な脅威であると見るので，彼らは国の権力が増大することには，たとえそれが良質なものであるときにも，極めて懐疑的になる。一方，社会民主主義者は市場のもたらす不平等を基本的に不正義であるとして忌み嫌う。したがって，資源配分を市場機構に任せることを嫌う。これは特に，社会民主主義者の医療とか教育とかの社会福祉の基盤であると見なす分野においてそうであり，分野に関わりなく市場〔機構に委ねること〕を完全に廃止しようとする。

しかし，この方法の違いは目的に対する見方の違いからすべてが生じるわけではない。教育や医療の平均的なレベルを上げるとかいう目的においては一致する場合でも，市場と国のどちらがやるほうがいいかについては意見を異にする。我々が取り上げた福祉国家の例においても，その違いはもう1つの基本的な信念の違い，すなわち動機と行為主体に関する信念の違いからくる。

第1に，動機だが，新自由主義者はすべての人は基本的に利己的であると信じていたし，まさに今も信じている。彼らにとっては政府が組織や政策を立案

---

(15) 事実，哲学者で風刺家でもあるベルナルト・マンデヴィーユ Bernard Mandeville (1731：332) は，「ほとんどの人々がたとえ悪党でも壊れずに残る」政策立案に必要なことであるといって世の注意を引いた最初の人である。マンデヴィーユは本論でしばしば引用されるヒュームほどは注意深くはなかった。Hume (1875：117-18) がつくづく思うのは「事実において誤りである原則が政治において真である，というのは少しばかり奇妙な感じがします」（邦訳，岩波文庫，1982，164頁）。ということである。ヒュームのこの見方は，ジェームズ・マディソン James Madison (Hamilton, Madison, and Jay 1970：Nos. 10 and 51) によってさらに広い意味に解釈され，最近ジェームズ・ブキャナン James Buchanan (1987) によって弁護された。Brennan and Buchanan (1985：45-61) も参照のこと。

する際には，人間はすべて悪党であるというヒュームの金言を前提にするのが安全だと考えている。(15) したがって，彼らは生産のための主な社会的，経済的組織は市場であることを支持することになる。ヒュームよりも現代に近いアダム・スミス（Adam Smith）の著作によれば，市場は利己心を共通善に向かわせる主なる方法だからである。競争的な市場で操業する経済主体は良質の製品やサービスを低価格で提供することが自分の利益になることに気がつくだろうし，もし気がつかなければ彼らは事業に失敗し，したがって収入はなくなり，ついには生活がなり行かなくなる。スミスの『国富論』の中に次のような有名な文章がある。

> もっとも，各人が社会全体の利益のために努力しようと考えているわけではないし，自分の努力がどれほど社会のためになっているかを知っているわけでもない。……自分の利益を増やすことを意図しているからにすぎない。だがそれによって，……見えざる手に導かれて，自分がまったく意図していなかった目的を達成する動きを促進することになる。そして，この目的を各人がまったく意図していないのは，社会にとって悪いことだとはかぎらない。自分の利益を追求する方が，実際にそう意図している場合よりも効率的に，社会の利益を高められることが多いからだ。(16)

基本的に人間の性質は自己中心であるとする新自由主義の信念は，競争的な市場を支持し，一方では集団や組織，そして特に政府組織に対する不信感をあおることになる。なぜならば，もしも自己の利益を追求することが市場をとおして共通善を増進するならば，集団的なそれは極めて破壊的なものとなるからである。生産が集団的に行われるような環境では，利己的な人間は他人を働か

---

(16) Smith (1776/1964: Book IV, ch. II, p. 400)〔邦訳，下，p. 31-32〕。スミス自身は人間の動機は利己心であることを支持したわけではない。彼のその前の著書『道徳感情論』（Smith 1759/1976）では，人間性に関するより複雑な見方を示している。例えば，本書の2章のはじめの部分の引用を見よ。Falkner (1997) はスミスの視点についてさらに詳しく議論している。

せて自分は「ただ乗り」をしようとするだろう。つまり，他者がつらい仕事を全部終えるまで待っていて，それが終わったときに出てきてその果実にあずかるだろう。もしも，全員がこのように振る舞ったら，あるいは皆が等しく利己的なのだからそう振る舞うと仮定したら，何も生産されないだろう。あるいは，せいぜい自分のためだけのものが生産されることになるだろう。

　民間伝承による童話の「小さな赤い雌鶏」という話は，新自由主義が集団主義のもたらす悪を示すときに用いる完璧な寓話である。雌鶏は農場の他の動物にケーキを焼くのを手伝ってほしいと頼む。それぞれ疲れているからとか，忙しいとかいってだれも手伝わない。そこで彼女は自分ひとりでケーキを焼く。そして他の動物たちに食べるのを手伝ってほしいと頼む。彼らは待っていましたとばかりに，疲れたとかの言い訳をそっちのけにして，全員がテーブルに飛んでくる。しかし，雌鳥は彼らには何もあげませんといって，全部を1人でたいらげる。

　社会主義者から社会民主主義者までのすべての左派の人々は，人間（そしておそらく農場のすべての動物）の公共心をより深く信じている。彼らは，人々は新自由主義の人たちが認める以上に，自分同様に他者の利益のために，あるいは本当に他者のために行動することができる，彼らは悪党としても「ナイト」としても行動できる，と主張する。さらに，多くの状況下では，特に情報が少なかったり，社会の便益が個人のそれより勝るときには，協働が競争を凌駕する，と主張する。

　確かに，社会民主主義者にとっては，信用できないのは政府ではなく，市場なのである。なぜなら，本章のはじめにティトマスの主張を引用してあるように，「市場はすべての人々の選択の幅を狭めてしまう」。そしてこう続ける。「もし，人間が社会学的に，また生物学的に助けたいというニーズを持っているのにそれを表現する機会を奪うならば，それは贈与関係（gift relationship）に入る自由を奪うことになる」（Titmuss 1970/1997 : 310-11）。

　だから，新自由主義者と社会民主主義者には人間が何によって動機づけられるかについての見方の違いがある。つまり人間を利己的か利他的かによって，

新自由主義者と社会民主主義者は市場と国家について異なる見方をさせているのである。しかし，社会民主主義と新自由主義の違いをもたらしているのは人間の動機についての理解だけではない。行為主体についての信念も分かれるのである。すなわち，自主的行動の能力についても見方が分かれるのである。そして，これが資源の分配に市場と国とどちらが適切に機能するかの見方にも影響するのである。

　社会民主主義左派のほとんどの人々は，人間は大部分，あるいは完全に環境の産物であると信じている。だから，個人の行動は個人が置かれている制約条件を見ればよく理解できるし，したがって政策もそこに焦点を当てなければならないことになる。そのようなわけで貧困者はシステムの犠牲者であり，彼らにはどうしようもない構造的な力のなすがままになる，いわば「歩」なのである。

　社会民主主義者が人間は非活動的な犠牲者であると見なす傾向にあることは，アラン・ディーコンとカーク・マン Alan Deacon and Kirk Mann（1999：417）が公共政策，特に社会政策についての学術的な議論において重要な点として，指摘したことである。「行為主体としての問題は，社会政策研究の中では単に無視されてきたか，あるいは意識的に排除されてきた」。戦後の長きにわたって，それは注目したり調べたりするのには適当ではないテーマであると見なされてきた。[17]

　このような無視する態度が支配的であったのもまた，リチャード・ティトマスのせいだとされてきた。貧困者に対する19世紀的な政策の特徴である善悪を判断する個人主義に対して，ティトマスと彼の信奉者たちは個人の自律的な行動が社会政策に関係するとは思っていなかったからである。ディーコンとマン Deacon and Mann（1999：418）は次のようにいう——「中でもティトマスは，社会病理に対する個人の責任の議論を再開するいかなることにも断固反対した。問題家庭や貧困の悪循環についての議論は的はずれだし，事をさらに悪くする。

---

(17) Deacon（1993）と Williams（1999）を参照せよ。

それを理解しない，あるいはできない者は埒外である」。

　典拠を示すことは難しいのだが，かなり多くの社会民主主義左派の人々は暗黙のうちに，公的サービスや社会保障の受け手は歩として行動していないときには（すなわち全く行動しないときには），悪党ではなく，むしろナイトのように振る舞うものと信じてきたように思われる。だから，もし個人あるいは家族が家計調査のようなインセンティブ構造に直面したとして，それから逃げるかあるいはそれを避けることが自分の利益になったとしても，彼らはそうしない。たとえ調査を避ける力があるか，あるいは調査を受ける危険が少なくても，彼らは逃げたり，避けたりはしない。社会民主主義者を特徴づける見方は，公的セクターで働いている人々が本質的には善人であるとすることであるが，この信念は福祉国家の受給者に対する見方にもかなり持ち込まれたのである。

　それとは対照的に，かなり右寄りの政策分析者は，個人を避けがたい境遇の犠牲者と見るのではなく，自律性があり，自分の生活に対する責任と能力を持っていると見る。言葉を変えれば，彼らは歩ではなくクイーンなのである[18]。そのような新自由主義の思想家は左翼の決定論を強く否定した。ディーコンとマンは，ローレンス・ミード Lawrence Mead（1992：129-30）を，「人格を本質的に受動的なものとしている」として，いわば社会学主義（sociologism）だとして酷評した。そして，次のように述べている。

　　〔ミードは〕貧困者が無反応で非活動的であると見ている。彼らは受動形で発言する。彼らはいろいろな面で不利な立場に置かれてきたし，また現在も置かれている。彼らは自ら何かをするというより，してもらう。彼らは行動の主体ではなく，客体である。彼らは学校を中途退学したり，AIDS に感染したり，薬物中毒になったりする状況を責められるべきではなく，むしろそのような「危険にさらされている」のである。彼らは犯罪や不法を犯しているのではなく，〔受動的に〕「経験している」のである。

---

(18) Williams（1999：669）は，同じことを「能動的福祉主体（active welfare subject）」と「受動的福祉主体（passive welfare subject）」という言葉で区別した。

注意しなければならない重要なことは，この個人の主体性に関する信念は（個人も，貧困者も，現実には選択し̇て̇い̇る̇ので）経験的でもあり，かつ（個人は選択す̇べ̇き̇であり選択に責任を持つべきだというので）規範的であるということである。だから，政策立案者は政策によって人々を歩として助けようというような扱いをすべきではないのである。これは経験的に見ても部分的には正しくないし（受益者は歩ではなく，おそらく自分が得るようなインセンティブに反応する能動的な行為主体である），またもしそうしたら困った結果が起こることになるだろう。しかし，それは道徳的に正しくなかったのではなく，単に人々を歩のように扱うことが間違っていたのである。

上で検討した時期の後半で，社会民主主義と新自由主義の世界観を調和させようとした試みがいくつかあったし，あるいは実行可能な代替案で置き換えようとする試みもあったが，ほとんど意味はなかった。その試みの1つは市場社会主義である。それは，市場のような新自由主義的な方法によって平等と社会正義といった社会民主主義の目的を実現する経済・社会政策を立案しようというものである（Le Grand and Estrin 1989）。彼らは，市場社会主義者の行為主体と動機に関する信念は明確ではないが，市場機構の有効性と，集団主義者が社会民主主義の目的実現にむしろ失敗してきた点を強調する。そのかわり，鍵となる行為者を利己的でかつ能動的な行為主体として見るのである。

最近では，イギリスのトニー・ブレアやアメリカのビル・クリントン（Bill Clinton）の中道左派政権の思想的基盤を構築しようという試みが行われた。その基盤は新自由主義的でもなく，社会民主主義的でもない（一般には後者に近いと思われているが）。この試みの一部は，社会学者でロンドン政治経済大学（London School of Economics and Political Science : LSE）の総長のアンソニー・ギデンズ（Anthony Giddens）らによって行われ，「第三の道」と呼ばれるようになった。これは目的として掲げられた多くの点で社会民主主義とも新自由主義とも異なっている[19]。方法についての信念はさらに不明確である。つまり，行為主体と動機についての暗黙の見方を示すことはより困難である。

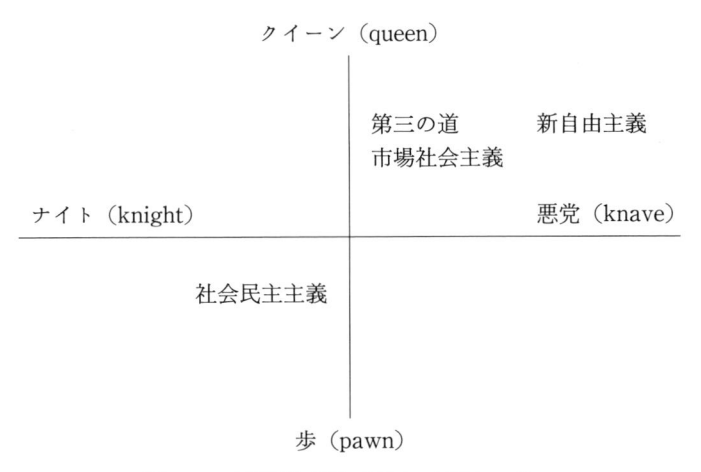

```
              クイーン (queen)

                    │
                    │ 第三の道      新自由主義
                    │ 市場社会主義
                    │
ナイト (knight) ────┼──────────── 悪党 (knave)
                    │
                    │ 社会民主主義
                    │
                    │
                    
              歩 (pawn)
```

図 1-1　動機と行為主体とイデオロギー

しかし，市場社会主義の立場は，社会民主主義の立場よりは新自由主義の立場に近そうである。市場社会主義は福祉国家を富の再分配機構としてではなく「リスクの共同管理」と描いており，「社会投資国家」とも呼んで，個人に人的資本のストックを増大するインセンティブを与え，企業活動と危険を担う能力を高めるのがその役割であるとしている（Giddens 1998: 116-18)。そして，コミュニティの組織化，ボランタリーセクター，市民社会の再活性化についての主張がある一方で，社会的なものであるが市場が全く望ましいものであるとする明確な立場を取っている（Giddens 1998: 99-100)。

---

(19) 私は，ブレア政権の第三の道の理解が，コミュニティ，機会，責任，説明責任について明確ではないと論じた（Le Grand 1998)。ギデンスは少し違った点をあげている（1998: 66)。
(20) 記録のためだが，私の就任講義の時には歩であることはナイトと悪党の反対だといったが（Le Grand 1997b)，今はそれは間違いで，歩の本当の反対はナイトと悪党ではなくクイーンである。

動機と行為主体の軸

　これらの議論をまとめるのには図 1‐1 が役に立つだろう。2 つの直交する軸がある。横軸は，人間の動機に関する一連の見方を表し，極端な利他主義（純粋なナイト）が左端に，純粋な利己主義（完全な悪党）が右端にある。[20] もう 1 つは，人間の行為主体の軸で，受身的な個人（歩）が一番下に，自立的な行為主体（クイーン）が一番上にある。この軸で 4 つの象限に分けられる。ナイト／歩，ナイト／クイーン，悪党／歩，悪党／クイーンである。この軸によって，公的セクターでの働き手や，公共サービスの受け手，あるいは両方を当てはめることができる。

　我々が議論してきた，政策立案者の信念の変化は，この図で説明することができる。横の軸は公的セクターの働き手の動機に関する政策立案者の考えを，縦の軸は公共サービスの受給者の行為主体としての能力に関する考えを表しているとする。そうすると，社会民主主義的な伝統の中で育った政策立案者は，左下の部分（ナイト／歩）に位置する。一方，新自由主義的な政策立案者は，右上の象限（悪党／クイーン）に置くと落ち着きがいいだろう。だから，準市場革命を起こした変化は，左下の部分から右上の部分への動きとして表される。市場社会主義と第三の道は，右上の部分に確固として残ってはいるが，横の軸に沿って少しだけ戻った変化といえるだろう。

　この図に対して，これですべての章にわたって分析しようというのはあまりにも単純すぎないか，という人が多くいるかもしれない。人間の動機や行為主体の実態は，この種のアプローチでは集約しきれない，はるかに複雑であると反論するかもしれない。多くの種類のナイトがいるだろうし，悪党のタイプだって多様だろう。確かにほとんどの人はナイトでもあり悪党でもあり，場面によって違った面が表に出るということだろう。多くの人が通常は選択をしているのだろうが，ある時には（例えば，非常に具合が悪くなったりした時には）自分の運命を信頼できる他者に委ねることが負担からの開放になるかもしれな

い。そのような時には，クイーンではなくむしろ歩になることを選択していることになる。

　しかし，そのような反応は要点を見間違うだろう。ここでの関心は，現実についての政策立案者のものの見方を把握することが目的なのである。もっと正確にいえば，政策立案者や政策分析者の動機と行為主体に関する仮定が，明示的であろうがなかろうが，いかに政策展開や改変に影響するかを説明するためである。これらの仮定は単純すぎると思われるかもしれないが，福祉国家の発展に関する議論でも見たとおり，非常に説得力があるのである。

本書の後半について

　本書の残りの部分は3つの部分と終章に分かれている。第Ⅰ部は「ナイトと悪党の理論」で，その名が示すとおり，動機に関する理論的基盤を提供している。

　これは，議論が経験的な現実と全く無関係であるという意味で理論的であるという意味ではない。事実は全くその逆で，多く経験的な資料が含まれている。むしろ，本書の概念的な枠組みを提供し，後に続く政策論議の下に横たわる動機についての基本的な分析と考え方についてのスタンスの正当性を立証することが狙いである。

　2，3，4章は主に動機と公共サービスに関するものである。2章は「ナイト」と「悪党」で何をいおうとしているのか，また公的セクターにおいて異なる種類の動機が存在していることの経験的な証拠となる事実をより正確に述べている。利己的と利他的の双方の動機が存在し，さらに興味深いことに，利他的な動機はしばしば個人の行動が変容することを要求することである。3章は，政策の動機に対する影響，つまり個人の動機が政策に無関係であるか，それとも深く影響されるのかを考察している。市場志向的な政策がナイトを悪党に変えるのか，あるいは政府は道徳的に退化するのか，である。答えは，驚くことに市場も政府もナイト的な動機の価値を低めるが，ある時にはそれを励ました

り，評価したりする。4章は前の2章の材料を使いながら，私が公共サービスの動機に関するかなり新たな理論だと思っているものを展開したい。これは利他的な行動を取るときに伴う犠牲の重要な役割を果たす。そして，政策立案とその道義性に関する理論の意味づけについての議論に進んでいく。

第II部は「歩とクイーンの理論」で，ここでは行為主体について考察するための分析的ならびに概念的な枠組みを提供したい。5章は，医療や教育のような公共サービスでの，個人の利用者と専門職との間の力のバランスに関して，基本的な問題を議論する。6章では，個人が年金や長期療養のような福祉の他の領域においても，自己決定すべきかどうかを議論する。

第III部の「政策」では，動機や行為主体問題に関する特定の政策や提案を扱う。それについてはかなり詳細に議論する訳は，よくいうように，そこには悪魔が潜んでいるからである。実に多くの重要な点が含まれている。研究者はあまりにもしばしば大きな原理だけをいって，現実の政策立案や導入における難しい選択を誰か他人に任せて逃げてしまう。しかし，このような難しい選択こそこれらの原理を試し，説明するものなのである。もちろん，ここでもそのことが起こる。第III部の政策分析は第I部と第II部の経済学的，ならびに理念的な分析に単純に従うものではないが，しかし実質的には影響を受けている。

7章と8章はイギリスの医療と教育における2つの市場指向的な政策を吟味する。プライマリーケア医師（GP，すなわち一般開業医と，最近ではプライマリーケアー・トラスト〔Primary Care Trust〕）による病院医療費用の管理と，初等教育における親の選択と学校間の競争についてである。その結論は，これらの政策は広い意味では効果的であったが，問題もあり，ある改善案を示したい。

その次の3つの章は公共サービスではないが，公共政策であり福祉国家に関する一般的な領域に関するものである。それぞれにおいて歩をクイーンに変える有効な提案についてと，代替案と比較すると行為主体としての個人の能力を増大させる提案をしたい。私は，それらについては内部者として，あるいは唱道者として，あるいは双方として深く関わってきた。9章と10章は，私は内部

者として議論したい。9章では，すべての若い人々に対しての一般的な保険の考え方を，10章では，年金と長期療養のための貯蓄を奨励するためのパートナーシップ補助金について述べている。11章では，市民個人が管理できる目的税について考察する。これは新しい考えではないが，再考する必要があり，私はいろいろなところで支持を表明してきたものである。

終章は本書全体について振り返る部分である。公的セクターに市場を導入することの効果を考慮して，行為主体を堕落させることはなく，むしろ利することが多いことを述べたい。要するに，歩をクイーンに変えるために，ナイトを悪党に変える必要はないということである。必要なことは，適切に設計された公共政策であり，それは市場的な機構を採用しつつも，手放しの利己心が利他的な動機を抑圧してしまうことを許してはならないのである。「穏やかな商取引（doux commerce publique）」である。

第Ⅰ部　ナイトと悪党の理論

2　公的セクターにおけるナイトと悪党
──その言葉は何を意味し，我々は何を知っているのか？

　ある人が，かれの権利を譲渡または放置するときはつねに，それと交換的(レシプローカリ)にかれに譲渡されるある権利，または，そうすることによって彼が希望するなにかほかの利益が，考慮されている。なぜならば，それは意志的行為(ヴォランタリ・アクト)であって，各人の意志的行為はなにかの，か・れ・自・身・の・利・益 Good to himself を対象とするのだからである。

　　　　　　　　　　（トーマス・ホッブズ（Thomas Hobbes），『リヴァイアサン』）[*1]

　人間がどんなに利己的なものと想定されうるにしても，あきらかにかれの本性のなかには，いくつかの原理があって，それらは，かれに他の人びとの運不運に関心をもたせ，かれらの幸福を，それを見るという快楽のほかにはなにも，かれはそれからひきださないのに，かれにとって必要なものとするのである。この種類に属するのは，哀れみ(ピティー)または同情(コンパッション)であって，それはわれわれが他の人びとの悲惨を見たり，たいへんいきいきと心にえがかせられたりするときに，それにたいして感じる情動(エモーション)である。

　　　　　　　　　　（アダム・スミス（Adam Smith），『道徳感情論』）[*2]

　ミスター・ナイトリーのように，紳・士・と顔にはっきり書いてあるような人は，100人に1人もいないものよ。

　　　　　　　　　　（ジェーン・オースチン（Jane Austen），『エマ』）[*3]

〔*1〕　水田洋訳，岩波文庫，岩波書店，1967，212-213頁。
〔*2〕　水田洋訳，岩波文庫，岩波書店，2003，上，23頁。
〔*3〕　工藤政司訳，岩波文庫，岩波書店，2000，48頁。

第Ⅰ部　ナイトと悪党の理論

　前章では20世紀の終わりの年に，イギリスを含む数ヵ国においては，政策立案者の動機と行為主体に関する見方にかなり大きな変化が生じた。その変化が公共サービスを提供する方法に根源的な変化をもたらした。特に，公共サービス部門で働く人々は，彼らの主たる目標は自分たちの満足ではなく，基本的には受動的なサービスの受給者のためであるという考え方が変化して，公共サービスの働き手はかなり自己の利益によって動機づけられており，サービスの利用者は能動的な消費者である，あるいはあるべきであるという考え方に置き換えられたのである。この変化が政策を，国による提供から市場による提供に置き換えさせたのであり，利己的な力を公共サービスの（新たに発見された）消費者に向かわせたと見ることができるのである。歩のためにナイトが運営してきたシステムは，クイーンにサービスするために，悪党により運営されるシステムに置き換えられることになったのである。その後，医療などいくつかの領域では市場的なインセンティブを部分的にやめる動きはあったが，教育とか福祉サービスのようなその他の領域では，本質的には変わることなく維持された。

　しかし，どの程度これらの政策の移行は，しっかりした根拠に基づいていたのだろうか？　我々は公共なサービスを提供するのに，悪党的な動機に頼るべきなのだろうか？　あるいは，ティトマスが主張したように，我々は公共サービスのエートスと呼ばれてきたものを無視したり，損なったりしつつあるのだろうか？　我々の医療制度や教育制度や福祉サービスは，悪党に利する（あるいは罰する）ようなインセンティブを組み込むべきなのだろうか，それともナイトを励ます（あるいは気を殺ぐ）べきなのだろうか？

　これらの問いに対する答えは簡単に得られそうに見えるかもしれなし，実際に人間の動機についてどのように仮定するべきかというディレンマにも解が得られそうに見えるかもしれない。すなわち，実際に公的セクターにおいて人々には何が動機となっているかは見つけられそうに見えるかもしれない。確かに，高度に科学的な調査によって，公共政策を導入する人々が，実際ナイトなのか，それとの悪党なのか，利己主義者なのか，公共心に富んだ利他主義者なのかははっきりさせることが可能かもしれない。そうすれば，もし個人が悪党だとな

れば利己的なインセンティブに頼った政策をデザインできるし、もしもナイトだとわかれば利他的なインセンティブに基づいた政策をとることができる。

残念なことに、世界はそれほど単純ではない。哲学者や社会心理学者や経済学者、そして進化心理学者（evolutionary psychologist）や、その他の幅広い領域からの学者が動機についての問題と取り組んできたが、必ずしもコンセンサスにはいたっていない。利己的と利他的という言葉の意味についても、また現実の世界で双方の現象がどの程度観察できるものなのかについても異論がある。

この章では、我々が「ナイト」と「悪党」、「利他主義」と「利己主義」という言葉を使う際に、それがどのようなことを意味し、また公的セクターにそのような動機が存在する証拠があるのか、という問題を精査したいが、文献は膨大であり、私は比較的簡単にしか検討できない。[1]

ナイトと悪党のそれぞれについて述べる前に、2つの一般的な点を指摘しておこう。第1の点は、これらの言葉は個人の動機を表現するものであり、個人そのものを表しているのではない。だから、例えば個人をナイトと表現する場合には、彼らは常にナイトとして行動するように動機づけられていることを意味しないし、彼らが常にナイトのように行動するといっているわけではない。というより、私は場合によって、彼らの行動はナイトのように動機づけられる、といいたいのである。ある人が完全にナイトとしても悪党としても振る舞うことがある。すなわち、ある行動においては利他的な動機でそのように振る舞ったり、また利己的に振る舞ったりすることもあり得るのである。

「行動」についてが第2次のポイントである。動機と行動を区別することが重要である。私は行動（behaviour）という言葉を一連の行為、あるいは個人による行為の集合という意味で用いる。動機とは、行動を規定する複数の要因

（1）利他主義に関する多様な学際的で有用なレビューは、Baston（1991 : ch. 2）とPage（1996 : ch. 1）を見よ。Rogers（1997）はプラトンから最近までの利己と利他に関する哲学的な書物の選集を提供している。さらに新しい哲学的な業績はPaul, Miller, and Paul（1993）を、evolutionary psychologistと生物学者の利他主義の可能性に関する見方は、R. Wright（1994）とRidley（1996）を見よ。

のうちの1つ，あるいは1つだけの要因である心理的な状態を意味する。そのほかの要因は人々が直面する外的な制約で，時間的あるいは経済的な余裕とか，彼らの固有の技術とか能力を含んでいる。例えば，ある個人が患者を助けるために医師になりたいと思い，必要な試験をパスする能力を持っているが，教育を受ける費用を支払えないかもしれない。だから，その人は必要なお金を借りるかもしれない。この行動は医学教育を受けるためにお金を借りる行為である。動機は患者を助けたいという（ナイトの）ことであり，制約は能力と経済的資源である。行動は動機と制約の関係の産物である。(2)

悪党（knave）という言葉で意味すること

　本書では，「悪党（knave）」という言葉は，自己の利益の増進を主な関心事とする個人を意味するために使われている。悪党のこのような定義は，本書の冒頭で引用したデービット・ヒュームの使い方に従っており，また現代の政治哲学者たちが多様な意味に用いている。序論でも書いたように，この言葉の使い方は一般的な使い方より少しは幅が広い。確かに自己の利益を追求する個人を意味するのだが，合法ぎりぎりの境界線までやろうとする人々，つまりルールを悪用したりする，少々いかがわしい人々をも意味している。しかし，こうした個人は我々が描こうとするキャンバスの中には確かにいるけれども，そのような人々が注目すべき唯一の存在ではない。むしろ，この本の強調するところは，違法，合法どんな手段を使ってでも，自身の利益を追求しようとするような人々である。

　しかしながら，自己の利益を追求するということだけから悪党を定義するのは十分とはいえない。多くの著者が書いているように，利己主義の概念それ自

（2）　この意味で，私は動機という言葉を経済学者のいう「選好」と近い意味で用いている。したがって，本書の論脈での動機の用法は，経済学者にもそうでない人にも，より理解しやすいであろうし，また一部にはその言葉が「選好」という言葉が持っていない行動と関連している（何かを「する」動機となる）からである。

体は単純ではない（例えば，Kavka 1986 と Hill 1993 を見よ）。たぶん最も単純な解釈は，いわゆる経済的人間（*homo economicus*）の基礎となっている概念である。これは，個人の利己主義をただ彼らの消費から定義するものである。つまり，自身の利益のために消費する物的な富を得たいという欲求によってのみ動機づけられている個人である。この「自身の利益のために消費する」というところが重要である。なぜなら，これによってナイトとして扱ったほうがよい2つのカテゴリーの人々を除外するからである。それは，主として他人の利益のために（例えば，金銭をあげるために）富を獲得しようとしている人々と，他人の利益のために望まないものを消費する人々，（例えば，パートナーを喜ばすために自分の好みに合わない服を着る人）のことである。

経済的人間（*homo economicus*）は，経済学者ではない人たちがすべての経済的な分析の基礎であると信じている（と，誤解している）モデルである。多くの，あるいはほとんどの経済学者は，このモデルがさまざまな幅広い環境において予測に役立つ抽象化であると思っている。しかし，人間の動機の複雑さを，このモデルは純粋に利己的である部分でさえ，十分に表現していないのである。そして何人かの優れた経済学者は，動機のより高級な概念を統合するモデルをつくっている。[3]

実際に，多くの著者が指摘しているように，利己にはそれに寄与する多様な要因がある。確かに物的な富は含まれるが，安全，自立，地位，権力も重要である。すべてのリストをあげるとすると，これよりさらに幅広いものになるかもしれない。喜び，痛みの回避，自由，名誉，目的を持つこと，名声，健康，長寿，自尊心，自己発見，自己主張，評判，尊敬，愛情などなどである（Kavka 1986：42, Hill 1993：1による引用）。この本で使われている利己主義の基礎になっているのは，こうした幅広い概念である。さらに加えて，それらの要素のあるものは，個人的な利益のために使われるときだけ，自己の利益と

---

[3] Gay Becker（1976；1981）はそのパイオニアである。現在，経済学者によって開発されつつあるより幅広い理論に関する詳細な討論は Rabin（1997）と Frey（1999：ch. 1）を見よ。

なる要因である，ということを加えておくことが必要である。それらのうち，権力や高い地位などは，他人に利益を与えることが期待されているのだから，悪党よりもナイト的な動機としたほうがよいだろう。この点については後述する。

「ナイト」という言葉で意味すること

「ナイト」とか「ナイト的動機」という言葉を関連する文献で見ることはないだろう。それは，個人や動機に関係したことを記述する名詞，形容詞のかわりに使っている。最も一般的な表現は，「利他主義」や「利他的な行動」である。しかしジャネット・フィンチ Janet Finch（1989：22）がいっているように，「利他主義は……私たちがその本質を本当には理解できない行動や，私たちがぼんやりとよいと認める行動をさすときに使われる」。しばしば「道徳的な」，「集団主義的な」，「公共心のある」，「社会的な」行動などを表わすとき用いられる。それらの言葉は，腹立たしいほど定義されずに用いられるか，あるいは我々の目的のためにはあまりにも狭すぎる意味として定義されるか，のどちらかである。ロバート・グッディン Robert Goodin（1993：66）は次のように書いている。特に社会心理学者は，「利他的」，「道徳的」，「社会的」といった言葉は，それぞれ交換可能な言葉として使っている。

　それでは，ナイトをどう定義すべきか？　我々はただ，他人を助けることに動機づけられている個人として，その言葉を使っているように見えるかもしれない。しかし，これに対してはすぐ，他人を助けようとする動機の正確な本質についての疑問が生ずる。それは利己主義の1つの表現ではないのだろうか，というものである。有名なものとしては，この章の最初で引用したがトーマス・ホッブズ Thomas Hobbes（1651/1985）は，「明らかに慈善的な活動に従事したときでさえ，誰もが根本的に利己的である」といった。同時代の他の哲学者もこれに同意した。ラ・ロシュフーコー La Rochefoucauld（1678/1964）は，「最も無私な愛とは，結局，自分自身の深い愛をどうにかして受け

入れてもらおうとする，一種の取引である」とし，ベルナルト・マンデヴィーユ Bernard Mandeville（1714/1989：92）は，「最も謙虚な人は，有徳な活動の報償はそれによって得られる満足であり，その自分の価値をじっくりかみしめて得られる確かな喜びの中にあるということを，告白しなければならない」とした。ホッブズ／ロシュフーコー／マンデヴィーユの世界では，ナイトはいなくなって，ただ悪党だけになる。

実際に，利他主義が存在しないとするホッブズの見方には，2つのはっきりした見方があるように見える。1つは，利己的でない行動をする可能性を考慮しているが，もし実際に起こるとしても，それはめったにないという，経験的な主張である。人々が自分の行動の利己的でない動機を公言すれば，それは一般的に偽善であり，根本的にある利己的な動機を隠しているのである。もう1つは，利己的でない振る舞いは論理的に不可能である，という徹底した主張である。明白に無私的で，自由に選ばれたいかなる行動でも，その行動に着手したいという欲求を動機にしているに違いないし，その欲求に従うことこそが，利己主義の定義そのものである。

第1の点は，すぐ後で述べるように，実証的な調査によって，簡単に否定することができる。第2番の点に対して議論するのは，もっと難しい（ヒューム，スミス，ジョン・スチュアート・ミル（John Stuart Mill）などの，何人かの哲学者は議論しようとした[4]）。しかし，それをすることがいつも必要なわけではない。実際に，本書の目的では，この議論を解決することは比較的簡単である。この解答は，他の啓蒙家ジョセフ・バトラー Joseph Butler（1997：122-3）によって提案されたものである。彼は次のように述べた。「しかしこれは人間の言葉ではない。……人間は次の2つの性質を持っている。つまり我々の性質の一部としての冷酷な自己愛や我々の幸福を願う欲求や行動の原理と，それとは別に，特定の外部の対象への特定の愛情を示すという性質や行動の原理とを持っている」。

（4） これらの人々の寄与やさらに一般的な議論については Batson（1991：ch. 2）と Page（1996：ch. 1）を見よ。

第Ⅰ部　ナイトと悪党の理論

　我々の言葉の定義では，悪党は，個人的な利益になるときだけ他人を助ける動機を持つ利己的な個人と定義され，ナイトは個人的な報酬なしで，いや自身の個人の利益が害されても他人を助ける動機を持ち，そうした行動を取るかもしれない個人である。別な言い方をすると，2者の違いは，一方は個人の消費財のような，自分の物的な富に直接利益をもたらす活動だけを動機にする人々と，他方は直接他人に利益を与えるが，自身の物的な富にはプラスの影響を与える行動はしないという動機を持つ人々ということである。どちらの個人も，彼らが自分の活動から満足とか，また他の肯定的な感情を引き出すという意味では「利己的」であるというようなことは，我々の目的には意味がない。

　そのように，ナイトと悪党の概念的な区別をすることができる。しかし，利他的な動機の存在に対するやや違った種類の異論が，進化心理学から出されてきた。この比較的新しい分野の科学的努力は，ダーウィンの原理を社会的行動にも適用しようとするものであり，多くの，あるいはほとんどの社会的行動は，最終的に遺伝子的要素により決定されるというのである。もしそうならば，1つの帰結は，リチャード・ドーキンス Richard Dawkins（1989）が名づけたように遺伝子は「利己的（selfish）」なので，行動もそのように決定されるはずである。遺伝子は，本質的に悪党であり，ナイトにはなり得ないのである。

　しかし，ほとんどの進化心理学者は，そうした意味づけは単純すぎるという。遺伝子は完全に利己的ではあるが，利他的になることを体現する有機体も考えられる。というのは，有機体による利他的な行動は，遺伝子の利己的な意図，つまり長命と生存に大いに寄与するかもしれないからである。例えば，両親にこどものための犠牲を払わせる遺伝子のパターンは，そうでない遺伝子のパターンよりおそらく優位を占めるであろう。他の条件が同じならば，犠牲的な両親のこどもは，犠牲的でない両親のこどもよりもっと長生きするだろう。血族でない者に対する利他的な行為を説明することは，新ダーウィン主義にとってはさらに難しい。しかし，ある人がいうには，人間がよく出くわす環境において，他人との信頼と協働を促進する遺伝子は，競争を促進する遺伝子よりもさらに生き残る可能性が高い，という。

そのように，哲学や進化心理学では，利他的な動機の存在を認めるのである。それは，そうした動機が，疑う余地なく存在しているからである。

この主張は，常識によるだけでなく，社会心理学者や経済学者，他の社会科学の学者による膨大な研究成果に基づいている。私は，これらについて短く吟味したい。しかしその前に，混乱を引き起こす可能性がある3つの用語について整理しておく必要がある。

第1に，利己的と利他的と合理性（rationality）との関係である。利己的と合理性とは，しばし同一視され，利己的な個人だけが本当に合理的であるとされている。そうした個人の振る舞いは現在の経済学者の分析を基礎になっているという理由から，合理的で利己的な個人はしばしば経済的人間（*homo economicus*）といわれる。しかし，確かに多くの経済学者自身が指摘しているように，合理性は利己的ということを意味しないし，逆もまた真である。ある活動の費用と利益の合理的な計算をしている人が，自分の利益に直接関係するところだけを計算するわけがない。また，ある活動をするかどうかを考えるときに，他人の費用と便益をも計算に入れるナイトがいたら，自分の分だけを計算する悪党と同じぐらい合理的であり，両者とも合理的であり得るし，もちろん両者とも不合理でもあり得る。

第2の点は，利他主義と集団主義，または協同の関係についてである。利己的でないということは，しばしば協同や集団行動を重要とする考え方と関連づけられ，利己的であることは，個人的で競争的な行動と関連づけられる。しかし，この関連は必然的でない。というのは，利己的な人は，自己の利益を増進する最も良い方法は，他人と協同することであると信じていることもあり得る。これはしばしば労働組合に参加する論理的基礎である。有名な囚人のジレンマを含むゲーム理論の結果は，協同は最も自己の利益に資することが多いことを

（5） 例えば，Fukuyama（1995: 17-20）と Pettit（1996: 62-3）を見よ。
（6） 私はここでは合理性を，異なる活動の費用と便益を間違いなく評価することとして定義している。Andreoni and Miller（2002）は，利他的に振る舞う人ほど，合理的な公理に賛意を評することを示した。

示している。

　そのようなわけで，集団主義者がすべてナイトではない。しかし，ナイトはすべて集団主義者なのだろうか？　集団主義の考えは，ナイトであるための必要条件なのだろうか？　一見すると，利他主義者には矛盾したところがある。例えば，故意に競争的な行動を取ったり，競争的市場を支持したり，他者の福利を減らすような人がいたりする（例えば，街角の小さな商店が郊外の大店舗との競争でなり行かなくなって，地域の高齢者が行きやすい店舗を奪ってしまったりする）。しかし，それは起こり得ないことではない。というのは，利他主義者は，競争的な市場は，長期的に見て，集団主義的なシステムよりも，彼らがケアする人々の利益を助成すると，信じているからである（例えば，スーパーマーケットは，高齢者に，より低額での配給サービスすることができる）。私が次章で見ていくように，この点では，競争を信じるこの利他主義者のほうが，公共サービスにおいても正しいかもしれない。ナイトであることは必ずしも集団主義者であることを意味しない。

　最後のポイントは，現在流行している信頼の問題についてである。ときどき，利他主義と信頼は混同されているようである。言葉を変えると，個人の利己追求は，他者，あるいは似た動機を持っている個人を信頼する可能性を締め出すと考えられている（例えば，Fukuyama (1995 : ch. 2) を見よ）。しかし，信頼する側の個人（他人に信頼を置く個人）も，信頼される個人も，必ずしもナイトではない。私はあなたが悪党であることを知っていても，ある特定の状況の下では，私の利益のためにあなたを信頼するかもしれない（例えば水漏れをしている救命ボートから助かろうとするときなど）。そのような場合には，我々は共に悪党として行動するとしても，お互いを信頼する。もちろん，相手が純粋に心底からあなたの福利を思っているとすれば，あなたのためを思うその人を信頼することはもっと簡単かもしれない。しかし，2人の間の利他主義の感情が，彼らの間の信頼関係の本質ではないし，また逆も真である。集団主義の場合と同様に，ナイト的であることと，信頼との関係も必然的ではない。

我々が知っていること

　19世紀において、マンデヴィーユは、ほとんどの人間が悪党であるということを主張して、ひどい困難に見舞われた。というのは、ジョン・ブラウン（John Brown）、ホッブズ、マンデヴィーユは、「名前がひどく嫌われていたが、悪名ゆえに忘却の墓場から強奪されて、決して滅びない名前」になった。ジョン・ウェスレー（John Wesley）はこう書いた。「私は今まで、この世にマキャベリ（Machiavel）が書いたような本はあり得ないと思っていた。しかし、マンデヴィーユのそれはその先を行っていた」[7]。しかし、より近代の、多分より理想主義的ではない世界において、何が議論されているのかについて、わからなくなっている。すべての個人が大いに悪党であって、物質的な利己心によって動機づけられるということは、ほとんど議論の余地はない。その問題は、むしろ逆であって、人々はささいなことでもナイトのような行動を取るのだろうか？　もしくは、この本の関心に直接関係ある形で言えば、人間が利他的な動機を持っていると仮定することは、十分安全にその目的を達成できる公共政策をつくることができるのか、ということである。

　直接の家族や他の親族に対する利他的な行動が存在するのは明らかであるから、例示したりする必要はないだろう。もっと興味深いのは、完全に見知らぬ人も含めた、関係ない個人への明らかな利他的な行動が存在する根拠であり、さらに重要なのは、そのような行動の背後に、そのような動機が実在することである。この証拠はさまざまな幅広い資料から得られる。例えば、明らかに利他的な行動をした人とのインタビュー、実験室での実験、実際の行動に関する調査などである。そのような研究の広がりは膨大なものである[8]。しかしそこに

（7）　Harth（1989）による引用。現実に批判者の憎しみはマンデヴィーユの次のような前提、すなわちほとんどの人は悪党であるばかりでなく、悪党であるほうが、経済的ならびに市民社会には、気取った道徳家よりましである、としたことに刺激された。この点についてはさらに後述する。

書かれている結論は明確である。心理学と経済学の分野を概観したマシュー・ラビン Matthew Rabin（1997：13）は，次のようにいった。

　　人々は，純粋な利己主義で説明できる以上に，公共財に寄付するということ，お金の配分を決める自由を持った人がすべてのお金を自分で取ってしまうわけではないこと，またフェアーでない処遇に対して報復するためにお金を寄付することは，実証されている。……行動科学の研究者の間では，かなりはっきりと利己的ではない選好が存在することには異論はない。

　この本の特に興味があるのは，個人の利他的な（あるいは利己的な）動機が公共サービスの提供には含まれているという証拠である。以下，少し詳細に見ていこうと思う。

動機と公共サービス

　我々の公共政策の関心に近い分野で，ティトマスの『贈与関係（The Gift Relationship）』の中に載っている明らかな利他主義者である献血者へのインタビューから始めることとする。このケースでのナイトは，英国国立輸血サービスに血液を提供した3,800人のサンプルである。それらの個人は，提供後の1杯のお茶とビスケットを除いて，何の経済的，物質的な報償を期待することなしに，血液を提供する。彼らは匿名であり，その提供を受ける可能性のある人たちについて何も知らない。彼らのうち，4分の1以上の人々が，その行動の理由として同情をあげた。そこには次のような記載があった。

（8）　心理学的，ならびに社会学的なリビューは Krebs（1970），Pialavin and Charng（1990）と Monroe（1994）を見よ。心理学的ならびに経済学的文献の包括的なレビューは Rabin（1997：13-26），また Rose-Ackerman（1996）と，それ以前の文献は Phelps（1975）にある。さらに近年の文献は Andreoni and Vesterlund（2001）と Andreoni and Miller（2002）を見よ。

「私は誰かの命を助けられるかもしれないから」。「だれかわかりませんが血液を必要としている人を助けられるかと思ってやってきました」。「人助けとなるような福祉活動に少しでも寄与したいと思いました」。(Titmuss 1970/1997: 293)

義務の感覚もまた，ティトマスの調査した献血者では明らかであった。

「〔献血をすることは〕私の良心からです——生命を脅かす戦争（1939-45）に5年間従軍してきた。その間，私の妻は輸血を受けて命も支えられてきました。そこで復員後は，〔献血することで〕少しでも私の良心を和ませることができればと思います」。「いつもの生活の中であまりにも多くを受け取り，少ししか与えていないという罪の意識から」。「義務感と，全体としてコミュニティと国民に対する義務感」。

もっと個人的な要因として，

「私は，このすばらしいサービスに参加したいと思っていました」。「18歳になったことを実感するために何かしたかったし，ずっと献血したいと思っていたので。かっこつけすぎかしら」。「第1に，十代の仲間たちと同じことをしたいから」。

これらのインタビューの記録からすぐに，2つの結論が導かれる。第1は，紛れもない利他的な動機が存在するということであり，第2は，同情，義務，同調とか，さまざまな動機形態があり得るということである。
しかし，これらのインタビューが，私たちの関心に直接関係があるわけではない，という反論があるだろう。ティトマスがインタビューから，公共（またはもっと広い）サービスの動機の中には，そのような要素があることを推測することはできるが，厳密には血液の提供者は，公的セクターの働き手ではない

という反論である。しかし，もっと直接に関連する多様な証拠もある。

　公的，ならびに民間セクターの管理者の価値観に関する，ジェーン・スティール Jane Steele（1999）の最近の調査がある。公共サービス管理者協会（Public Management Foundation）のこの調査は，政府，民間，非営利団体の17人のトップの管理者を対象とした詳細なインタビューであり，それに続いて，400人以上に対する詳しい電話インタビューがなされた。この調査で，ナイト的動機が公的セクターには存在し，民間セクターの人々よりもはっきりと述べられていた。個人的な目標としてあげられる16の候補の中から，公的セクターの管理者が最も多くあげた目標は，コミュニティに対してサービスを提供することである。それは民間のセクターの目標のトップ10にも出てこない。対照的に，民間のセクターの管理者にとっての2つの同程度の重要な目標とは，組織の経営状態を改善することと，組織的な目標・目的を達成することであった。[9] 1つ目は，公的セクターの管理者の目標のトップ10に出てこない。2つ目は，6位に現れる。しかもそれらの違いは，年齢や経験の差によっても狭まらず，古い世代だけの特徴でもなかった。後の論文で，スティールは，アリソン・グラハム Alison Graham と共に，NHS の管理者と医師の動機を調べて，この仕事を補足している（Graham and Steele 2001）。これは，65人の管理者，24人の病院の医師，20人の医療管理者，16人のGP，合計125人のNHSの職員等を対象とした調査であった。再び，研究者は強い利他的な関心に対する強い傾倒を発見した。13個あった動機の要因の中で，GP 以外のすべての人たちに最も高くランクされたものは，「利用者のために良質のサービスを提供したい」というものであり，どの人たちも，個人の収入を特に動機にしていなかっ[10]

（9）　これらの目標，目的は定義されていないので，そのあるものは違ったもの，例えば利他的なものである可能性はある。

（10）　GP は良質のサービスを提供することよりも，「生産的なチームで働きたい」「コミュニティを支援したい」「有能でやる気のある同僚と働きたい」「同僚の中での高い評価」をあげた（Graham and Steele 2001：表201, p. 7）。面白いことに，GP の行動に影響する要因に関する他のリビューでの結論は，社会，評判，地位に関する関心は低く，患者のためにという関心も同様に低かった。

たし,「所得」や「コミュニティにおけるステータス」「キャリアアップの可能性」などは,すべて最下部のあたりにランクされていた。これは,病院の専門医への以前の調査とも一致していた (Shaw, Mitchell, and Dawson 1995)。

公的セクターで働いている医師の動機は,特に興味深いものがある。というのは,実地の診療活動は,公的セクターにおいても民間セクターにおいても,伝統的に,自己の利益ではなく厳しい規範の制約の下に置かれてきた。[11] そこには,正直と慈善という一般的な道徳的な原理や,互恵など医療職に特殊な規範が含まれており,これに属する人たちは厳粛な誓いを誓うのである。これらの規範が(すべての規範の効果のように),どの程度医療提供者に影響するのかについては議論のあるところであるが,医師が自から専門職についての考え方に影響しているだろうことについては否定する人はいない。例えば,英国医師会(British Medical Association)による,キャリアとしての医療に対する600人の医者の態度調査によれば,医療は「他の職業と同様に,医師は通常の勤務時間だけ働き,家に帰るときは仕事を忘れる権利がある」としたのは10人(2%)だけだった(BMA 1995a, part II : 11)。一方,同じ調査は,利他的関心と利己的な関心の間のバランスを見つけることがどれくらい難しいかを明らかにした。回答者の半分以上(58%)が,「医療は主要職務だが,医者もちゃんとした家庭生活をし,余暇を取れてしかるべきである」ということに同意した。さらに29%が,「医療は,医師が自分の家族と他の活動とバランスを認めるように組織されなければならない」とした。3人だけが,「医療は天職でそ

---

(11) 医師を対象とした,利己と利他の相克する動機に関する信頼できる実証研究は,少なくとも英国においてはあまりにも少ない。Nick Bosanquet and Brenda Leese (1989) の研究は「家庭医と経済的インセンティブ」という面白そうなタイトルだが,実際には直接動機について扱っておらず,GP の行動への地域特性の影響を見ているにすぎない。英国医師会(British Medical Association)の医師の中心的価値観に関する多くの調査は(BMA 1995a, b, c)政策研究所(Policy Studies Institute)の若い医師を対象とした調査の知見を支持している(Allen 1997)。これらは利己と利他の動機の相克を直接対象とはしていないが,役立つ情報を含んでいる。Matthew Gothil (1998 : S38) は「利他主義も利己主義も GP の動機を十分には説明しない」として,むしろ GP の動かしているのは,特に彼らの診療室における「プロセス」満足であるといった。しかし,その事実を支持する証拠はほとんど提供してはいない。

れを主たる職務と認めるもののみがこの職に着くべきだ」とした。

テッサ・クリリー（Tessa Crilly）と私は，NHSトラストの動機と目標に関する調査研究を行った。3年にわたって，1,500人の医療コンサルタントと医療管理者に対する調査と，100病院に関する統計的な分析を行った（Crilly and Le Grand，報告予定）。その結果は，コンサルタントは経営的なバランスよりもサービス（の質と量）がより重要であると考えていた。医療管理者たちの平均的な第1の目標は，経営的なバランスであったが，サービスの提供に最も近い医療管理者たちは，サービスの質を主たる優先事項としており，彼らが異なる人々が含まれる集団であることがわかった。サービスの目標に向けた取り組みが，直ちにナイト的な動機に結びつくわけではないかもしれないが（それは，医師たちから認められたいというようなもっと悪党的な関心からかもしれないが），衝撃的な結果は，医師にも管理者にも，経営的な健全性に対する関心の薄さであった。

ピーター・テイラー‐グッビーと同僚たちPeter Taylor-Gooby and colleagues（2000）は，英国の歯科医師が，患者を私費の患者として診療するか，それともNHSによる診療をするかを決定する動機を調べた。そこでは，歯科医師が悪党的ならびにナイト的な両方の動機から，NHSから離れるように誘導されていることを見いだした。「私費」にすることによって，彼らは高い収入を得るし，またそのための自由を確保できる。しかし，彼らが考える重要な要因は，彼らが患者により多くの時間と注意を与えることができるのではないか，それによって良質なケアを提供できると考えたからでもあった。テイラー‐グッビーと同僚たちが述べているように，患者の利害は専門職の文化（例えば，予防よりも補填を重視するような）によって大きな影響を受けるのである。

医療以外の分野では，ジェレミー・ケンダル（Jeremy Kendall）が，高齢者のための住宅のケア，また入所ケアと在宅ケアを提供する（営利，非営利の）自営業者の動機を調査した。1997年に，彼と同僚は，50ばかりの住宅ケアの提供者にインタビューし，ビジネスをする上での主な動機について質問した。それらの中で，最も数多く列記された動機は，高齢者のニーズを満たすこと

(85%),また87.5%がそのほかの2つともナイト的な動機あげた。すなわち,社会全体に対する義務とか責任とか,社会の特定の人々に対する同様の感情をあげていた。社会全体への義務,責任の感情,社会の特殊層への同様な感情である。これは明らかにより悪党的な関心があるとする多くの引用,例えば専門職としての業績とか(76%),技術の向上(67%),満足すべき所得(58%),自律性・独立性(40%)所得・利潤の最大化(たったの8%)などに匹敵している(Kendall 2001)。インタビューの受け手にそれらの優先度のランクを聞くと,最も頻繁に最上位にランクされたのは,高齢者のニーズ(41%)であり,次に職業的な業績(15%)と収入(14%)であった(Forder et al. 1997をも参照)。

1999年には,ケンダルと同僚たちが,在宅ケアの提供者に対して56の似たような質問をした。回答中の半分近くが,最も重要な動機として,次のようなナイト的な動機をあげたのである。高齢者のニーズに答えること(29%),社会全体への義務/責任(11%),社会の特殊な階層への義務と責任(9%)であった。それに対して,13%だけが経済的な動機を優先し,残りは職業的,研究的な業績(21%),独立と自律(11%),専門技術の研鑽(5%)であった。

イギリス以外では,ジーン・ブリューワー(Gene Brewer)と同僚たちが,アメリカの公共サービスの動機の研究をリビューした(Brewer, Selden, and Facer II 2000 : 255)。その結果のほとんどはイギリスのものと矛盾なく,公務員がコミュニティに仕え,民間のセクター以外の人々を助けることに大きな関心があった。しかし,1つの研究結果では,政府,民間,非営利のセクターの働き手の間で,サービス,支援,支給,職業保障への取り組み方にはほとんど差はなかった(Gabris and Simo 1995)。

ここまで引用した結果はすべてインタビューやアンケートから得られたものである。そうした状況では,いわゆる「ハロー効果(halo effect)[*4]」があるか

---

(12) ケンダルはより独立と自立を求める姿を,悪党とナイトではなく,中世の貿易商人のようだといった。そこで彼は knave とナイトのかわりに merchant という呼び方を使った。

もしれない。ハロー効果とは,人々が,本当の動機を答えるのではなく,彼らが答えるべきだと思っている答えをしてしまうことである。だから,実際の行動のほうが,述べられた意見よりも動機を正確に示しているかもしれない。ジュリアン・フォルダー Julien Forder (2000) は,精神障害者の入所ケアの価格決定における,営利と非営利の提供者の行動について調査した。彼は,両グループとも,彼らができる最高価格に,あるいは利益を最大化できる価格に設定していないことに気づいた。非営利の提供者は,営利の提供者よりも低額に設定していたが,営利の提供者でさえ市場における力を十分利用してはいなかった。

実際の行動に関する他の実証研究のほとんどは,公的セクターの働き手の経済的なインセンティブの効果に集中していた。経済学者サイモン・バージス,キャロル・プロッパとデボラ・ウィルソン Simon Burgess, Carol Propper, and Deborah Wilson (2002) による,医療分野ではないが,公的セクターの働き手は,経済的なインセンティブがある場合に,より熱心に働き,より多くを出力すること,また組織が仕組んだり頼んだりしなくても,自分の経済的な報酬を最大化するように質とタイミングを巧みに操作する,とした。しかしながら,バージス,プロッパ,ウィルソンは,公的セクターの働き手が利他的に振る舞うことができる証拠を引用している。アメリカにおける授産施設のケースワーカーは,財政的に制約があるにもかかわらず,就職可能な人を引き受けたほうが成果は上がるのに,より多くの就職困難者を引き受けていた。

医療費の支払いが,医療行為に与える影響に関する2つのよく書かれた論文がある。[13] 1つは,アメリカ,カナダ,デンマーク,スコットランドにおける,プライマリーケアの医師を対象とした研究である。その調査者は,出来高払いなので支払いを受ける医師たちは,サラリーや人頭払いによって支払われる医

〔*4〕 ハロー効果とは,ある対象を評価するときに,顕著な特徴に引きずられて他の特徴についての評価がゆがめられる現象。ハローとは,「後光」の意味。例えば,いわゆる良い大学の卒業生だという経歴があると,人格的にも優れているような印象を与えるようなこと。Halation と同じ語源で,ギリシャ語では太陽・月の周りの「かさ」の意。
(13) Elias Mossialos による情報提供に感謝する。

師よりも多くの患者を診ていた（Gosden et al. 2001 : 53）。もう1つは，医療の実施における経済的インセンティブの影響についてのさまざまな国の数多くの研究（文献数89）から，経済的インセンティブが診療行為に与える影響を検討していた。その結論は，経済的なインセンティブは，病院への入院率，平均在院日数，診療ガイドラインの遵守，予防接種の目標達成率から見て，影響を与える，というものであった（Chaix-Couturier et al. 2000）。

　ピーター・ダルトン（Peter Dolton）と同僚たちは，教師のための金銭的，ならびに非金銭的な報酬の影響を調べた。彼らは次のようなことを見つけた。教員の給与と事務職の給与との比が高いことは，卒業生の職業の選択や，教師の退職率，元教師の教師への再就職率に影響があった。しかし，非金銭的要因もまた，特に女性の場合には重要であった。しかし，それは男性の場合に比べて，女性の場合には公共サービスの動機というより，教育の仕事と家庭での責任の両立に関心があることの結果のようである（要約は Dolton, McIntosh, and Chevalier 2002 参照）。看護師の労働力に関する研究も同じような結果であった（Antonazzo et al. 2000）。

　全体として，利他的な動機が，公共サービスの提供者の間では広く存在するという見方を否定することは難しいといえる。しかし，私たちはこうした調査をどう解釈するかは注意しなければならない。利他主義は，利己的な動機と並んで存在し，それらが結びつくと行動に対しては別様に作用するからである。

　しかし，この研究は，利他主義が公的セクターに存在することを示すだけではなく，さらに進んでいる。そして，我々のこれからの分析に重要なことを示している。もっと正確にいえば，2種類の異なる利他的な動機が存在する。あるいは，我々の隠喩を使っていえば，2種類のナイトである「非行動型（act-irrelevant）」と「行動型（act-relevant）」がいるのである。

　第1は非行動型ナイトである。これらのナイトは苦痛の中にいる人を助けたいという動機を持っているが，それは単に自分が置かれている状況を感知して単に反応しているにすぎない。この反応は，対象の個人に対する同情や哀れみから出てくるのだろう。あるいは，個人の状況を不正義だとか不公平だと考え

るからかもしれない。この種類のナイト概念に潜む利他主義は，たぶんこの言葉に対する常識的な解釈と一致しているのだろう。

　非行動型ナイトは，利他の関心の焦点にある人が他の誰かによって助けられると，満足してしまう。必ずしも自分が助けなければならないわけではなく，他の人の行動に喜んでただ乗りする。誰が実際助ける行動を取るかには無関係なので，この名がある。彼らは，「行動型」ナイトとは違っている。それに対し，行動型のナイトは，苦難の中にいる個人に関心があり，実際に，必ず自分で助けたいという動機を持っている人々である。これは助ける活動を引き受けることからくるはっきりした喜びの報酬，暖かな心の高まり（warm glow）から生じるのかもしれない（Andreoni 1990）。この満足感はまた，ケアをする人としての自己認識のような内的な要因と，社会や仲間から評価といった外的な要因からくることもあり得る（詳細は Piliavin and Charng 1990, Rose-Ackerman 1996 : 713 参照）。

　あるいはまた，助ける行為の実行から得られる満足感というより，義務感とか，あるいはもし行動しなかったときの事態に対する罪意識を避けたいと思っていることもあり得る。あるいはまた，これまで親切で思いやりの深かった人に対してお返ししたい気持ちもあり得るだろう。このような動機は悪党的なものに見えるかもしれないし，もし自分が親切にしたのだから，今度は私に親切にしてほしいと要求したら，まさにそれは利己的な行動でありナイト的なものではない。しかし，実際にはこのような率直な交換の形を取る必要はない。人は以前から親切にしてもらってきて好感を持っているので，その人にも優しくしてあげようとしているのであって，その人に将来何かいいことをしてもらおうと期待しているわけではないかもしれない。互恵的なナイトは悪党とは違う。

　非行動型と行動型ナイトの差は「純粋」と「不純」と表現されてもいる（Andreoni 1990）。しかし，私は，この言葉使いを好まない。というのは，前

---

(14)　同情（compassion）と正義感（a sense of justice）はしばしば混同される。しかし，それらは全く異なるものであり，前者は寛容を，後者は処罰を導く。その区別は次の諺に示されている：「寛容である前に正しくあれ」。

者が後者よりも良いという道徳的な判断が含まれているように，少なくとも私には思えるが，その明確な根拠はないからである。(16)唯一重要な問いは，両者が本当に存在するのか，もし存在するなら，それらはどの程度の割合なのかである。

　この点に関する実証は慈善行為の研究から得られている。ある女性が100ポンドを慈善として寄付しようとしていたとして，彼女の友人も100ポンドを寄付することを始めると聞き及んだとする。もし彼女が非行動型のナイトだとすると，彼女は寄付をやめるだろう。なぜならば，寄付の受け手は，彼女自身からではなくても彼女の友人からではあるが，適当と思われる援助を受け続けることになるからである。しかし，もし彼女が行動型のナイトだったら，彼女の動機は行為そのものであるから，彼女が支援しようとしている他の人々の状況によって，あるいはそれだけの理由で，彼女は支援をやめることはないだろう。

　この議論は，政府の支出と慈善的寄付の間の関で展開されてきた。もっと精確にいえば，もしも人々が他人の福祉だけに関心がある，つまり個人が非行動型のナイトであるとすると，政府の支出が1ドル増えればナイトからの寄付は1ドル減少し，1ポンド増えれば1ポンド減るので，公的私的な支援額の総額は一定となるだろう。(17)言い方を変えれば，もし人々が非行動型の利他主義者だとしたら，政府の福祉支出は慈善的な寄付を減少させるはずである。

　他の国々の経験の不定期な調査は，この見方を支持しているかもしれない。ドイツ，カナダ，イギリスでは，アメリカよりも，政府の福祉支出は大きいが，寄付は少ない。イギリスにおいて，個人所得に対する個人的な寄付の割合は，政府支出が伸び続けてきた1934年から1975年の間に，半分に下がっている(Clotfelder 1985 : 96-8 ; Falush 1977)。

　しかしながら，この理論にはあまり合致しない実際の姿も見られる。アメリ

---

(15)　ここですべての種類のナイトをあげたわけではない。そのほかの利他的な動機については Margolis (1982), Collard (1978 ; 1983), Sugden (1984 ; 1993) を参照。
(16)　後者についても同様である。例えば，Rose-Ackerman (1996 : 713) を参照。
(17)　Sugden (1982), Warr (1982), Roberts (1984), Bernheim (1986)。

カでは，政府の成長にもかかわらず，一貫して GNP のほぼ 2 ％に相当する寄付が行われてきた。また，寄付者の人口割合は，アメリカでは85％，イギリスでは80％と，両国でほぼ同じ割合でおおよそアメリカとイギリスでは大差はなかった（Pettipher and Halfpenny 1993）[18]。

よりしっかりした研究によれば，政府の活動は慈善的な寄付というナイト的な行為を「締め出す（crowd out）」という知見を支持してはいないようである。チャールズ・クロトフェルター Charles Clotfelter（1985 : 274-5）は，1985年からの研究の振り返りをもとに，次のように結論した。「この問いに対する計量経済学的な分析結果（すなわち，政府の支出が私的な寄付を減少させる）は，国際比較をしてみても，政府の支出と寄付の傾向とは関係はあるものの，ほんの少ししかない」。

さらに，クロトフェルターの検証以後，この締め出しの実証は少ない。ブルース・キングマ Bruce Kingma（1989）は，アメリカの場合で，政府補助金の1ドル当たり15セントの寄付の締め出し効果があることを見いだした。ジュリアン・ウォルパート Julian Wolpert（1993）はアメリカのある地域における研究では，地方政府の支援額と私的な寄付とが，締め出し理論が仮定するような反対方向ではなく並行することを見いだした。イギリスでは，ジオッティ・カンナ，ジョン・ポスネットとトッド・サンドラー Jyoti Khanna, John Posnett, and Todd Sandler（1995）が，1983年から1990年までの（サッチャーの最盛期に）159例の寄付行為を分析して，政府補助の寄付に対する締め出し効果はなかった，あったとしても政府補助1ポンド当たり9.4ペンス程度だったとした。

例外的なものはジェームズ・アンドレオーニ（James Andreoni）によるさ

---

(18) しかし，寄付のパターンは大きく異なることに注意すべきである。カレン・ライト（Karen Wright）が指摘したように，アメリカでは寄付行為は社会的な目的はあっても，寄付に関する税制により，個人の利益や社会的地位などが複雑に絡んでいる。一方，イギリスでは，寄付は利他的なものであるべきで，むしろ自己犠牲的でもあるべきだと考えられている。ライトは 2 国を対比して，アメリカのそれは「気前のよさ」であり，イギリスは「利他主義」だとした。K. Wright（2002 : 21-2）参照。

らに最近の実験結果である。108人の経済学部の学生を対象としたその実験結果は，大きな締め出し効果を示した。しかし，彼は次のように述べている。

　この対照実験では同情，政治的・社会的な関わり，同僚の圧力，組織的な配慮，あるいは公共善に寄与があるような場合には，それに伴う満足とかを深く取り除くようにデザインされている。締め出し効果が計量経済学的な研究結果よりも大きく出ているのは，このような要因が個人の行為には大きく影響していることを示唆している（Andreoni 1993 : 1326）。

結　　論

　この短い論考が，政策設計に有用であることを示していることは何だろうか？　結論は3つある。第1の，そして最も重要な結論は（しかし，驚くにはあたらないのだが）利他的な行動は存在するということである。人々はナイトとして行動し得るし，そしてまさに彼らの行動が自分の利益と全く逆行するような状況でも，しばしばそうするのである。さらに，これらの動機は，より自己中心的な動機よりも複雑に絡んではいるが，公的セクターにおける提供者には広く存在しているということである。

　第2の結論，そして原則的には，いろいろな思いの異なる型のナイトが存在するということである。特に，非行動型ナイトは同情とか正義感とかに動機づけられているが，必ずしも自ら行動する必要性によって動機づけられてはいない。そして，行動型ナイトがおり，彼らは部分的には同様の動機を持っているが，自ら支援行為をする必要性によって動機づけられている。これらのナイトは「温かな喜悦」感や罪意識の癒し，あるいは義務感で動機づけられているのかもしれない。

　第3の結論は，実証結果は多くの利他的な行動は行動型であることを示唆している。これは政策設計に極めて重要であり，この点については次章で述べることにする。

第Ⅰ部　ナイトと悪党の理論

3　動機づけと政策の文脈

　今日，経済学におけるキーワードは「人格（character）」である。……個人主義者である経済学者が社会主義を恐れる理由は，それが人格を堕落させると信じているからであり，社会主義者が社会主義を追求する理由は個人主義は人格を堕落させると信じているからである。
　　　　　　（ステファン・コリーニ（Stefan Collini），「ヴィクトリア朝の
　　　　　　政治思想における『人格』の概念」の中での，1890年代の無名
　　　　　　の社会主義コメンテータの引用）

　前章では，政策を設計する場合には，政策立案者はその政策の導入に関わる人々がどのような動機を持っているかを考えなければならないことを述べた。[1]その時，意識的にであろうが無意識的にであろうが，彼らは人間の動機について大きく2つの仮定のどちらかに基づいて仕事を進めている。ある政策立案者は，個人は基本的には利己的であるという信念であり，これを我々は悪党と名づけた。また，別の政策立案者は，特に公的セクターにある人々は，自分の利益よりも彼が対象とする人々の利益を上に置く，いわば自己否定的な利他主義によって動機づけられていると仮定する。つまり，悪党ではなく，ナイトと考える。
　また，近年一般に公的セクター，特に福祉国家においては，人々の動機に関する信念が変化したことを見てきた。公共サービスの倫理に対する信頼が次第に失われて，公的セクターにおいても主要な動機は自己の利益であるという確信が増大してきたのである。市場は利己心を檻に入れて公共善に奉仕させる典

（1）　本章の議論の早期のものはLe Grand（2000）にある。

型的な仕組みであるので，今度は政策立案者が公共サービスを分配する仕組みとして準市場を活用するようになった。この仕組みは，当該サービスの財源は税とかその他の収入によるのだが，サービスは最も効率的で反応性を高めるように，市場のインセンティブを用いるものである。

　この信念における変化がどの程度根拠のあるものなのか，そしてさらにこの市場指向的な政策の変化が，望む結果をもたらしたのか，次章から議論していくので，ここではこの程度としたい。そのかわり，ここでは若干異なる問題に議論を集中したい。この動機に関する2つの信念は，実際にはもう1つの共通した仮定を持ち込むことになる。それは動機のバランスという問題，すなわち個々人がナイトあるいは悪党として振る舞うその程度は，政策の構造そのものとは独立であるということである。フィリップ・ジョーンズ（Philip Jones）がいったように，経済学者や他の社会科学者は，政策分析者や政策立案者と同様に，人々はしばしば基本的なある動機の構造を持っているという仮定を所与としており，政策立案者はこの構造を受容し，したがって政策をそれに順応させようとする（Jones, Cullis, and Lewis 1998）。しかし，動機が外生的である，あるいは政策変化の外にあると仮定するとしたら，それは間違いなのだろうか？　動機が内生的であるとしたらどうなのか？　すなわち，政策を改革するとして，市場主導か，それとも国家主導のいずれにすべきかは，動機そのもののバランスに影響するのだろうか？　それが本章の中心課題である。

　私はまず市場機構をそれ以前は存在していなかった領域に導入したことに関するいくつかの研究を吟味することから始めたい。面白いことにこの研究結果は同じ方向を示してはいない。ある部分は市場機構の導入はナイト的な活動の価値を低め，他の部分では反対の結果を示唆している。そこで，私は平行した2つの命題を議論していくが，本章の冒頭の皮肉な文章の引用，すなわちこの動機のバランスを変化させたのは市場ではなく政府である，ということから始めたい。この見方に従えば，堕落させたのは市場ではなく政府であり，ナイトを悪党に変えたのは政府である，ということになる。

市場——価値を下げるのか，上げるのか？

多くの人々は，市場が堕落させた，あるいは市場機構を用いたことが利己心を助長し利他心を表現する機会を減少させたと書いてきた。例えば，アラン・ウェアー Alan Ware（1990：191）は，市場により大きな信頼を置く社会では「他者を支援しようとする気持ちや主義や習慣が弱い」と論じた。フレッド・ヒルシ Fred Hirsch（1977：82）は「市場経済は個人の利己的な目的を強化し，社会的な目的を実現することを難しくする」と主張した。さらに基本的には，社会学者のリチャード・セネット Richard Sennett（1998：148）は彼の著書の中で，近代の資本主義の質的な腐敗について述べて，「人々がゆえなく他者をケアするという体制は，もはや正当性を維持できない」と論じた。

しかし，多分この市場の導入がナイト的な行動の価値を低める，つまり利他主義者を利己主義者に変えるという見方の最も秀でた主唱者はリチャード・ティトマスである。この領域での彼の中心的な研究は，『贈与関係』（Titmuss 1970/1997）であり，これは前章でも述べたとおり，イギリスとアメリカの献血制度についてのものである。2人の経済学者が経済研究所（Institute of Economic Affairs）の出版物の中で，当時緊急だったイギリスの慢性的な輸血用血液の不足の解決のためには，アメリカの一部における有償献血を導入すべきではないかと論じた（Cooper and Culyer 1968）。『贈与関係』はそれに対するティトマスの厳然たる反論であった。彼はその中で，従来から無償のボランティアによってきた献血を有償にしたら，経済学者の予想からは程遠く，利他の動機を減じ，血液供給の質・量とも減少させる結果となるだろう，と論じた。[2]

さらに具体的に，ティトマスは4点の基本的な議論をした。第1点は，血液製剤の市場は経済学者が呼ぶところの配分効率が悪いことである。無駄が多く，

---

(2) ティトマスと経済学者および Institute of Economic Affairs との関係の詳細については Fontaine（2002）を参照。

不足や過剰を生じやすい。製造も運営が官僚的で管理費用が高価になるので非効率的である。その結果，血液はボランタリーな仕組みよりもはるかに高価となるだろう，という。

　第2点は，市場化をすれば血液の汚染が起こる。すなわち，製品の質を悪化させ破滅的な結果をもたらす可能性がある。なぜならば，市場における供血者は輸血に不適な過去の病歴を隠す方向へインセンティブがかかる（例えば，B型肝炎とか，最近ではHIVなど）。さもないと彼らは血液を売れないからである。献血者の主な動機は，ただで血液を提供しようということとは違って，人を助けようというのであるから，血液が人の健康を害するような場合には，インセンティブは過去の病歴を進んで申し出るように働くはずである。したがって，このようなインセンティブは人を害することになり，助けることにはならない。

　第3の点は，市場は再分配するが，間違った方向へする。血液を貧しいものから富んだ者へ，恵まれない搾取されている人々から特権階級へ分配する。文字どおり金持ちが貧しいものの血を吸うに等しいことになる。

　第4点は，この点が我々の議論に最も関係するところであるが，血液市場は結局社会全体の品位を落としてしまう。それは献血における利他的動機を排除し，利己的で不純な打算に置き換えてしまう。ティトマスTitmuss（1970/1997：310-11）は，この議論をさらに市場のインセンティブに対する，より広範な批判へと広げて，次のように論じた。

　　　民間の市場は，血液，営利病院，手術室，検査室，その他の社会生活に関連する領域では，人々の選択の余地を狭める。市場は，人々が道徳的な行動を取ろうとしたり，利他的に振舞おうとする自由を減じるような状況に人々を置くので，その市場の強制力を弱めたり制御するのは国の責任である。

　『贈与関係』は今や30年前のものであり，私が他のところで書いたように

(Le Grand 1997a), これらの議論のあるものは時代の変化に耐えられなかった。例えば, 血液市場は無駄が多く, 不足や過剰を避けられず, したがってボランタリーな仕組みのほうがうまくいくといった結論は, イギリスやアメリカにおける経験からも裏づけられていない。この論点は理論的な根拠がないので, 若干の疑問があるところであった。ティトマスはなぜボランタリーな仕組みのほうが需要と供給をマッチさせるのか, あるいはなぜ市場が失敗するのかについて理論的な説明をしなかった。これは経済学の理論がまさに反対なので, 衝撃的な手抜かりである。

過剰な官僚主義は活力を失わせる。その後の分析結果は, イギリスの血液サービスは, ティトマスの時代にも, 間違いなく管理不足であって, その2, 3年後に困った事態が起こった。したがって, 管理にもっと資源を増やすことが望ましいし, それで効率が改善するはずであった (Berridge 1997)。

分配の議論も不十分であった。特に, 血液や製剤の移動は貧困者から金持ちであるが, それに見合った金銭の流れは反対方向へ向かっているという事実が無視されている。血液が貧困者から金持ちに売られるということは道徳的には不快なことかもしれないが, 貧困者のほうがその取引で損をしているとはいいがたい。まさに, 少なくとも自分の評価では得だと思っている可能性がある。さもなければ取引には応じないだろう。

しかし, 市場のインセンティブを導入することの影響に関する議論はもっと頑健なもののようである。ティトマスは現存の世界の血液供給システムの実績についての国際, 特にアメリカの売血制度とイギリスのボランタリーな制度と比較して, 現金の支払いをボランタリーなシステムに入れると血液の量と質が低下するという彼の仮定は, 直接的ではないが支持する実証結果に基づいている。もっと直接的な実証がアメリカにおける献血に対する態度に関するインタビューによる研究から得られている (Upton 1973; Lepper and Green 1978: 72)。一方のサンプルには献血に参加を促すのに現金の報酬を用い, 対照群には用いなかった。献血に参加の意向を示した人の中で, 現金の報酬を提示されたグループは提示されなかったグループよりも実際の参加は少なかった。参加

の意向を示さなかった人に対しては，現金の報酬は何ら差をもたらさなかった。

　ティトマスの見解はブルーノ・フレイ Bruno Frey（Frey and Oberholzer-Gee 1997；また Frey 1997 も見よ）による興味深い知見からも支持されている。彼は，スイスのある地域で核廃棄物の貯蔵施設を置くことを住民に対して説得するために金銭的な補償を用いることについて研究した。300人以上の住民調査の結果は，それに伴うリスクが十分知られていたにもかかわらず，半数以上（51％）が施設を地域に設置することを承認した。政府がその地域住民すべてに対して補償を決めたという情報が伝えられてから，再度調査が行われた。グループによって異なる金額が提示された，それはかなりの金額であった（スイスにおける同年の年間所得の中央値の12％）。その補償金額の多さにもかかわらず，人々の支持は半分以下（25％）に「低下」したのである。これは補償の提案によってリスクに関する認識が変化したわけではない。研究者は事前と事後におけるリスク認識については，ほとんど変化していないことを確かめた。[3]

　だから，市場のインセンティブの導入は動機づけのバランスに影響するというまさに実証的な根拠を示しており，さらにナイトを悪党に変える可能性があるように思われる。しかし，別な研究は，物事はそう単純ではないことを示している。特に，インフォーマルなケアやボランタリーな仕事において別な方向を示唆する一連の研究文献がある。これらの文献は，特にケア提供者に対する支払いやボランティアに対する支払いのメリットなどを論じている（例えば Evers, Pilj, and Ungerson 1994）。まずボランティアに対する支払いに関するある研究は，そのような支払いは利他の精神を蝕むことを示し，ティトマス／フレイの主張を支持している。例えば，フレイ自身はロレンツ・ゲッテ（Lorenz Goette）とともにスイスの労働統計のボランティアのデータを分析して，金銭的な報酬は作業量を増やすが，報酬を受けるということ自身は仕事に対する努力を減じることを観察している。その影響の程度はかなりのもので，ボランティアは少ない報酬ではもっと働くのに，中央値レベルの報酬では，報酬が

（3）　しかし，回答者は，同意すると，さらなる補償の権利を失うと感じた可能性はある。

全くない場合よりも働く量は少なかった（Frey and Goette 1999；また Evers 1994：30 も見よ）。

しかし，このような状況下では市場のインセンティブがナイト的な行動の「評価を上げ」もするし下げもする[4]。例えばダイアナ・リート Diana Leat（1990）は，多様なケア活動に従事している（主として女性の）87人に面接調査をした。ケアには，養父母，託児，托老（高齢者を自分の自宅で預かってケアする）といった人々が含まれていた。彼女は，ケア提供者が，ただお金だけのために他者をケアしているわけではないが，無償でそうしている人もほとんどいなかったことを見いだした。彼らは無償ですべきことではないと考えていた。しかし，報酬を支払われることが，その報酬の過多よりももっと重要であった。さらに，ケア提供者はその仕事に対する市場価格のレベルを欲しいとは思っていなかった。また，時には経費を支出することもいとわなかった。さらにまた，ケア提供者は，彼らが当初してほしいといわれていないことでも，クライエントは必要だと思うことをしていたし，それに対して余分な支払いを要求はしていなかった。

そのように，報酬の支払いはサービスを提供することを思いとどまらせるのではなく，励ますように見える。この点については，リートによる早期の研究が支持している。彼女と同僚は，10カ所の自治体において，ケアのボランティアに報酬を支払うこと対する調査を行った。対象は，完全に無償のボランティアと有給ソーシャルワーカーやホームヘルパーの中間ぐらいの「普通の」人の有償ボランティアであった（Leat and Gay 1987）。すべての例が仕事に対する報酬とは考えられないような，少ない金額であった。インタビューを受けたある行政官は，有償ボランティアの導入によって無償のケア提供者の意欲をそぐ可能性があると感じていた。例えば，ある行政官は，「家族はちょっと憤慨するかもしれない。そして，お金を払うのだったら，彼らではなくほかの人に払いますよ。お金の支払いは利他心と義務感を損ないます」といった。しかし，

（4） この点についてと，関連する文献について私の関心を引いたのはクレア・アンガーソン（Clare Ungerson）であった。

ボランティア自身からは，ネガティブなインパクトがあった話は何も聞かれなかった。事実，インタビューを受けた大多数の人々は無償の家族支援には問題があったとしても，それらは「ボランティア」によるケアによって埋め合わされて余りあると，はっきりと意識して，支援事業に極めて熱心であった。リートとゲイがいうには，そのような場合には，お金にも無関心ではないが，ケア提供者は自分たちが価値のあることをしているのであって，お金だけのためにしているのではないことを知っているのだ。

　これらの研究は，市場のインセンティブは利他的行為の価値を低めもするし，別な研究結果は価値を高めるという。これらの矛盾する結果を調整する方法があるのだろうか？　1つの説明の可能性は，ケア活動に従事する性差にあるとするものである。研究対象となったケア提供者のほとんどすべては女性であった。ジャネット・フィンチ Janet Finch (1989：223) の観察では，「利他的資質は，特に家族関係については，男性よりも女性と関係が深い。だから利他主義は女性が家族のために行う自己犠牲を正当化する概念である」。

　女性が男性よりも利他的であるかどうかはわかっていない。ジェームズ・アンドレオーニとリズ・ヴェスターツンド (Lise Vesterlund) の研究結果によると，男性と女性は慈善行為のパターンが異なり，女性は与えることの必要性に対して反応しやすいように見えるという。さらに，実験室内での研究結果はさらに複雑で，男性も女性もさらに利他的であるような結果である。アンドレオーニとヴェスターツンドの研究はその一例である。これはいわゆる「独裁者ゲーム」の変形で，被験者ら自身と他者とにどんな割合で金額を振り分けるかを決めなければならず，その金額も変えられる。その実験結果は，金額が少ないときには男性のほうが利他的であったが，金額が大きくなると女性のほうが利他的だった。また，男性のほうが完全に利己的あるいは利他的な人が女性よりも多かったが，一方女性のほうが均等に分ける人も多かった。[5]

　さらに詳細に見れば，女性のケア行動のあるものは「義務的利他」，あるい

---

(5) Andreoni and Vesterlund (2001)。本書は本題に関する有用なサマリーである。

は「強制的社会化」と見なせるかもしれない。家族のケアの場合には, 特に暴力的な男性の場合には, 女性はケアを強制されることがあるし, またある場合には家族や友人や内面的な責任感の圧力もあるかもしれない。言葉を変えれば, そのような人々は, 真に利他的と利己的行動の選択ができるとは感じていないのだ。そのような場合には, 何が起ころうと彼らの行動は変わらないだろう。しかし, もし彼らのケアに報酬が支払われるという申し出を受けたら, 彼らの仕事が認められた印としても, また仕事に対する(明らかに不十分なのだが)代償としても, 喜ばれるであろう。金銭的な報酬を受けて彼らの行動が変化したら別だが, 一種の不正利得とは見なされないし, 道徳的に価値が下がるわけではないだろう。

しかし, 上述のような強制的な状況の下での説明としてはあり得るとしても, 我々がここで関心を持っている研究としての状況を十分にはとらえてはいない。こどもの面倒とか, 他人の老人をケアするといったことを, 女性は自ら選択して行っている。ということは, 彼女らは全く選択の余地がない義務的な利他的行動の例とは思われない。そこで, 我々は何か他の説明を見つけなければならない。

第2の可能性のある説明としては, 問題になる犠牲の程度の差に注目する考え方である。献血はある費用を伴う。1から2時間という時間, ある程度の肉体的な苦痛や, また人によっては一時的な倦怠感も起こり得る。しかしこれらの費用は里親とか長期間老人の面倒を見ることなどと比べたら, その費用たるやほとんど比べものにならない。だから人々は無償の献血をする気になるのだが, 他者のケアのためにはるかに大きな犠牲を払う気にはなかなかなれないだろう。要するに, 人々が他者のために犠牲を支払ってもよいと思う水準には「閾値効果」があって, それを越えたら何らかの代償を要求するということなのかもしれない。

この議論は重要なものだろう。ティトマスの人間性には本質的に利他がある

---

(6) Land and Rose (1985), Folbre and Weisskopf (1998)。また, Leat and Gay のコメント, 女性が「選ばないケア」(1987：59) も見よ。

という議論が献血というような比較的限られた自己犠牲を根拠にした主張である点に弱さがあり，この例をもってはるかに大きな犠牲をも含む一般化をすることには慎重を要する。しかし，これでパラドックスが完全には解けたわけではない。フレイのケースが残っていて，人々はコミュニティのために献血よりも（環境汚染の危険と財産価値の低下という）より大きな犠牲を払ってもよいとするのである。この場合，ケアに伴う費用よりも大きくはないかもしれないが，感謝とか優しさとかで得られる便益で代償されることはあり得ないのである。さらに，代償が支払われるとなったら支持率が低下したのであり，これは閾値理論が予想する結果とは逆の効果である。また，ケアにおいてはこの費用の議論では説明できない特徴がある。例えば，彼らの活動に市場価格レベルでの対価を期待していないことや，まさにその支払い自体が，賃金ではなく代償とか経費と呼ぶことが好まれているのである。

　だから，私はここにパラドックスを解く鍵があると思うのだ。大きな犠牲を伴うナイト的な行動の場合には，人々は認めてもらうことの形と，費用の部分的な補償の両方を大事だと思う。しかし，その犠牲をすべて補償するほど大きなものであるべきではない。実際に，もし全額が（あるいはそれよりも多く）補償されるとしたら逆効果であって，そのような活動は増えるよりも減少してしまうかもしれないのだ。この点については4章の公共サービスの動機に関する理論のところでさらに議論したい。

政府──道徳の萎縮か，それとも激励か？

　皮肉なことに「市場が堕落させる」とする理論に対置される理論は堕落させるのは政府であるという議論である。さらに詳しくいえば，個人によるナイト的な活動を減少させる，つまり萎縮させるのは福祉国家という政府機構であるというものである。[7]

（7）この項の議論はGoodin（1993）に多くを負っている。

この委縮は多くの理由から起こる可能性がある。第1に，政府が利他的行動の機会を減少させるからである。福祉国家が貧困者を支援することによって，人々が利他的な行動をする必要性を減少させる。これは「代替効果」と呼ばれている。第2は，福祉活動のために課税をすることによって人々の収入を減少させ，寄付などの慈善的な活動をする資源を減少させるからである。これは「所得効果」と呼ばれている (Abrams and Schmits 1978)。第3はナイト的な行動の機構を減少させる。例えば，福祉サービスを提供するために政府機構を導入することは人々が慈善心を表現するボランティア団体を侵食してしまうと主張されてきた (Coleman 1990 : 321 ; Green 1993 ; 1996)。第4は政府が人々がナイト的な行動をする動機を実際に変えてしまい，彼らを利己的にしてしまうからである。これは，意識的な説得活動や例示によってなされる。例えば，右派の政府は自助を強調し，いわゆる革新運動家を言論でも政策的にも反対する。あるいは，政府は意図的にではなくてもその他の政策の結果として動機づけのバランスを変えることもあり得る。そのようなわけで，課税や給付による強制的な再分配は人々を憤慨させ，したがってより自分の利益を守ろうとさせるかもしれない。

　文献上の議論は第1の理由，つまり代替効果についてのものが多い。もし，利他的な人々の唯一の関心が他者の福祉であるならば，すなわち前章で導入した用語に従えばもし彼らが非行動型のナイトであるならば，政府から受ける支援があればそれだけナイトによる支援を減らすことになるだろう。すなわち，政府の介入が個人の利他的な行動を締め出すことになるだろう。しかし，我々が前章で見てきたように，文献におけるケースでは，これは常に起こっているわけではなかった。

　この実証研究に示された代替効果の失敗，つまり実際に反対の方向の効果があったことに関する1つの説明は，政府は積極的な効果，あるいはデモンストレーション効果をもたらしたのだとする (Jones, Cullis, and Lewis 1998)。心理学的な証拠によれば，利他的な行動の観察者自身がそのような行動を励ましていた (Bryan and Test 1967)。そのケースでは，例えば恵まれない人々の

支援を目的とした公共政策が，潜在的なナイトのモデルとなった可能性がある。これは，上記の例とは逆方向だが，再び動機づけの変動である。

政府は立法を通して動機づけのバランスを変更させることができる。そのようにして，政府は法律体系によって悪党的な活動を許さないように命ずることができ，それによって個人の内心にも変化をもたらす。最低賃金制度は雇用者が被雇用者を搾取することが許されないのだという信号を送り，それによっておそらく雇用者の被雇用者に対する態度に影響を与えているのであろう。[8]

サービス提供の政府モデル

しかし，本書の関心にもっと直接に関係する，政府が公共サービスの中で働く人々を「堕落させる」もう1つの道がある。歴史的に多くの政府は公共サービスを取り扱う市場機構を拒否する傾向があって，サービス提供には非市場的なモデルを用いてきた。最も普通の2つの形は，「命令と統制」あるいは「ヒエラルキー」モデルであり，もう1つは「ネットワークモデル」あるいは「信頼」モデルである。[9] 以下に見るように，いずれもそこに働く人々の動機づけに影響を与える可能性を持っている。

政府が用いる最も広く知られている非市場的なモデルは命令と統制である。これは国家が資金を出し，サービスを提供する。国の行政がサービスを組織し提供する。国がすべての必要な資産を所有し，すべての職員を直接あるいは間接的に雇用する。官僚機構の頂点にいる者が目標を設定する。資源はこの目標

---

(8) 立法者ほど市民に対して道徳的なインパクトを与えるものはいないといったのは，まさにアリストテレスである。「立法者は習慣によって市民を良くする。これはすべての立法者の意図である。そしてそれを実行しないものは，目的を達成できない。これが良い立法と悪い立法との違いである」（Thompson 1976: 92を参照）。アリストテレスは3つの点をあげている：立法者は彼らの行動によって立法の対象者の徳性に影響を与え得る；彼らは習慣化によってそれをなす；そしてその影響によって市民の徳性を改善するべきものである。ライトがこの一文に私の注意を喚起してくれたことに感謝する。

(9) この分類には多くの生みの親がいる。しかし，重要な文献はWilliamson (1983), Ouchi (1980), Thompson, Levacic, and Mitchel (1991) らのものである。

に合うように,行政命令によって配分される。サービスの提供は管理のヒエラルキーの上位から下方へ伝達される命令によって行われる。この古典的な事例は,ベルリンの壁崩壊以前のソ連や東欧の国々における経済組織である。しかし,命令と統制の要素は,西欧の医療やアメリカの多くの国々の教育を含む公共サービス提供の中にもある。

ネットワークや信頼モデルは,少なくともこの名前ではそれほど知られていないが,アナリストや評論家の間ではだんだん人気が出てきているものである。それはある面では命令と統制のモデルにも似ているが,1点だけ重要な相違点がある。すなわち,国がすべての施設や設備を保有し,資金も提供するので,その意味では命令と統制モデルと似ている。資源の配分については直接的な命令や指示する仕組みがない。そのかわり,現場レベルでのサービス提供は資格を持った専門家が行い,彼らは正しく利用者に資源配分をするはずだという信頼に基づいているのである。資源配分は関係する個々人と行為主体の間の協働により,多少とも複雑なネットワークをとおして行われる。そこでの重点は,命令と統制モデルのようなヒエラルキー的な管理機構ではなく,あるいは市場モデルのような非人格的な経済取引でもなく,社会的な関係と信頼に置かれている。[10]

現実のこのモデルの例は,1948年から1991年までの英国のNHSである。これは多くの著者によって,前者,つまり命令と統制のモデルとして描かれてきた。しかし,これは誤解である。なぜならば,むしろほんの少しの命令と極めて少ない統制しかなかったからである。それはむしろネットワークモデルの例としたほうがよく,マクロレベルの資源配分は政治家と行政官に任せ,現場でどの患者にどの治療をするかといった決定権はほとんど完全に臨床医を信頼して任されていたのである。1989年以前の英国の学校教育システムは,地方政府が学校への資金の配分はするが,カリキュラムとか教育方法については幅広い

---

(10) 「ネットワーク」という言葉は,シチリア島のマフィアから医師の臨床ネットワークまで多様な組織形態に用いられる。私はここでは定義される意味のみに用いる。この用語のさらなる文献や議論はOD Partnerships Network (2002) を見よ。

決定権を現場の教師に与えていた。(11)

これらのモデルが動機づけに対してどのような影響を与えるだろうか？ 命令と統制モデルにおいては，ヒエラルキー内の部下に対する動機づけとは関係がない。なぜなら，部下はトップから発せられる命令や指示を実行するだけと考えられているからである。従わなければ罰せられる。行為主体は悪党でもナイトでもなく，歩に近い存在だろう。(12)

この種のシステムが直接的に動機づけを失わせるのではないかと，特にもし行為主体がナイトであるとしたら，あまり考える必要はない。ナイト的な提供者を歩として扱うようなシステムは彼らの動機づけを完全に奪うか，仕組みをごまかして彼らを悪党に変え，公共の利益にとっては悲惨な結果をもたらす危険性がある。この古典的な例示は，ソ連と東欧の命令と統制の経済システムから生じた無数の逸話に見ることができる。より系統だった研究には H. G. バーケマ H. G. Barkema（1995）のものがあり，フレイとレト・ジェゲン Bruno Frey and Reto Jegen（2000）によって論じられている。この研究は，多様な環境下にあるオランダの116人の管理者の行動を調べたものであり，それぞれの上司の管理が厳しいほど，仕事への努力の程度に（負の）インパクトが大きかった，というものである。

ネットワークモデルにおいては，働き手は本質的にナイトであると想定されている。彼らの主たる関心事は，彼らが奉仕するクライエントのニーズや欲求（want）であり，彼らのすべての資源とサービスの配分の決定はそれらの人々

---

(11) 実際には，ほとんどの公共サービス提供システムは，ある程度の，あるいはすべてのこれらのモデルが組み込まれている。たとえ，1つのモデルが支配的だとしても，ここで述べられたとおりの形を取ることはないだろう。準市場だけではなく，準ヒエラルキー（quasi-hierarchies），準ネットワーク（quasi-networks）もあり得るのだ。Exworthy, Powell, and Mohan（1999）を見よ。

(12) それに代わる解釈としては，行為主体は悪党で，関係は契約的である，というものである。しかし，準市場の場合と違って，契約は雇用者と被雇用者間であり，そこでは，特定のサービスではなく，時間が収入と交換される。そして，そこでの主たる動機的な道具は，失業などの罰に対する恐れであり，準市場モデルにおけるサービスに特異的な経済的報酬をは異なる。つまり人参よりも鞭なのである。

のニーズや欲求に沿ってなされるべきだと考えている，と想定されている。関係者は誰も利己的であるとは仮定されていないので，異なるグループや個人間や，個人の利益と公共の利益との間にも摩擦はない。すべての人は，彼らの依頼人と同じ，同様の公共心を持っており，その公共の利益のために奉仕するのだ。だから，いかなる取り引きも管理業務も必要はなく，信頼があれば十分である。政策立案者は単に行為主体に資源を与えて，彼らが欲するままにそれらを配分するはずだと信頼する。

しかし，このように信頼に依存することは問題を生む。公共サービスの提供者は利用者の関心を自分たちのそれよりも重視するはずだと信頼するネットワークシステムは，もし提供者が本当は悪党であったとしたら壊れてしまう。なぜならば，彼らが単に自分の利益のために行動することを予防する仕組みがないからである。しかし，それがすべてではない。もし，行為主体がナイトだとしても，システムが政策立案者が意図したように動くためには，彼らは特殊でなければならない。つまり，彼らは政策立案者と完全に関心が同じでなければならない。公共の利益とは何かという見方が同じでなければならないのだ。しかし，その保証はほとんどあり得ないだろう。医師の関心は彼らの患者の幸せであり，例えば，政策立案者は一定の地域のすべて患者に関心を持っているのとは違う。その医師が自分の患者に優先順位を置くということは（特に几帳面なナイトならそうするだろう），その地域のどこか他の場所のもっと重篤な患者が無視されることが起こるかもしれない。これは政策立案者の目的とは矛盾するだろう。同様に，ある特定のファンダメンタルな宗教の布教が（非利己的）目的である教師は，より広い社会の一致を目指す政策立案者の目的とは矛盾するだろう。

このような問題に直面して，ネットワークモデルはしばしば監視と規制のシステムを発展させることになる。監視と規制部門はすべての提供者が（ナイトでも悪党でも）政策立案者が意図したようにすべての提供者が実際に行動するように目的を設定する。これがまた動機づけとなり，その結果をもたらす。マイケル・パワー Michael Power（1999 : ch. 5）がいったように，定期的に監

査されるという環境下では，専門家は自分たちが信頼されていないと感じ（当然だが），彼らは評価機構による監査を強制されることに憤慨して彼らの業務に専心しなくなり，自分の利益を追求するようになる，という。

そうして政府は，自分の活動によってだけではなく，採用した公共サービスの提供のモデルによって堕落させることになるのである。命令と統制，ネットワーク，準市場，これらはすべて公的セクターに働く人々の間の動機づけのバランスを変える可能性があるのだ。変化の方向はそのコンテキストによって異なるが，ある変化は常に起こる可能性がある。

結　論

本章の前文に引用したように政策環境の動機づけ（あるいは「人格」）に対するインパクトに関する関心には長い歴史がある。そして，研究の結果の詳細は何であれ，政策の構造が，政府によるものであれ市場であれ，個々人のナイト的行動と悪党的行動のバランスに影響する可能性がある。これは政策立案者が学ばなければならない真実である。なぜなら，もし彼らが学ばなければ彼らの政策は失敗し，政策を実施する人々にも，またその利益を得るはずの人々にも不幸な結果をもたらすからである。4章で，私はこの基礎的な所見の，理論的および政策的な示唆について考察する。

第Ⅰ部　ナイトと悪党の理論

4　公共サービスの動機に関する理論

おお，ありがとう，お前を見ているとよく解る，
昔はあった実直な奉公というものが，
その頃は義務のために汗水をたらしたという，
報酬の事など考えもせずに！
お前は当世流には合わない人間だ，
今では誰もが立身出世目当てにしか働かぬ
　　　　　　　（シェイクスピア（Shakespeare），『お気に召すまま』）[*1]

　3章では，政策を実施する組織や状況が公的セクターで働く人々の動機づけの均衡をどのように変化させるのかという点について説明した。この章では，公共サービスの動機づけにおける理論的な説明について議論するとともに，そこから政策に対する含意の導出を試みる。

公共サービスの動機に関する理論

　2章で見たように，多くの人々，特に公的セクターで従事する人々は，他人を助けることを望み，また，他人を助けることによって，いくばくかの個人的な満足を得ることから，利他的な行為を行う動機を持っている。つまり，彼らは行動型ナイトなのである。
　さて，行動型ナイトのように利他的に行動することから得られる便益には多くの要素が関係している可能性がある。そのような要素としては，申し出ること

[*1]　福田恆存訳，新潮文庫，新潮社，1981，44頁。

とのできる援助の程度や，その援助によって得られる個人的な満足の程度，そして少なからず重要なのが，社会からのその活動に対する賞賛の度合い，といったものが含まれるであろう。これらの要素と異なる観点ではあるが，利他的な行動を起こす動機は，その行動を行うことによって，その人が被る犠牲の程度にも強く依存すると考えられる。この，利他的な行動を選んだことによって，諦めざるを得なかった他の機会から得られたであろう個人的な便益を，その行動の機会費用と呼ぶ。

利他的な行動によって得られる便益とその機会費用との関係は複雑なものとなっている。機会費用があまりにも少なければ，利他的な行動によって得られる便益はそれに相当して少ないものとなるだろう。というのも，その活動が真に価値があると感じられるためには，その活動を遂行するための努力をした，すなわち，かなりの費用を支払ったと感じる必要があるためである。しかし，機会費用がとても大きい場合には，逆にやる気がくじかれてしまう。利他的な行動のために犠牲にしなければならない個人的な損失に限界を感じて，そのような行動をしない方向へと傾いていくだろう。言い換えれば，機会費用の閾値，つまり，費用がその閾値の下限よりも小さいか，閾値の上限よりも大きければ，その閾値内に費用があるときよりも利他的な行動を起こしにくい，という範囲が存在するだろう。

この「閾値」による説明はいくつかの単純な心理学的な仮説が含まれており，明らかに人間の行為を極めて定式化している。しかし，これによって，前章で議論した市場のインセンティブとは明らかに矛盾する調査結果を理解する手がかりが得られる。これらは，市場のインセンティブに関する序論で触れた，献血や核廃棄物処理施設の立地に対する世間の反応が，それらの価値を下げることを説明してくれる。これとは対照的に，ボランティアによる介護といった活動では，何らかの形での代償には好意的で，その活動の価値が下がるのではなく高まることの説明もつく。

さて，代償を歓迎し，求めに応じて活動を減らすことなく介護を行う人は，その活動を行うためにまだかなりの費用を支払っているといえるだろう。つま

り，金銭的な報酬では彼らが被った機会費用を十分に埋め合わされておらず，いくばくかの犠牲がいまだ払われており，それが結果としてその活動に対して「価値」を与え続けている。実際，その活動に対する社会からの賞賛といった形での補償は，彼らが得る便益を増大させ，そして彼らにそのような活動をさらに行わせるのだろう。一方，お金を受け取って献血を行う者や核廃棄物処理の施設の建設の際に補償を求める者は，彼らが払った犠牲に対して十分な，あるいはそれ以上の補償がなされているのかもしれない。そのため，実質的には犠牲を払っておらず，また利他的な行動を行ったという満足もないため，そのような活動が少なくなるのである。

もちろん，献血や核処理施設の立地に対する補償の場合には，補償額がさらに増大したならば個人の利己的な本能が働いて再び供給が増えるであろう。要するに，ある活動に対して以前は全く無償であった場合，低い水準での金銭的な支払いが導入されれば，その活動の供給量はそのまま，あるいは増加するであろう。そして，金銭的な補償が増加するにつれて，その活動の供給量は減っていき，さらに補償額が増加すれば徐々に供給量も増加すると考えられる。

この理論的な説明は，先の核処理施設の立地に対する地域の反応について先駆的な研究を行っているブルーノ・フレイによる一般理論の特殊ケースと見なすことができる。これはまた「本質的」な動機と「非本質的」な動機の区別に関する心理学の文献に基礎を置いている[2]。これらの文献では，行動に対する2つの動機があるとしている。1つは，内在的あるいは内面的動機で，もう1つは外在的あるいは外面的動機である。これはしばしば職場での仕事への取り組みを説明するのに用いられており，内的要因とは仕事への興味や仕事そのものから得られる喜び，一方，外的要因とは賃金や給与，昇進，職を失うことへの恐れ，直接的な指示や命令といったものがある。

この2種類の動機はトレード・オフの関係にあるとされており，特に強調さ

---

(1) フレイによる最も近年の説明に関してはFrey (2000) で見ることができる。
(2) 例えば，Lepper and Greene (1978), Deci and Ryan (1985), Lane (1991 : 371-4) を参照。

れているのは，外的な動機が強すぎると内的な動機を押しのけてしまう点である。このため，金銭的な誘因や直接的な命令（前章で議論されたサービスの供給におけるヒエラルキーモデル）といった外的な要因による動機づけは，利他的な動機といった本質的なものを「締め出し」てしまう。特に，他の関係者によってコントロールされるにつれて自尊心が低められ，自己決定の範囲が狭まっていくにつれて，そのような傾向が生じる。しかし，外的な動機の要素も，自尊心や自己決定を支持するようなものであれば，内的な動機を強めることができる。その場合には，外的な動機が内的な動機を「呼び込む（crowd in）」ように見える。

この理論は多くの問題点があり，その中の1つは，「内在的」と「外在的」なものを十分に区別することが難しい点である。ロバート・レイン Robert Lane（1991：368）は，「内的動機に対する『報酬（reward）』は内面的な感情だが，そのような感情を引き起こす情報はしばしば外的なものであり，したがってそれは他人によって操作されるかもしれない」と述べている。さらに，「内在的」と「外在的」をそれぞれ「悪党的」と「ナイト的」動機に対応させたい誘惑に駆られるが，これは正しくない。外在的な動機の要素は，金銭的な報酬や職の確保といった悪党的な動機も含まれているが，同様に利他的な行動に対する外部からの評価も含まれる。一方，内在的な動機の多くは，仕事そのものの喜びや，好奇心を満たすとか，また利他的に行動することによって得られる満足感といった利己的な要素を含んでいる。

しかし，このような問題点があるにもかかわらず，これらの概念は私たちの議論において有用なものである。フレイの分析に話を戻すと，ある活動に対する金銭的な報酬の変化が引き起こすその活動の供給量の変化は2つの影響の相互作用の産物であるとしている。その2つの作用とは，彼が「締め出し効果（crowding-out effect）」と「相対価格効果（relative price effect）」と呼んだものである。締め出し効果とは，（例えば財政的な支援といった）外部からの報酬がある活動に対して導入されたときに生じ，そのため，（利他的な動機といったものも含まれるかもしれないし，そうではないかもしれないが）本質的

な動機をくじいてしまう。相対価格効果とは，ある活動を引き受けることと比較して引き受けないことの「価格」が高まり（つまり，ある活動をしないことで得られなくなった金銭の増加），その活動の供給量が増えることを指す。ある時点においてどの効果が支配的かについては，その活動が供給されている量によるだろう。[3]

フレイの定義による，我々の説明は以下のとおりである（図による説明はこの章の付録で行っている）。利他的な行動に対する財政的な支援の導入は，その活動に対して費やす犠牲への人々の認識を低めることになり，締め出し効果を引き起こす。しかし，その効果は連続的なものではなく，金銭的な報酬が払った犠牲を十分補償するに足る額に近づいたときにのみ支配的になる。その水準を下回っていれば，金銭がその活動に対する社会的な賞賛を表しており，そのためより多くの活動を促すという「呼び込み」が起こりやすくなる。一方，もし補償される額がその活動を行うことで失った機会費用の貨幣価値よりも大きくなれば，相対価格効果が優勢になり，再びその活動が増えるだろう。

利他的な行動を取るために必要となる犠牲の量がその活動を行う上での重要な動機づけとなるという，この中心的な考えは，経済学的な直観にだいぶ反するものである。つまり，ジェフリー・ブレナン（Geoffrey Brennan）とアラン・ハムリン（Alan Hamlin）は，「もし，（利他的な）行動がそのためにできなかった他のことよりも費用が安いのならば……そのような活動がより広範囲に渡って行われることは，基本的な経済学的な論理である」と述べている。そして，ナンシー・フォルベ（Nancy Folbre）とトーマス・ヴァイスコップ（Thomas Weisskopf）は「定義上，高い報酬によって，より多くの利他的な動機に基づく労働供給を引き出すことはできない」と論じている。[4]しかし，これまで見たように，実際には，利他的な活動のための犠牲の程度が利他的な活

（3） フレイは，締め出しや呼び込みの実例について広範囲に渡って調査している。Frey（2000）および Frey and Jegen（2000）を参照のこと。

（4） Brennan and Hamlin（1995）と Folbre and Weisskopf（1998 : 181）の双方で強調されている。同様に，Brennan and Hamlin（2000 : 19）も参照のこと。彼は「道徳的に行動したいという欲求は，低い機会費用よりも強固なものだろう」という。

動の動機づけと関係している,あるいは,より多くの犠牲によってより多くの活動が(少なくともある程度までは)行われる,という考えが,論理的にあるいは定義に反するわけではない。[5]

　犠牲による説明は「経済学的な論理」と首尾一貫するものではないかもしれないが,ボランティアの概念に何が含まれるかということに対する社会的な認識に関するいくつかの研究とは一致している。クナーン(Cnaan)とその同僚による研究では,ボランティアか否かという認識は,その活動の「純費用」(総費用──総便益)をどれだけ払っているかに関係していることを示している(Cnaan and Amrofell 1994 ; Cnaan, Handy, and Wadsworth 1996)。より多くの純費用──ここでは犠牲と呼ぶ──によって,より「純粋な」ボランティアとなる。しかし,これは何が実際にボランティアを動機づけているかについて述べているものではなく,犠牲の総量と利他主義的な行動,少なくともボランティアを通じて表される利他主義との関係について述べたものである。

　この理論は,呼び込み効果が本質的な動機の強化を,締め出し効果がこのような動機を抑制しているという社会心理学者の間での議論と一致している。これは,外的な要因が自尊心や自己決定する力を高めるものならば,内的な動機を強化するというものである。その場合,非本質的な動機は本質的な動機を呼び込んでいるように見える。金銭的な報酬を人々が評価する場合には,それをとおしてボランティアを行った人が払った犠牲を社会が承認し賞賛していると感じられるため,そのような活動が促進されると考えられる。金銭の支払いを利他的な動機の価値を低めると考える場合には,金銭的な報酬を自ら決める範囲を狭め自尊心を低めるような制御と見なし,やる気を失わせてしまうだろう。人々はもはや犠牲を払って利他的な活動を行わず,彼らの行動における自主性が失われてしまう。

---

(5) 経済学者にとって重要な点は,必要とされる犠牲の総量が,通常仮定されるように,単に個人の直面している予算制約だけでなく,犠牲の度合いが効用関数に含まれており,利他的な活動や利己的な活動に対する選好構造に対しても影響を与えていることである。

第I部　ナイトと悪党の理論

サービスの提供における政策的含意

　もし，この分析がおおむね正しいのであれば，前章における議論，特に市場原理や金銭的な支援における失敗に対する政策的な含意とは何であろうか。この分析では，市場を通じた供給によって良い効果を得ることができるが，注意して導入する必要があるということを提案している。もし，金額が少ないのであれば，利他主義に対する締め出し効果は起こらないし，逆に補完さえするかもしれない。一方，金額が大きい場合は，人々の犠牲に対する感覚を麻痺させ，内的な動機から行う活動は減ってしまい，活動の供給量は減ってしまう。もちろん，市場価格がかなり増加すれば，外的な動機は高まり，高額な金銭的報酬によって，自己の利益を追求させ，多くの活動を引き出すことができる。

　実際に支払われた金額は，どのような場合においても，需要の水準や個人の閾値に依存するだろう。これらが既知であれば，金銭的な報酬の問題は比較的簡単になる。もし，その活動に対する需要が低ければ，利他的に行われるその活動の供給水準は，少額の報酬による呼び込み効果で利他的な活動の供給が若干増えて，十分に需要を満たすことができるだろう。これは，1960年代の献血における状況と考えられる。一方，需要が比較的多い場合には，締め出し効果による利他的動機に基づく供給量の減少を補うに足る悪党的な動機によって供給を増やさねばならないため，多くの金額を支払う必要があるだろう（付録においてこれらの議論を図によって説明している）。

　ここではモラルの問題が関係してくる。需要が多い場合に，その需要を十分に満たす供給量を得るという社会的な便益は，利他的な動機の一部，あるいは全てを締め出ししてしまうという社会的なコストに値するのだろうか？　需要が少ない場合には，利他的な供給者は悪党的に振る舞うよりも低い報酬しか得られず搾取されていることになるのだろうか？　これらは，重要な問題ではあるが，どうしたら適切に処置できるかに関する議論は，主な分析に関する議論から話が逸れてしまう。そこでこの問題に関しては，この章の最後で検討する

ことにしよう。

　適切な量の活動を引き出すための報酬体系の構築について，この種の分析を用いることは可能である——ただし，個人の閾値が既知であるならばである。しかし，これは強い仮定であり，実際，この仮定を満たすのに必要な情報を得るのは容易とはいいがたい。実際の政策の現場に近い状況で考えて，閾値に関しては未知であるか，もしくは，報酬体系をつくるのに十分には知られていない場合には，どうしたらよいのだろうか。公共サービスを提供するためのインセンティブ構造をどのように構築すればよいのだろうか？

ナイト的戦略

　動機に関しては無知であるという問題に対処する1つの答えは，前章にもあった「ネットワークモデル」を用いた公共サービスの提供においてよく採用されているように，単純に全員がナイトであると仮定することである。公的セクターで働く人々は一律の給与を受け取り，ほとんどもしくは全く監視されなくてもサービスを提供するものとすることである。

　ここで最も困難となってくるのが，前章でも議論したように，もし全員が実際には悪党であったときに，コストが高くかかり，かつ質の低いサービスしか提供できないことである。というのも，悪党たちは彼らの地位を自分たちの目的のために利用して自らの努力を減らすため，供給されるサービスの量・質ともに低くなってしまうだろう。さらに，この戦略は，たとえほとんどがナイトで少数の悪党が存在する場合でも，問題点が残る。悪党の利己的な行動を見て，ナイトたちは自分たちの善意が悪用されていると感じるかもしれない。彼らは，自分たちが利用されていると感じ，おそらくより悪党的に行動し始め，悪党に変貌してしまうだろう。そして，このようなことが積み重なって，不正が広がり，残りのナイトたちも同じように行動したいという誘惑がより強くなるだろう。

　仲間からのプレッシャーが，特にこのようなことが起こった初期の段階では，不正への誘惑をある程度は和らげるかもしれない。ナイトたちは，口頭での注

意やその他の方法で反対し，悪党をコントロール下に置こうとするだろう。しかし，その効果は，公共サービスの提供（あるいは提供しないこと）の大部分が容易には仲間からはわからず，密室で起こるため，期待できないだろう。

また，前章でも述べたように，人々は実際にナイトであるが，（自分の患者にしか関心のない医者や極端に保守的な宗教の教師といった）政策立案者とは異なる種類のナイトであった場合にも同様な問題が生じる。少なくとも政策立案者から見ると，社会のニーズに応えられないという状況になってしまうだろう。ここでも仲間からのプレッシャーは，問題を悪化させる方向に働いてしまうだろう。というのも，親しい仲間は似た価値観を持っていることが多く，外部の権威によって課された価値観には抵抗することが予想されるからである。

制度をつくりこれらの問題を解決する試みもなされてきている（Arrow 1963）。その1つが，不正を防ぐために倫理規定を策定する専門職であり，そこではメンバーにその規定を遵守するよう促している。ここでの問題点は，そのような団体がその過程において利己的になってしまう傾向があることである。利用者の利害を守るために設立されたものではあるが，結局はメンバー自身を守ることに終始してしまいがちである。そして，いったんそのように認知されてしまうと，彼らへの信頼は崩れてしまう。

この他に不正を防ぐための制度として，政府によって任命された監視官がある。しかし，前章で見たように，どんなに手際が良くても，監査はナイトを悪党に変えてしまう効果がある。もし，人々が質の高いサービスを提供していることを信用されていないと感じ，さらにきちんと仕事をしていることを証明するために（書類やレポートの作成といった）なんらかの活動を行わなければならないのであれば，モラルややる気の低下，または保身のための行動に走ることになるだろう。だから，統制と信頼をともに満足させるのは難しいだろう。

悪党戦略

個人の動機の構造を無視した場合に，考え得るもう1つの選択肢は，全員が悪党であるという，政策を考える上で最も安全な仮定である。というのも，悪

党戦略は，人々が実際にナイトだった場合の損害は少ないが，全員が悪党であった場合の効果は絶大となるためである。(6)

次の例の中に要点がまとまっている。ある公共サービスを提供する機関にあるグループの人々がいたとする。例えば，病院で勤務する医師としよう。これらの医師の大部分は，ナイトであり，患者に対して最善を尽くしているが，しばしばかなりの個人的な犠牲を払っている。さらに，給与体系は，医師の行動を仕事内容に対する評価に基づくものではなく，全員が最善の行動を行っているという仮定に基づくものになっている。しかし，ごく少数の悪党が存在し，彼らはゴルフや資産運用などに時間を費やしており，それが明らかに患者に対する医療行為の妨げになっているとする。そしてさらに，そのような行動が，明らかに少数の医師によるものであるにもかかわらず，病院全体の評判や実績に損害を与え，病院存続の危機を招いているものとする。

次に，業績に応じた給与体系を導入したとしよう。ナイトたちは経済的な自分の利益によって動機づけられることはないので，ナイトたちの動機は変化せず，患者たちに親切に接し，以前と同様の報酬を得るだろう。彼らは，患者に対する彼らの義務と考えているすべての活動において自分の能力のベストを尽くして行っている。一方，悪党たちは，仕事を適切にこなすことが自分の利益となることを理解し，それに応じた行動を取るだろう。新しい給与体系の導入によって，悪党も少なくともナイトと同様の行動をすることが保証されることになる。ナイトと悪党を含めた全員が自分の能力を最大限に発揮して働き，この病院は存続の危機から救われることになる。

しかし，実際の出来事はいつもそのように単純ではない。この例における主な問題点は，悪党の戦略がナイトたちの行動に対して何の影響も与えないと仮定している点である。その影響はナイトが仕事に対して割く犠牲を減らすということであり，さらに，その活動の水準が以前に触れた2つの費用の閾値の間にあるとすれば，これによって彼らの本質的な動機が押しのけられ，活動の供

---

(6) これらの議論に対する批判は，Hausman (1998), Goodin (1996: 41-2), Pettit (1996: 72-5) を参照。

給量の減少を招くだろう。

　さて，ある意味，議論となるだろうが，たとえこれらと似たようなことがこの状況で起こったとしても，大きな問題ではない。活動の供給量の低下はどのようなものであっても，かつてのナイトたちにとって相対価格効果が再び優勢となる閾値まで，実績に対する支払いを上げること（予算上可能であるという仮定に基づいているが）で克服することができる。そして，悪党たちに対するインセンティブが正しいものである限り，業績は改善し続けるだろう。

　しかし，そこにはある問題が生じる。この議論では，悪党戦略が完璧である，つまり，（この場合では）公共財の支出において，悪党が自分の利益を追求する方法は，その制度上の方法しかないものと仮定されていた。例えば，業績に応じた給与体系では，業績を監視し測定する正確で信頼できる手順が求められるが，実際の業績以上に，または，実際の努力以上に評価されることがないようにしなければならない。しかし，そのようなシステムを構築し，維持するのは，不可能ではないが，困難であり，特に医療や教育といったサービス提供においてはその質を測るのは難しい。この点は，前章で見たように，献血において市場のインセンティブを用いて供給を増やすことに対するティトマスによる批判の中核をなす点である。なぜなら，献血における質を適切に監視するのはとても困難であり，市場のインセンティブでは供給される血液の質の低下は避けられないだろう。そして，それを公共サービスに当てはめれば，サービスを受ける側によってサービスの質が適切に評価されないのであれば，悪党たちは質の低いサービスを行うインセンティブが残るだろう。

インセンティブ契約

　近年，経済学者はサービスの購入者と提供者の間の契約におけるいくつかの問題，特に費用やサービスの質および努力水準に関する情報の非対称の問題を解決しようと，そのメカニズムの解明を行っている。これらのメカニズムによってサービスの提供者は必要な情報を開示し，問題を最小化するという結果にもなり得る。経済学者はしばしば，サービスの提供者に情報を開示させるイン

センティブを組み込んだ契約を「インセンティブ契約」と呼んでいる。その分析においては「プリンシパル‐エージェント理論」という言葉を使っており，プリンシパルとは例えば医療や教育，社会保障といったサービスの購入者またはそのサービスを提供する責を負う長官をさし，エージェントとは医療従事者や教師，ソーシャルワーカーといった実際にサービスを提供する人のことをさしている。

　アヴィナッシ・ディクシット（Avinash Dixit）は，インセンティブ契約を行うことが，いかにプリンシパルが直面する3つの情報に関する問題の解決の助けとなるか，ということを示した。[7]第1の問題とは，いわゆる，モラルハザードの問題である。エージェントは，プリンシパルが評価する成果を生み出すことに貢献している。プリンシパルはエージェントがより多くの成果を生み出すことを望んでおり，それに対して金銭を支払う用意もある。しかし，プリンシパルはエージェントがその成果の達成のためにどれだけの労力を費やしたのか，そしてその成果がどの程度エージェントのコントロールできない外部の影響によるものなのかはわからない。プリンシパルは，どれだけの報酬を与えれば，成果が上がるのかもわからない。同様に，エージェントがこの取り引きから手を引かないようにしたいとも望んでいる。つまり，彼らは給料がより高くて保障も充実した他の仕事に移ってしまうという結果となるような給与体系をつくりたくないと思っている。

　例として，政府は学校でのテストの結果を改善したいという状況を考えよう。良いテストの結果は，学校とスタッフの教育に対する努力によるものかもしれない。しかし，これは学校が受け入れている生徒たちの能力や学校が立地している場所の社会経済的要因といったものが関係している可能性もある。このような状況において，例えば試験の成績と密接に関係した給与体系は，良い成績をおさめている生徒を受け入れている学校の教師から必ずしもより一層の努力を引き出せないかもしれない。そして，報酬が得られるような結果に達する見

（7）　Dixit（2002）。このセクションの多くは，この非常に有用な論文に基づいている。

込みがないと思われる生徒がいる学校の教師はやる気を失うかもしれない。付加価値による報酬はそのような場合における1つの解決策かもしれないが，そのためにはより多くの情報が必要となる。

可能な解決策の1つとして，エージェントに固定給と，成果に連動したボーナスを与えるというものがある。固定給はどのような成果になろうとも収入を与えることを保障している。この趣旨は，エージェントの制御できない要素によって成果が上がらなかったときのリスクをプリンシパルにシフトさせるものである。ボーナスの額はエージェントの努力によって成果が影響を受ける可能性に依存させる。すなわち，その可能性が低ければ，ボーナスも少なくなる。固定給とボーナス双方の額はすべての関連した他の職場のリスクに対する態度とエージェントが他の職について収入を得る可能性に依存する。

第2の問題は，逆選択として知られており，エージェントがプリンシパルにとって利益となる私的な情報を持っているが，プリンシパルはその情報にアクセスできないときに生じる。例えば，病院や学校が低い費用で運営しているけれども，この情報は消費者に隠すことができる。よって，消費者は結局必要以上のお金を病院や学校に対して支払っていることになる。

この状況下における解決策は，契約を一覧として提示することである。もし，契約が適切につくられていれば，エージェントによって間接的に選ばれた契約の選択によって隠されていた情報が開示されるだろう。例えば，消費者は病院でのサービスが2つのレベルの費用，高い費用と低い費用のうちのどちらかで供給されるということを知っているとする。消費者は病院と契約を交わすが，その病院が高い費用と低い費用のうちどちらに直面しているのかはわからない。何らかの契約上の制裁がなければ，病院が悪党たちで経営されているならば，実際は低い費用なのか高い費用なのかにかかわらず，高い費用に直面していると主張して高い料金を請求するだろう。というのも，実際に高い費用がかかるのであれば，高い価格を設定しなければ赤字となってしまうからであり，低い費用なのであれば，高い価格からより多くの利益を得ることができるためである。

さて，病院に対して2つの契約の選択肢を提示したとしよう。1つは，少ない量のサービスを高い費用と同じ価格（あるいはそれよりも若干高い価格）で購入するという契約である。もう1つは，多くの量を低い価格で購入するという契約である。その低い価格を，病院が低い費用に直面しているなら，もう一方の契約よりも全体の利潤が若干大きくなるように設定する。もし，病院が高い費用に直面しているなら，最初の契約を受け入れるだろうし，低い費用に直面しているなら，2番目の契約を結ぶだろう。病院が低い費用に直面しているのであれば，消費者は完全情報の世界とは異なり，費用以上に支払わなくてはならないが，しかし，最初に提示された（高い費用に対応した）価格に比べれば，だいぶ改善された状況となる。そして，病院が費用に関する本当の情報を開示するようにすることができ，その情報は次回に契約を結ぶ際に役立つだろう。

　第3の問題は，ディクシットが立証費用の問題と呼んでいるものである。これは，プリンシパルにとって，成果が達成されたかどうかが高額な監査や調査を通じてしか確認できないというものである。例としては，患者への配慮といった病院の看護のより質的な側面や，試験の前に生徒に問題を漏らしていないかどうかといった不正の有無に関することがあげられる。そのような場合での解決策は，起こり得る最悪の結果を彼らが報告したかどうかについてではなく，報告された成果の質が生じる確率について調べることである。もし，監査によってエージェントが真実を述べていたことが明らかだった場合に報酬を与え，虚偽が発覚した場合には罰金を課す。報告された成果に対する監査の確率と報酬および罰金は，すべてプリンシパルにとって最低限の費用で，かつエージェントにとって真実を話すことを保障する水準に計算されている。

　これらはすべて，エージェントが悪党，もしくは少なくとも自分たちと関係する人々が悪党であることを仮定している。マーチン・チャルクレーとジェームズ・マルコルムソン Martin Chalkey and James Malcolmson（1998）は，エージェントが全員悪党である場合，全員ナイトである場合，ナイトと悪党が混ざっている場合について分析している。ナイトは非行動型である。つまり，

第Ⅰ部　ナイトと悪党の理論

彼らは自分の提供しているサービスの利用者に直接の関心を持ってはいるが，そのように行動することによって自分自身は何の満足も得ない。チャルクレーとマルコルムソンによる分析ではさらに複雑であり，エージェントの努力には，量を増やす，質を高める，費用を減らすという3つの方向のものがある。

　もし，エージェントが悪党であれば，彼らの分析におけるすべての努力は全体の効用にとって単にマイナスの影響を与える。その場合に生じる問題は，ディクシットによって描写されたものと似通っているが，理想的な契約が努力の水準だけでなく（量の増加，質の向上，費用の削減といった）正しい方向への努力を引き出さないという，より複雑なものとなっている。チャルクレーとマルコルムソンの結論では，これらのうちの2つを満たすような契約を結ぶことは不可能ではないが，そのかわり質の向上か費用の削減のどちらかを最小とし，そのほかを最大にするような契約を結ばねばならない。

　もし，エージェントがナイト（つまり彼らの目的がプリンシパルのものと一致する）であるなら，プリンシパルの選択で最も単純なものはエージェントに決まった予算を与え，彼らにその使い道を任せることである。これは基本的には3章で議論したネットワークモデルである。というのも，もし病院は決まった予算が与えられれば，消費者と同じようにお金を使うからである。つまり，この場合には単純な契約が最適なものとなる。

　一部がナイトからなる病院は，全員がナイトからなる病院とは，治療の量や質の改善に対する努力から得られる満足が少ない点で異なり，そしてこれらの2つを追求するバランスにおいても異なってくる。この場合には，チャルクレーとマルコルムソンが結論づけたように，監査によって実際の費用があまりにも不正確だったり，または費用がかかりすぎていたことがわかった場合に，費用の返済をさせるという契約が理にかなっている。

　読者はすでに気づいただろうが，これらはかなり形式化された状況であり，実際の社会に当てはめ有用であるためには，乗り越えたり克服しなければならない多くの複雑な点がある。これらは，現実の社会では，交渉は繰り返し行われ，「繰り返しゲーム」の機会が与えられており，戦略的な行動を取る機会や

これらのものから学ぶ機会がある。つまり，大抵，複数の成果があり，複数のプリンシパルが存在し，複数のエージェントがいる。そして，例で用いたケースよりも，多くの公共サービスは明確ではなく計測しづらい。プリンシパルとエージェントの分析では，これらの複雑さを反映させようとしており，その可能性がある[8]。しかし，ここでの目的はこの種の分析がすべての問題に答え得ることを議論することではなく，単に分析の方向性として期待が持てることを示すものである。

非営利団体

　公共サービスを提供する際に生じる動機づけの問題に関して，広く支持されているもう1つの解決方法は，非営利団体やボランティア団体にサービスの提供を任せることである[9]。近年のイギリスにおける2つの事例を取り上げると，New Economic Foundation の支援の下にエド・メイヨー（Ed Mayo）とヘンリータ・ムーア（Henrietta Moore）は病院や学校を，彼らが「互助組織」または社会的企業と呼んでいる一方，公共サービス管理者協会は「公益」法人の設立を支援している[10]。事実，非営利を掲げているものは，幅広く存在し，互助組織，社会的企業，公益法人だけでなく，慈善事業，信仰に基づいた組織，消費者や従業員の協同組合なども含まれている。

　これらの組織は，その管理機構が非常に多様化している。ある組織は労働者協働組合として従業員によって運営され，あるものは生活協同組合として消費者によって運営されている。そして，地域の代表者や教会のような大きな慈善団体や信仰に基づく組織によって運営されているものや，これらのいくつかあるいはすべてを含むようなさまざまな利害関係者の代表によって運営されてい

---

(8)　これらに関してまとめたものは，Dixit（2002）を参照のこと。
(9)　Rose-Ackerman（1996 : 716）参照。この論文は，非営利団体に関する文献の最も包括的な近年の論評である。
(10)　Mayo and Moore（2001），Corrigan, Steele, and Parston（2001），Brecher（2002）を参照。実際，これは Jeremy Kendall（2000）が1990年代後半のイギリスの公共政策における第三セクターの「主流化」と呼んだもののすべてである。

るものもある。しかし，これらにはある共通する特徴がある。それは，（非営利の名が示すように）利益を生み出さないという点ではない。むしろ，その共通点とは，どのような利潤や余剰も利害関係者に分配されないという点である。そのかわり，非営利団体が生んだ余剰はそのまま，その事業に再投資される。この特徴はしばしば「非分配制約」と呼ばれている。

　では，なぜ非分配制約を持つ組織が，公共サービスを提供する際に直面する，情報や動機づけの問題の解決策となり得ると考えられているのだろうか？　そのような組織を運営している人々は，その定義上，利害関係者として分配される利益によって動機づけされているわけではない。そのため，もし彼らが公共サービスを提供することになれば，情報における優位性を利用して公益を損なうようなことはしないであろう。もし利用者または（利用者と購入者が異なる場合）購入者が購入したサービスの質をしっかりチェックすることができないのであれば，利潤を求めて質を落さない非営利団体によるサービスを購入するかもしれない。関連した議論としては，非営利組織では，そこで働く人々が営利組織で働く人々よりも安い賃金で働くので，公共サービスの提供にかかる費用が安くなる傾向がある。これら2つの理由から，非営利団体と契約するプリンシパルは営利組織と契約するよりも同じ費用でもより高い質のサービスを得ることが期待できる。

　しかし，この議論を支えている仮定に問題がある。営利企業が市場を模した状況で搾取的な行動を取る主な理由は，利害関係者に分配するための利潤を生み出さねばならないからであると仮定されている。よって，その必要がない——非分配制約の課された——組織は，より利他的に，つまり，公共の利益に従って行動するだろうというわけである。実際にこれらの企業がこの制約に直面しているかどうかは，経営主体は誰かということと経営者の動機がどのようなものかに決定的に依存するだろう。例えば，労働組合は消費者組合とは違った動機を持っているだろうし，信仰に基づく組織は非宗教的な組織とは異なった動機を持っているだろう。それぞれの場合において，彼らが公益に基づいた動機を持っている保障はなく，または，彼ら独自の公益の概念を持っている可

能性もあるため，公益の概念がプリンシパルまたは購入者と大きく異なっているかもしれない。

例えば，労働組合を例として取り上げよう。そのような組織の目的は組合員全体の厚生だろう。組合はより広い社会的な目標を掲げているかもしれないが，それはこのような組織に特有のものではないため，組合員によって支持されただけのものだろう。その組織の厚生全体を最大化するための行動は，より広い公益という概念とは一致しないかもしれない。例えば，経済理論による予測では，労働組合は雇用に対して抑制的あり，革新性に乏しく，営利企業に比べてあまり投資を行わないという。このような結果はすべて，社会的に見て望ましいものではない（Estrin 1989）。さらに，組合員全体の厚生を追求する労働組合が，サービスの利用者や購入者に比べて持っている情報における有意性を，利害関係者の利益を追求する組織に比べて悪用しないという仮定には何の根拠もない。

次に，信仰に基づく組織を例に取り上げよう。例えば，学校を運営しているそのような組織の目的は，その組織の責任者が個人的な欲求に動機づけされていないという意味で，利他的なものかもしれない。しかし，彼らの取る利他主義的な行動が，広く社会の利益と一致していない可能性がある。彼らは高い質の教育を提供するかもしれないが，社会的には有害かもしれない宗教的なアジェンダや分離主義的な倫理と，陰に陽に結びついたものかもしれない。彼らの信仰と結びついたモラルは，情報の優位性を悪用しようとするものではないかもしれないが，保証の限りではない。

これらの問題を解決し得る方法は，特定の団体が組織を運営せず，すべての利害関係者を代表したような組織にすることである。一見，魅力的に見えるが，実現する前に再び動機づけの問題を解決しなければならない。異なる団体は異なる動機を持ち，あるものはナイト的であり，あるものは悪党的である。すべての団体に受け入れられるようなやり方でこれらの違いを融和させるメカニズムを導入しなければならないが，それを見つけるのは簡単ではないだろう。

もう1つ可能性のある方法としてインセンティブ契約を用いるという方法が

ある。Dixit（2001）では，例えば，プリンシパルが好まない宗教の解釈を行っている宗教団体との契約をどのように設計するのかが示されている。より具体的に，エージェントが，プリンシパルが価値を置くものだけでなく，プリンシパルが価値を置かない，もしくはマイナスの評価をしている副産物を生み出している場合について考えよう。プリンシパルがその副産物を十分に嫌悪しているならば，その契約からプリンシパルが得る利得は若干減少し，たとえコストが高くなっても，（営利企業のような）異なる動機構造を持つ組織と契約を交わしたほうがよい，という結果になるかもしれない。

　非営利団体が公共サービスを提供する際にその他の問題に直面する可能性があることは書くに値するだろう。彼らは不況によって被害が増える債権の発行によってのみ資本を増やす。非営利団体のいくつか，特に誰も余剰を「所有」していない団体，では，効率的に資源を使おうというインセンティブがあまりない。そして，所有権が市場にさらされていないので，乗っ取りの恐怖を与える市場で鍛えられることがない。要するに成果を決定する主な要素となるのは実際の動機の構造なのである。非営利団体が公共サービスの提供における解決策であるとする前に，この点については理解を深める必要があるだろう。

頑健なインセンティブ

　悪党だけ，あるいはナイトだけを動かす戦略はあまり魅力的なものではなく，インセンティブ契約と非営利団体の利用を，政策手段としての有効な手段とするためのある方法がある。その方法とは人々が実際何によって動機づけられるのかを無視しても好ましい結果が得られるものであり，「頑健な」（robust）インセンティブ構造と名づけられるものである。つまり，ナイトと悪党のインセンティブを一致させるような戦略や制度である。そのような構造は，動機に関する特定の仮定に依存せず，よってどのような仮定に対しても頑健なものとなる。[11]

　別な言い方をすると，公的セクターの制度におけるどんなインセンティブ構造も個人の物質的ではない関心を育てなければならない。公的セクターで働く

人々の利他的な報酬と物質的な個人の利益の間の対立を避けなくてはならない。利他的なものが存在しないという仮定に基づいて設計するものであってはならない。なぜなら，その仮定は間違っており，そのような冷笑的な態度を取っているとほんとうにそうなってしまうからである。しかし，インセンティブ構造は，そのような利他心が無制限なものであり強制や促進が必要ないという仮定に基づくものであってもいけない。

　そのような意味での頑健なインセンティブ構造を見いだすのは，容易とはいいがたいが，不可能ともいえない。この点については，第III部の最初の2章で示したいと思う。しかし，いくつかの問題は倫理についての議論に直面してしまうので，この章をこれらの問題に若干詳しく触れて終えるのは適切だろう。

倫理と動機

　言及すべき2つの倫理的な問題がある。第1に，先でも触れたが，ある活動に対する需要が高い状況で，需要と供給を十分一致させるような「高い」価格は，その活動への利他的な供給の一部，またはすべてを締め出しさせてしまうかもしれない。もし，利他的な行動のほうが社会的に望ましいとされるならば，そのような価格は社会的な費用となるだろう。それらの費用は，需要に見合う十分な供給を得ることから生じる利得を上回っていないだろうか？

　公共サービスを提供する利他的な動機を信頼するよう唱えるティトマスは，利他的な動機によって十分供給を賄えた1960年代のイギリスにおける献血の事例をあげて，そのような問題を避けることができるとしている。しかし，これまで見てきたように，このようなことが常に成り立つと仮定できる理由は全くなく，実際に10年も経たないうちにイギリスではアメリカからの血液を輸入し

---

(11) 混乱を避けるため，これがロバート・グッディンによって広く制度の設計を扱うときに用いている定義と異なっていることを明記しておく。彼によれば，「頑健な」戦略とは，変化に対して頑健なものであり，「新しい状況に対応できる」ような政策も含まれている（Goodin 1996: 40-1）。私が頑健な戦略と呼ぶものは，グッディンが「動機の複雑さに対する感応性」と呼ぶ戦略に近い。

なければならない状況になった。

　もう１つの倫理的な問題としては，搾取の危険性である。献血では，あまり利他的でない人には（血液の売買が許可された社会だとしたら）お金が支払われるようなものを，無料で提供してくれる人々が必要である。これと同様なのが，公的セクターで働く人々である。彼らは，公共サービスを提供する契約において，より利己的であれば支払われた額よりも少ない賃金しか受け取っていない。一般的に，サービスを提供してくれた人に対して，利他的でなければ支払われたであろう賃金よりも低い賃金を支払うことは，倫理的に正しいことなのだろうか？

　より具合的に，需要に見合うような十分な供給を生む賃金と，これよりも低い利他的な動機による供給に対する賃金，の２つの賃金水準があると想定しよう。言い方を変えれば，一部分ナイト的な動機に基づいて公的セクターで働く人々が，完全に悪党だったら同じ仕事で得られる賃金よりも安い金額しかもらえないということがあるだろう。彼らは搾取されているといえるだろうか？

　いくつかの事例では，疑いようがない。つまり，フォルベとヴァイスコップ Folbre and Weisskopf（1998 : 186）は，「介護サービスで働く多くの人々が，利他的な精神や他者を助ける喜びが欠けている場合よりも，低い賃金しか支払われないという意味で搾取されている」と主張している。そして，実際にこのような現象が広がっていることを示す証拠がある。ロバート・フランク Robert Frank（1996）はコーネル大学の卒業生の賃金格差のコーホートを分析し，政府機関で働く場合よりも営利企業で働く場合のほうが，13％以上給料が高いという結論を出している。ポーラ・イングランド Paula England とその同僚は，他の条件を一定として，介護の仕事はより低い賃金となっており，介護の仕事では一般的に同じ教育と経験を必要とする仕事よりも低い給料しかもらえないことを示している。[12]

　これら２つの問題を扱うことでいくつかの倫理的な原則間の矛盾があること

---

(12) England（1992），England and Folbre（1999），England, Budig and Folbre（2001）を参照。

が明らかとなった。公共サービスの提供を金銭的なインセンティブに頼ることは，利他的な行動を減らし，利己的な行動を増加させてしまうため，倫理的には望ましくない。しかし，それと同時に，その他の条件が同じであれば，公共サービスの供給が増えるという倫理的に望ましい結果が得られる。そして，あまり搾取されないとすれば，モラルを持ったグループにとっても望ましいものである。

　今，これらの原則の1つがその他のものよりも優勢であるとはっきり主張できないなら，つまり，たとえその他のすべての原則が破られたとしても，どのような状況においても1つの原則だけに従うのでないなら，この問題に関する一般的な回答は存在しない。そして，もしある人々が，従わねばならない唯一の倫理的な価値は，利他的な行動の倫理的な優位性に関するものであると信じているならば，彼らは利己的な人を使うことは利他的な供給を行う人の利用よりも倫理的に劣ると判断するだろう。たとえその結果がより少ない（あるいはより質の落ちた）公共サービスの供給だとしてもである。つまり，動機は倫理的には評価されるが結果は評価されないことになる。一方，もし社会の関心が供給される公共サービスの量であり，利己的な供給者によって供給が増えると信じているならば，社会の利他主義の蓄えに与える影響に関係なく利己的な供給者を雇うことを支持するだろう。この場合，結果が倫理的な唯一の関心事である。もしくは，ただ搾取を避けることが唯一の関心事であれば，搾取を防ぐようなすべての手立てを取るだろう。たとえ，公共サービスと利他主義が減るとしても。

　しかし，実際には，ほとんどの人間が倫理的な判断に関してそのようなやり方をする人はほとんどいない。多くの人々は，状況によって答えは違ってくるものと認識しているだろう。例えば，純粋にボランティアによる献血に依存するか，または，賃金の低い看護士を雇うかは，輸血可能な血液の不足や適切な看護の不足によって多くの人が亡くなっているのであれば，たとえ，その結果が利他的な活動をする機会を減らすものだとしても，状況を改善するための何らかの処置を準備するだろう。一方，もし，利他的な動機による供給に切り替

えてもあまり改善が見られないのであれば,そのような変化は歓迎されないであろう。現実の世界では,それぞれの場合で,そのメリットとある理念を実現する活動が他のものに比べ重要性が高いかどうかについて判断しなければならない。

倫理的な価値や理念がその他のものとの「トレード・オフ」に直面するかもしれないということは,哲学的な論文の主要な考察の対象である[13]。しかし,多くの人々,特に公共サービスの提供に関する議論をしている人々には,なじみが薄く,さまざまなイデオロギーが存在し,トレード・オフや妥協の可能性がない。しかし,実際これらの種類のトレード・オフは,すべての政策の議論や実施において避けられないものである。この場合,すべての状況において,利他主義の倫理がサービスの結果よりも,または搾取の排除より,いつも優位であらねばならないということは不可能である。

結　　論

個人の動機づけは複雑であり,公的セクターで働く人々の場合は特に複雑である。金銭的な報酬と公共サービスの供給の間の関係に関する証拠は,ある点を越えるか下回るかによって行動が大きく変わってくる報酬の閾値が存在することを示している。閾値の下限を下回れば,金銭的な報酬は,公共サービスを提供する際に払った犠牲に対する承認と見なされ,呼び込み効果が生じるだろう。しかし,閾値を上回るようなさらなる報酬は,公共サービスを提供する際の犠牲を超えてしまい,そのため,動機づけが低下し,供給が締め出し効果によって減ってしまう。だが,報酬がさらに増加すれば,相対価格効果が締め出し効果よりも優勢になって供給が再び増加するような閾値に達する。

もし,政策立案者が個人やグループの閾値がどこにあるかを知っているならば,望むだけのサービスの供給(同様に質についても)を引き出すような報酬

---

(13)　より詳しい議論についてはBarry (1965 : ch. 1) と Le Grand (1991 : ch. 3) を参照。

4　公共サービスの動機に関する理論

の体系をつくることは比較的容易であろう。もし，動機の構造がわからなければ，最も良い戦略は頑健なインセンティブ構造を採用することである。これは，ナイト的な動機と悪党的な動機のどちらにも有効で，ナイトと悪党双方を動かす構造である。構築するのは難しいかもしれないが，7章と8章で見るように，不可能なものではない。

第Ⅰ部　ナイトと悪党の理論

付録　公共サービスの動機に関する理論
　──図による説明

　他の人々のためになるような利他的な活動について考える。例として，献血やそのような性質を持つ公共サービスの供給も考えられるだろう。そのような活動から，個人は直接的な便益を得ず，行う際の費用も負担するものと仮定する。
　第1に，そのような活動を行うすべての人々が悪党だと仮定しよう。彼らは，他人の役に立つ活動からは便益を得ないが，その活動を引き受けることに報酬を要求する。図4-1では，その活動の総供給曲線が示されている。供給曲線では，報酬が増加するにつれて供給量が増加する。
　今度は，人々がすべてナイトだったと仮定しよう。つまり，彼らにとってはその活動が人のためになっているということが報酬となる。さらに，彼らが得る報酬は彼らがその活動のために払った犠牲と関係しているとする。その場合，供給曲線は図4-2のようになる。この図におけるQが，金銭的な報酬がなくとも引き受ける活動の量を表している。もし彼らが少額の報酬を提示された場合，これを彼らの犠牲に対する社会的な評価や承認と見なして，より一層その

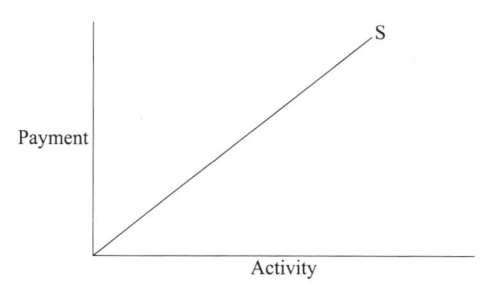

図4-1　悪党的な供給

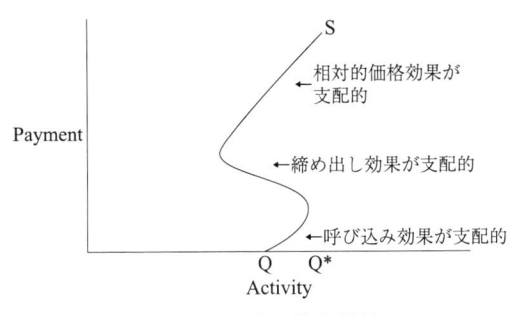

4 公共サービスの動機に関する理論

図4-2 ナイト的な供給

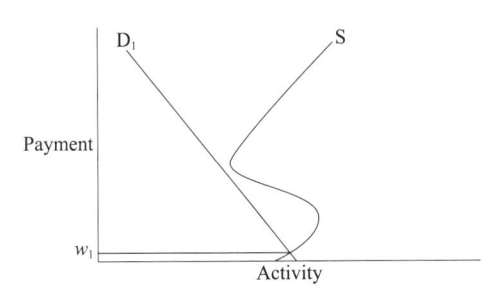

図4-3 ナイト的供給と低い需要

活動に励むようになるだろう。よって，供給量に「呼び込み」が起こり，例えば，Q^*に増加するだろう。しかし，金銭的な支払いが増加するにつれて，その活動を行うために払う犠牲が少なくなり，本質的な報酬があまり得られなくなってくる。このため，供給量は減少し，「締め出し効果」が優勢となる。この図のように，金銭的な見返りなく供給していた最初の供給量Qよりも少ないところまで減少するかもしれない。けれども，金銭的な支払いがさらに増加すれば，相対価格効果が優勢になり始め，再び供給量が増加する。これら2つの供給曲線の転換点は，本文中における費用の閾値である。

供給曲線が図4-2のようであった場合に，公共政策における含意は一体どのようなものだろうか。より正確にいえば，利他的な活動に対してどのように報いるべきか——あるいは報酬を支払うべきだろうか？ 特に驚くような答え

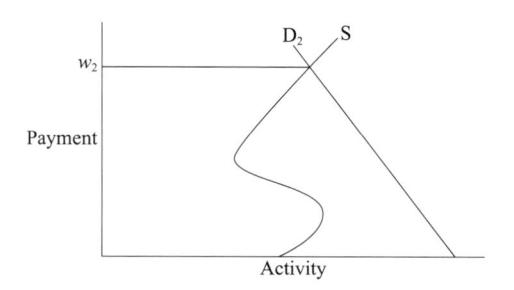

図 4-4　ナイト的な供給と高い需要

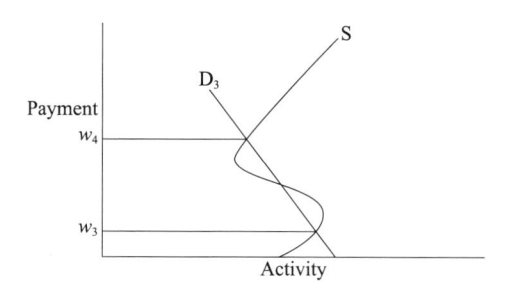

図 4-5　ナイト的な供給と中程度の需要

ではないが，それはその活動に対する需要の水準に依存するだろう。このことは，図 4-3，図 4-4，図 4-5 に示されている。需要曲線の比較的需要が低い水準において供給曲線の呼び込み効果が優勢な部分と交差するならば，金銭的な報酬は図 4-3 の w_1 のような低い水準となるだろう。需要が比較的高く，相対価格効果が優勢な部分と交差するのであれば，金銭的な報酬は図 4-4 の w_2 ような高い水準になるだろう。

もし，需要曲線が図 4-5 のように供給曲線といくつかの点で交わるならば，あるジレンマが生じる。それは，金銭的な報酬を w_3 の水準に設定するべきか，それとも w_4 に設定するべきなのか，という問題である。w_3 では，より多く供

---

(14) もう 1 つの交点は，魅力的なものではないので，均衡にはならない。

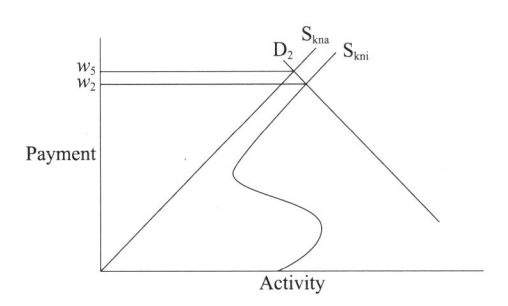

4 公共サービスの動機に関する理論

図4-6 ナイト的・悪党的な需要と供給

給することができ，金銭的な報酬も低い水準である。しかし，それはその活動を行っている人の善意によって，低く抑えられているのである。w_4では，その活動を行う人は多くの報酬——搾取されてはいないが「ちょうど」よりも多い報酬——を得ており，消費者は多くを支払うが供給量は少ない。w_3とw_4のどちらに設定するかという問題において，政策立案者は搾取を避けるべきという理念と利他主義と供給量の増加を促すという理念の間でのトレード・オフに直面する。

最後に，興味深いものとして，ナイトによる供給と悪党による供給の比較を行う。これを行っているのが図4-6である。この図では，「締め出し効果」はあまり複雑ではないものとして仮定している。つまり，ナイトによる供給曲線の相対価格効果が優勢な部分が悪党による供給曲線の右側にきており，そのような部分でも利他的な動機によるものが残っている。このような状況では，比較的高い需要に対するナイトにとっての適切な支払額はw_2となる。これは，供給者がすべて悪党であったとき（もしくは完全に締め出しが起こったとき）に必要となる支払額よりも低いものである。その際に，本文中でも議論しているが，w_2はw_5と比べて搾取的なものではないかという問題が再び生じてしまう。

第II部　歩とクイーンの理論

5　行為主体と公共サービス

　あなた方の患者には，あなた方が知っている真実を知る権利がないのは，あなたのカバンになかにあるすべての薬にについて知る権利がないのと同じです。患者は，知ることがその人にとって良いことだけを知っていればよいのです。
（オリヴァー・ヴァンデル・ホルムズ（Oliver Wendell Holmes），
アメリカの医学生に向けての講演で。
　　　　　　　　Angela Coulter, *The Autonomous Patient* より引用）

　何が患者の最良の利益になるかを決めるのは，医師ではなくて患者自身である。ある治療や行動方針を進めるのはよいが，あなたの助言を患者が受け入れるよう圧力をかけてはならない。
　　　　　　　（一般医学協議会（General Medial Council），2002年）

　本書ではここまで，主に動機づけの問題，特に公的セクターにおける専門職やその他のサービス供給者の動機づけの問題に関心を向けてきた。今や，行為主体，すなわち個人の行動および選択の能力に関連する問題に目を向けるべき時である。この問題は，だいたいにおいて規範的な性格のものである。すなわち，物事がどうあるのかというよりも，むしろ，どうあるべきかということに関わるものなのである。公共サービス，あるいは，より広く社会福祉のコンテクストにおいて，個々の市民はどの程度の権限（power）を持つべきなのだろうか。公費によって提供されるサービスをどのくらい，またどのように利用するかという点については，その利用者自身がコントロールできるようにすべきなのだろうか。それとも，医療や教育のような領域によく見られるように，サービスの利用については，主に専門職や，サービスの提供に関わるその他の誰

かが決定するべきなのだろうか。本章では，これらの問いに答えることを試みるにあたって，そのことに関連のあるさらに理論的かつ哲学的な問題のいくつかを検討する。

このことに関する議論は，領域によって異なり，そこから引き出される答えも，そうした議論が展開されるコンテクストに大きく依存している。そこで，以下では，公共政策の諸側面の中でも本書が特に関心を向けているもの——公費によって提供される医療と教育，および（次章で扱う）年金および長期ケアのための個人貯蓄と公的制度——に関わる問題について集中的に検討することとしたい。そして，第III部では，このような領域において個人に権限を付与する（empower）ことを意図する特定の政策——医療と教育の準市場（quasi-market），デモグラント（demogrant），パートナーシップ貯金制度（partnership savings scheme），および目的税（hypothecated tax）——に関する実際的な問題を検討する。

患者か，親か，専門職か

医療や教育などの公費によって提供されるサービスのコンテクストにおいて利用者への権限付与（empowerment）を提唱することが，現在流行している。多くの分析者たちが，これらの領域では，当該サービスを提供する専門職や管理者（医師，看護師，教師，官僚など）の，サービスが利益を与えることになっている人々（患者，親，もしくは生徒など）の決定に対して持っている権限が大きすぎると考えている。専門職ではなく患者への権限付与は，今や保健医

（1）専門職自身が，しばしばそのように感じている。「英国医学雑誌（British Medical Journal）」が，そのウェブサイトを訪れた人々（大部分が，医療専門職）に対して行った調査によれば，回答者の60％は，現在の主な診療スタイルは「医者が決める」ものであると考えていた。しかしこのスタイルが優勢であるべきだと考えているのは7％にすぎず，87％の回答者は，「医者と患者が一緒に決める」というのが，より望ましいスタイルだと考えていた（www.bmj.com, 1999年10月24日。Coulter (2002: xi) に引用されている）。Coulter のモノグラフは，患者の権限に関する有益な情報源と議論であり，本章は，これを広く利用している。

療サービスにとってのスローガンになっている。教育に関する親への権限付与，あるいは，もっとラディカルな考え方である生徒への権限付与についても同様である。

　しかし，何に対する権限 (power) なのだろうか。権限の対象は，提供されるべきサービスの性質もしくはタイプ，利用されるサービスの量，そして，サービスの提供者に分けることができる。そこで問題は，何を利用するか（サービスの性質），どのくらい利用するか（サービスの量），誰によるサービスを利用するか（サービスの提供者）に関する決定権を誰が持つべきかということになる。患者の治療の性質，治療の量，そして治療を行う病院を，患者自身が意思決定するべきなのか，医師が決めるべきなのか，あるいは，管理者とか公務員などの他の誰かが決めるべきなのか。こどもが受けるべき教育のタイプ，その教育の量，そして，こどもが行くべき学校を親が決めるべきなのか，教師が決めるべきなのか，それとも地方教育当局が決めるべきなのか。より一般的にいえば，こうした選択のすべて，もしくはいずれかに関する決定は，利用者が行うべきなのか，それともその他の誰かが行うべきなのか。利用者は，歩であるべきなのか，クイーンであるべきなのか。

　こういう問いに対しては，3つの可能なアプローチがある。福祉主義的 (welfarist) アプローチ，自由主義的 (liberal) アプローチ，および共同体主義的 (communitarian) アプローチである。福祉主義的アプローチは，個人の福祉もしくは福利 (well-being) に対するインパクトを参照することによって問題を解こうとする。すなわち，さまざまな状況において，個々の利用者が歩であるべきなのかクイーンであるべきかということは，どちらがその人の福祉を，より多く増進させるかによる。自由主義的アプローチは，個人の自由に対するインパクトだけに関心を向ける。個々の利用者が歩であるべきなのかクイーンであるべきかということは，どちらが，その人に，究極的により多くの行動の自由を与えるかによる。共同体主義的アプローチは，個人の決定権を拡大することが社会全体に与えるインパクトに関心を向ける。そうした拡大が，究極的にコミュニティの全体としての利益を増すことになるのか，それを損なう

ことになるのかということが問題とされる。

　福祉主義的アプローチから始めよう。多くのコンテクストにおいて，福祉主義者は，ジョン・スチュアート・ミル John Stuart Mill（1859/1982）の『自由論』における古典的な論説に従って，個人が，何が自分自身の福祉に最も寄与するのかということの最良の判定者であると論じるだろう。したがって，個人が，その福祉に寄与する要因に関するできるだけ多くの決定を行うべきであり，そうした決定を他の者が制約すべきでないということになる。また，何が個人の福祉に寄与するかを，その人自身以上に適切に理解している人はいないので，他人がその人に代わって決定を行うべきでもないのである。一般的にいって，人々はクイーンであるべきで，歩であるべきではないということになる。

　しかしながら，福祉主義者は，このタイプの議論が，しばしば，本書で検討している公共サービスのうちのいくつか，特に医療と教育には当てはまらないとも主張する。福祉主義の観点から，患者が医療に関して，あるいは，自分の健康のその他の側面に関して自分自身で決定することを許されるべきでないと主張し得る根拠は数多くある。親が自分の子の教育に関して決定を行うことについても，それと同じような根拠が存在する。

　利用者を歩のように扱うべきだとする福祉主義的な主張のうちの第1のものは——どちらかというと取るに足らない主張だが——利用者がそうすることを選択するからというものである。患者の中には，機会を与えられたとしても自分の病気の治療に関する決定を行う能力が自分にはないと感じているために，自らを医師の手に委ねることのほうを好む人もいるかもしれない。また，こどもたちにとってどのような教育が適切かということを，自分は，こどもたちの教師ほどにはわかっていないと感じる親もいるだろう。そういう親は，権限をその教師たちに委ねる用意があるかもしれない。これは，経験的には決して取るに足らない主張とはいえず，特に医療に関してはそうである（すべての患者が自分の治療に関する決定に関与することを望んでいるわけではないことを示す証拠がある。Coulter 2002 : 31-4）。しかし，分析的には，やはり取るに足らない主張である。なぜなら，そういう人々は，本当にクイーンであることをや

めた人々だとはいえないからである。むしろ，そういう人々は，権限を誰かに委ねることにおいて，むしろクイーンとしての権限を行使しているのである。自発的な歩は，本当の歩ではない。

　福祉主義者にとってもっと難しいのは，個人が望んでいる場合でも事態が自分で決定を下すことを許さない場合の議論をどのように展開するかということである。そのような議論の中で最もよく知られているのは，自分が下す決定の予想される結果に関して，個人は貧弱な，もしくは不完全な情報しか持ち合わせていない場合があるということである。利用者の持つ情報が貧弱なものであるということは，医療と教育の明白な特性の1つである（Arrow, 1963）。医師も教師も，教育を受けた専門職であり，その教育の多くが，専門分化していて，しばしば極めて高度な技術的情報の習得を伴っている。医療サービスと教育サービスの利用者が，同じ教育を受けることなしに，そのような知識のすべてを習得することは望めないのである。

　しかしながら，情報が貧弱であることだけでは，患者や親を歩として扱うことを福祉主義的な根拠として正当化するのには不十分である。比較的低コストで情報を利用者に提供する方法がない場合にのみ，このことが正当化できるからである。もし，利用者の特定の状況にとって重要な情報が，患者もしくは親に安く提供できるなら，他の条件が同じであれば，自分自身で情報に基づく決定を行ったほうが，誰か他人に代わって決めてもらうよりもよいと考えられるからである。この点については，後段であらためて論じる。

　患者もしくは親を歩のように扱うことを支持する，このほかの福祉主義的な議論は，（市場の失敗や，貧弱な情報などのその他の形態のシステムの失敗と区別して）「個人の失敗」と呼ばれているものと関係している。ビル・ニュー Bill New（1999）は，このような議論には，4つのものがあることを明らかにした。その第1は，必要な精神的な作業を技術的にできないということである。このようなことは，精神的能力に比べて情報の量が多すぎるとか，技術的もし

（2）　システムの失敗と個人の失敗の区別に対する批判もある。この点については，Calcott（2000）を参照。しかしながら，その点は，私にとってはあまり重要でない。

くは因果的な結合が，やはり精神的能力との対比において難しすぎて実現できないために起きる。このことは，特に医療に関わる問題のように思える。というのも，医療的処置に関する意思決定は，しばしば，代替的な治療の形態（あるいは，全く治療しないという選択）による利益，もしくは損害の確率を評価することを伴うからである。そして，実証研究が示唆するところでは，個人は，確率を比較考量することが必要な場合には，しばしば合理的意思決定を行うことに困難を覚えるのである（Tversky and Kahneman 1982）。

　ニューが明らかにした個人の失敗の第2の源泉は，意志の弱さである。これは，長期的にみて何がより望ましいことかをわかっていながら，長期的に自分の利益にならない意思決定を行う場合である。これについても，健康および医療に関係するわかりやすい例がある。食べすぎ，もしくは喫煙によって健康を損ないつつある個人は，しばしば，本当はこのようなことをしたくないが，それをやめることができないと主張する。服薬管理や他の形態の治療法に長期にわたって従うことは，意志の弱さが露見しやすいもう1つの領域である。

　個人の失敗の第3の源泉は，情緒的な意思決定である。ある選択肢にこだわりを持つようになると，情緒が意思決定をゆがめてしまう。このことは，ある特定の結果が，とうてい起こりそうもないとわかっていても，それに強いこだわりを持つ場合に起こり得る。あるいは，親しい者に先立たれたときのようにストレスを受けている時期に意思決定が行われる場合に起こりうる。ここでもまた，医療においては，この特別な問題が先鋭な形で現れてくる。治療に関する意思決定は，しばしば，相当な不安や苦悩を覚える時期，あるいは，そうでなくても合理的な熟考が行われにくいような状況において行われるからである。

　ニューが提起する第4の問題は，選好と経験の関係に関することである。一組の意思決定に関する選好は，個人が，その意思決定の結果を（抽象的な知識や情報をとおして知るのではなく）実際に経験しているかどうかによって変わる可能性がある。例えば，喫煙するかどうかの意思決定は，もし，その人が，その意思決定を行う前に，肺ガンで死ぬ経験をすることができたとしたら，違ったものになっていたかもしれない。これは，一見したところでは，不完全情

報の問題に似ていて，そのため，個人の失敗というよりシステムの失敗と考えられるかもしれない。しかし，この問題は，不完全情報の問題と同一とはいえない。というのは，この問題の場合には，どのようなシステムでも，意思決定が行われる前に，(高いお金をかけたとしても)必要な情報を提供することはできないからである。実際に死ぬ前に，死ぬということはどのようなことなのかを経験することはできないのである。

　以上であげてきた実例が示唆するように，こうした種類のシステムの失敗と個人の失敗の大部分は，教育よりも医療の場合に，よりよく当てはまる。特に情報の専門性に関連する失敗については，なお一層そうであろう。医療のほうが，必要とされる情報の量が多く，情報を扱うのに必要とされる能力のレベルも高いように思われる。しかしながら，個人が自分の健康に関する決定を行う時には当てはまらず，教育に関して，特に幼い頃の学校教育についてはよく当てはまる1つの重要な問題もある。それは，ペアレンタリズムとでも呼ぶべきことがらである。教育の場合，特に幼い頃の教育の場合，決定を行うのは利用者自身ではなく，その親である。そして，親は，こどもの利益よりは自分(もしくは家族のその他の者)の利益を計る目的で意思決定を行うかもしれない。例えば，生活に困窮している家庭の世帯主は，その世帯の収入を増やすために，こどもの潜在的能力の程度に関わりなく，進学させずに義務教育を終えた段階で就職させようと決めるかもしれない。あるいは，世話が必要な家族の面倒を見させるために学校に行かせない家族もあるかもしれない。このようなことは，家族の福祉にとっては有益かもしれないが，実際のサービス利用者であるこどもの福祉は損なわれるのである。

　このように，福祉主義者が，患者や両親を歩として扱うことを正当化し得る根拠は，システムの失敗との関係でも，個人の失敗との関係でも，数多く存在する。では，自由主義的なアプローチに関してはどうであろうか。一見したところ，自由主義的な観点から見ると，そのような正当化の根拠はどこにも見いだせないように思える。自由主義的な観点にとって，個人が，自分の福祉に影響を及ぼす諸要因について自分自身で決定することの望ましさは，結果主義的

な (consequential) 関心ではなく,義務論的な (deontological) 関心に由来するからである。すなわち,意思決定の自由の促進は,それ自体が望ましい1つの目的であって,そのような意思決定力の行使が福祉の改善という結果をもたらすかどうか（あるいは,その他の何らかの結果をもたらすかどうか）ということは,関係のないことである。

　しかしながら,ここにもまだ,議論にまだ小さな穴があるともいえる。もしある特定の形態の医療的処置もしくは教育が,個人の決定権,あるいは意思決定の対象となる選択肢そのものに改善をもたらすとしたら,どうなるだろうか。優れた医療や教育とは,そのようなものだともいえることを考慮しなければならない。あるいは,そうした医療や教育の形態が,アマルティア・セン Amartya Sen（1985）の用語でいえば,その人の潜在能力 (capabilities) あるいは機能 (functioning) を,改善するとしたらどうなるのだろうか。そうだとしたら,患者もしくは親の決定権を短期的に制限することは,意思決定を行う能力,もしくは利用可能な選択肢を増加させるという長期的な結果を引き起こすために払うに値する対価だということにならないだろうか。

　実際には,自由主義的な観点からの答えは,私の見るところでは,おそらく,そうではないということになるだろう。自由主義的な観点に立つ限り,意思決定を行うことについての個人の自由は,その人の意思決定能力を高めないという意思決定を行う権利を含むべきなのである。そのような意思決定をくつがえすことは,たとえ,後の時点での意思決定の自由の拡大を引き起こすためという名目があるとしても誤りだということになるだろう。もちろん,福祉主義的な主張の場合と同様に,情報は重要である。自由主義者であれば,個人が,ある事柄に関する決定を行うにあたって,その決定のもたらすであろう結果について十分な情報を得ていることを望むであろう。さらに,パターナリズムが問題になる。こどもは,どのような権利を有しているのだろうか。そして,何歳になれば,自分自身で意思決定を行う権利を獲得するのだろうか。しかし,一般的にいって,自由主義的な観点からすれば,情報を得ていようがいまいが,患者と親,そして——もしある年齢に達しているなら——生徒は,いつもクイ

ーンでなければならないのである。

　さて，最後が，共同体主義的な主張である。ここでも，議論の内容は，人々の福祉に関わるという意味では，福祉主義的である。しかし，この場合，問題とされているのは，当該の患者や親以外の人々の福祉である。ここでの議論は，サービス利用者によってなされる意思決定は，その他の利用者と非利用者の双方にも何らかの（有益な，もしくは有害な）結果——経済学者が外部便益（external benefits），外部費用，あるいは外部性（externalities）と呼ぶもの[3]——を引き起こすかもしれないということである。例えば，伝染病の予防接種を受けるという個人の意思決定は，病気の蔓延の可能性を減らし，そのことにより，その個人自身だけでなく，その人と接触する人々全員に便益をもたらす。こどもを特権的な学校に通わせるという親の意思決定は，社会的統合を弱め，そのことにより社会全体の福祉を損ねる可能性がある。

　なお，外部性は，公費によって提供されるサービスのみに関する問題ではないということに留意することが重要である。財やサービスの私的市場において，個人は，自分の活動の自分自身に対する私的な費用と便益のみしか考慮せず，他人に影響を及ぼす可能性のある費用や便益は一切考慮に入れない。そのため，社会的な観点から見ると，個人は，外部便益をもたらす活動は過少にしか行わず，外部費用をもたらす活動は多く行いすぎるということになりがちである。

　しかし，公費によって提供されるサービスについては，このほかに，外部性が存在しない場合でも発生する込み入った問題がある。通常の市場の状況では，サービスを購入する利用者はその料金を支払う。競争的な市場の下では，その価格は，そのサービスの機会費用（opportunity cost）あるいは資源費用（resource cost）を反映するであろう。したがって，サービス利用者には，そのサービスの提供に要する資源費用を上回る便益を受けられる部分だけにサービスの利用を限定するインセンティブが働く。[4]しかしながら，もしサービスが公費によって提供され，無料だとしたら，サービスの需要をこのように抑制す

（3）　このように呼ばれるのは，意思決定の結果が，実際に意思決定を行う個人の外部に生じるからである。

るインセンティブが存在しない。むしろ，利用者は，サービスを濫用するようになるだろう。すなわち，利用者は，社会の観点から見て正当化できる以上のサービスを要求するだろう。医師なら誰でも，どちらかといえば大したことはない症状に関して注意を向けることを要求し，より深刻な病気にかかっている患者を犠牲にする厚かましい患者にしばしば接しているだろう。教師なら，もっと教師の注意が必要な他のこどもを犠牲にしてでも自分のこどもに個人的な注意を向けること要求する親によく接しているはずである。この「超過」需要を充足するために利用される資源は，他の目的で使用していればもっと多くの社会的便益を別のところにもたらしたはずのものである。こうして当該のサービスが過大に供給されることになる。

その上，無料のサービスの場合には，利用者が，自分のニーズの充足にとって，より効率的，もしくはより適切なサービス供給者を探し求めるインセンティブが弱くなってしまう。利用者は，費用を負担しないのだから，最も経済的な供給者を探さなければならない理由がないわけである。その上，ただでサービスが受けられることで，サービス供給者に対して，あまり批判的ではなくなり，要求も弱くなってしまう。そのために，非効率的，あるいは不適切な供給者が，存在し続けることになり，別のより良い方法で使うことができたはずの資源が浪費される。

したがって，公共サービスの利用に関する個人の意思決定を，部分的もしくは全面的に無視する主張は，根本的に福祉主義的なものである。個人は，医療や教育に関する意思決定を委ねられたら，その人自身の福祉という観点から見ても，社会全体の福祉という観点から見ても，「誤った」意思決定を行う可能性がある。すなわち，個人は，その人のニーズにとって不適当なサービス，あるいは，コミュニティのニーズにとって不適切なサービスを選択するかもしれないのである。個人は，サービスをあまりに多く利用したり，少なすぎる利用

（4） 厳密にいうと，利用者は，さらなるサービス購入の自分にとっての限界費用（サービスの料金を含む）が，自分にとっての限界便益を越える地点までサービスを購入するであろう。

しかしないかもしれない。さらに，非効率的もしくは不適切な供給者を選択し，そのことによってもまた，自分自身の福祉あるいは社会の福祉を損なう可能性がある。

　しかしながら，このこと自体は，公共サービスの利用者を歩として扱うべきだという主張を根拠づけることにはならない。というのも，個々の利用者は，確かに間違いを犯すかもしれないが，他人——特に，権限を付与されることが多いサービスを提供する専門職——のほうが，より良い決定ができるという保証はないからである。このことに話を移そう。

　患者の医療に関して医師が決定を行うべきであるとか，生徒の教育に関して教師が決定を行うべきであるとする福祉主義的な主張は，患者や親自身が意思決定を行うことを許すべきでないとする主張と，ある意味では表裏一体の関係にある。医師や教師は，システムの失敗を正すことができ，個人の失敗に陥ることがない。少なくても，利用者と同じように失敗したり，利用者と同程度まで失敗したりすることはない，と考えるのである。

　第1に，貧弱な情報と結びついたシステムの失敗に関して。医療専門職と教師は，サービスの利用者が持ち合わせていないそれぞれの仕事に関する技術についての情報を保有している。まさに，そのことが，専門職であるという主張の根拠になっているのである。それゆえ，医療専門職や教師が，利用者が貧弱な情報しか持ち得ないことに起因するシステムの失敗を是正するのにふさわしい立場にあることは明らかである。

　しかしながら，規模の違いということも注目すべきことがらである。医療の場合，医師は，人がかかる可能性のある何千もの病気についての知識を持っていなければならないが，患者は，自分が現実にかかっているか，かかる可能性のある病気についてだけ知っていればよい。医療ハンドブックが，自己診断を手助けしてくれる可能性がある。一旦病気の診断が下されれば，特にこのインターネットの時代には，患者が，自分の病気に関して，自分を「教育」できる可能性があり，しばしば実際にそうしている。教育に関しても同様であり，教師は，何千もの生徒の教育上の必要について判断できなければならないが，親

は，自分のこどもについてだけそのことができればよく，自分のこどもについては相当な知識を持っている。

これとかなり似た議論が，先に検討した個人の失敗の第1の要素，すなわち，意思決定を行う技術的能力に欠けるという問題に当てはまる。医師や教師は，必要な意思決定を行うよう訓練されており，その上，日々そのような意思決定を行わなければならないので，そのことに熟達している。したがって，この技術的能力の欠如という問題には直面する可能性は少ない。しかし，ここでも規模の問題である。患者や親は，自分自身や家族のためだけに意思決定を行えばよく，そのため，そのことにより多くの注意と，意思決定能力を注ぎ込むことができる。

医師や教師が意思決定を行うべきだという主張は，個人の失敗の第2の源泉——意思の弱さ——に関しても行うことができる。このような弱さは，他人のために意思決定を行う医師や教師にとっては問題にならない。なぜなら，短期的な利益のために長期的な利益を犠牲にする誘惑は，医師や教師には当てはまらないからである。供給者が，利用者の問題に対する短期的な解決策を採用する，より利己的な他の理由はあるかもしれない（例えば，専門職が早く家に帰れるように，要求の多い患者を診療所から追い出したいとか，不満をいう親を教室から追い出したいという欲求など）。しかし，それは，利用者が欲求の充足を先延ばしにすることができないということから生じるものではない。

ニューの第3の関心は，意思決定をゆがめることに関して情緒が果たす役割である。他の人々に比べて専門職では，そのようなことが起こりにくいということはないように思える。専門職としてのプライドや自信過剰，あるいは過度な謙遜についての考慮が，専門職としての意思決定に影響を及ぼし，利用者のために行われる意思決定をゆがめることがあり得る。この形態の個人の失敗は，普遍的である。しかしながら，意思決定のゆがみの情緒的な基礎は同一ではないため，専門職の場合に誘発されるゆがみの種類は，利用者の場合とは異なる。また，専門職は多くの人々に影響を及ぼす多くの意思決定を行うために，1人の利用者に関わる1つの意思決定への情緒的な関わりは薄くなり，そのため，

利用者自身の情緒が関わる場合と比べて，合理的な意思決定を損なう度合いは少ないということがあり得る。

　第4に，経験の問題がある。このことについては，医師も教師も，人々が「誤った」意思決定を行う事態についてのある種の経験を有しているだろう。例えば，腫瘍専門医は，ヘビースモーカーが肺ガンで死んでいくのを見ているだろう。教師は，最も将来を嘱望された生徒が，キャリアや教育に関して思慮に欠ける決定を行ったために，人生を台無しにした例を知っているだろう。しかしながら，医師や教師自身は，実際にそのような誤った意思決定の結果を自分で体験しているわけではない。したがって，その程度は利用者ほどではないとしても，この種の個人的な失敗は専門職自身にも起こり得る。

　ここまでの議論では，専門職が当該の問題についての意思決定を行うべきだとする福祉主義的な主張は，専門職のほうが利用者よりも良い決定を行えるということの論証に基づくものであった。しかし，この主張は，このようなコンテクストではめったに言及されないが極めて重要なもう1つの前提に基づいている。それは，機会があれば，専門職は，より良い決定を行うだろうという点である。ここで議論は，動機づけの問題に戻ることになる。具体的にいうと，先の福祉主義的な主張が成り立つためには，専門職は，ナイトもしくは完全な利他主義者に近い存在であるか，その個人的利益が利用者の利益と一致している必要がある。すなわち，もし専門職が，利用者の福祉を増進する意思決定を利用者に代わって行うものとするなら，専門職は，その人の福祉を自分の関心の中心に置いているか，自分の利益と利用者の利益の間に対立がない状況の中に置かれていなければならない。この条件がいずれも満たされていないならば，専門職が，その決定権を利用者の利益のために利用するという保証はない。

　このことは，信頼（trust）の役割と公的セクターに関する現在流行している議論に関連している。例えば，最近，オノラ・オニールOnora O'Neill（2002）は，BBC（英国放送協会）のリース・レクチャー（Reith Lecture）において，我々は公務員をもっと信頼し，監査をもっと減らすべきだと論じたが，そこで使われた議論は，公務員はナイトであるという仮定にほぼ全面的に依存

している。なぜなら，もしそうでないとすれば——公務員が利己的な悪党であるとするなら——公務員を信頼することは，利用者の福祉の向上のための行動が，公務員自身の福祉も同時に向上させる場合にのみ，利用者の福祉の向上という結果を引き起こすことになるはずだからである。それと同様に，専門職を信頼することは，その利益が患者の利益と一致する（あるいは一致させられる）と仮定するか，もしくは，両者の利益が対立する状況でも，常に患者にとって望ましい方向で専門職によって問題が解決されると仮定することを意味する。

　では，専門職に決定権を与えることを支持する主張を，自由主義もしくは共同体主義的な立場から展開するとどうなるのだろうか。自由主義者が，専門職による利用者のコントロールを支持することは，利用者自身による選択が実際に不可能である場合（患者が，意識を失った状態で病院の救急部門で手当を受ける場合など）を除いてはあり得ないだろう。共同体主義者が，専門職に決定権を与えることを支持するかどうかは，専門職が，その意思決定にあたって社会全体の利益を考慮に入れるかどうかによる。専門職が，実際にそうするかどうかは，専門職者と，その仕事の状況に大きく依存するだろう。確かに，医師は自分の患者全員のことを気遣うだろうし，教師は生徒のことを気遣うだろうから，医師や教師は，患者もしくは生徒が，過度な要求を行うことによって起こる結果から，その患者・生徒を守ろうとすることが予想される。しかしながら，医師や教師の気遣いがそれ以上のものになり，より広い観点から社会の利益，さらには国民全体の利益まで考慮することになるという保証はない。

公共サービスにおける歩からクイーンへ

　医療と教育における決定権を利用者が持つべきなのか，専門職が持つべきなのかという点については，さまざまな主張の対立があることは明らかである。そうした対立の解決策は，部分的には，状況に依存する。すでに指摘したように，病院の事故・救急部門で意識を失ったまま手当を受ける患者は，たとえ望

んだとしても，何らの意思決定も行えない。親が入獄中のひとり親家庭のこどもの場合，その子の教師が，その子と親に代わって意思決定を行わざるを得ないかもしれない。

しかしながら，公共サービスの提供に関して，利用者が，ある程度の権限を持つべきだという点については，あるいは，たぶん相当な権限を持つべきだという点についても，説得力のある主張が成り立つように思える。福祉主義者にとっては，動機づけの問題が最優先である。健康の改善に対する動機づけが最も強いのは，利用者本人である。専門職は，全く悪党だとはいえないし，かなりの程度まで悪党だともいえないだろう。しかし，専門職が，利用者自身と同じ程度まで利用者のことを気遣うことはあり得ない。

ただし，そうはいっても，利用者の権限を全く無制限に認めるということもあり得ない。システムの失敗，特に情報に関するシステムの失敗が存在する。対応が必要な個人の失敗も起こり得る。前述のように，このことは，教育よりも医療の場合に，より重要であるように思われる。さらにまた，ある種の選択よりも，別の種類の選択によく当てはまるという面もあるだろう。例えば，医療的処置の性質と量に関する意思決定を行う場合のほうが，その処置の供給者の選択に関する意思決定を行う場合よりも，情報・技術能力に関する失敗に直面する可能性が高いだろう。したがって，少なくとも医療に関しては，治療に関する選択よりも，供給者に関する選択に関して，利用者により多くの権限を与えるという主張がより説得力があるものとなる。もちろん，その場合でも，利用者は，異なる供給者の提供するサービスの質について判断できる適切な情報を持っている必要がある。

では，共同体主義的な主張は，どのようなものになるのだろうか。その主張もまた，利用者に全く無制限の決定権を与えることには，否定的となる傾向がある。しかし，個人に関する福祉主義の主張の場合と同様に，共同体主義的な主張でも，検討の対象とする治療もしくは教育の種類によって異なった結論が導かれることがある。共同体主義者は，供給される治療や教育の性質と量に関する利用者の選択を認めることについては，過剰供給と，その結果として過剰

利用の可能性との関連で，明らかに反対だろう。しかし，同じような性質の治療を同じくらいの量だけ提供する供給者の選択に関しては，そうとはいえないだろう。しかしながら，供給者の選択を利用者に認める場合のほうが，同じ機関の中での治療法や教育方法の選択を利用者に認める場合よりも，利用者の選別と分断を引き起こし，社会的統合を損なう可能性が高いかもしれない。

したがって，問題は権限に関する利用者と供給者の間の適切なバランスをもたらす公共サービスの提供システムをどのように設計すべきかということになる。利用者に権限を付与するメカニズムには，本来的に2種類のものがある。通常，「発言（voice）」と「離脱（exit）」といわれるものである。そのことについては，もう少し詳しく論じなければならない。

発言と離脱

もし利用者に権限を付与すべきだとする主張に何らかの根拠があるということを認めたとすると，それを行う最良の方法が何であるかが問題になる。アルバート・ヒルシュマン Albert Hirschman（1970）のよく知られた二分法では，利用者に権限を付与する2つの基本的方法がある。1つは，「発言」を通して行う方法であり，もう1つは，「離脱」を通して行う方法である。発言とは，サービス供給者に対して利用者が，直接的もしくは間接的に，その思うところを伝える場合をさす。それが，（投票もしくはその他の集団的意思決定のメカニズムをとおして）集団主義的に行われる場合もあれば，（苦情処理手続きのようなメカニズムをとおして）個人主義的に行われる場合もある。離脱のメカニズムは，利用者が，利用している供給者を離れて（離脱して），別の供給者に移ることができる立場にあることを意味している。

どちらのタイプのメカニズムにも，長所と短所がある。集団主義的な発言のメカニズムは，まさに集団主義であることそのものが長所である。すなわち，そこでは社会の利益が考慮される。その一方で，ここで取り扱っているような種類の個人的な意思決定を扱うのは不得手である。地域の学校に不満な親や，

地域の病院に不満な患者は，それらを改善すると約束している地元の政治家に投票することができる。しかし，そうした親や患者の発言が有効になるためには，多数の条件が満たされなければならない。近い将来に選挙がなければならない。他の投票者の過半数も同じ意見である必要がある。学校や病院の質をめぐる問題が，選挙結果に影響を及ぼす主要な要因でなければならない。学校や病院を改善すると約束する政治家が，候補者の中にいなければならない。そして，もしそうした政治家が選ばれたとしても，学校や病院の改善を確実に実現できる何らかの有効な方法がなければならない。こうした条件のすべて満たされることはまれである。

　さらにまた，このメカニズムには，その集団主義的な性格にかかわらず，共同体主義の観点から見た場合，過剰供給と社会的隔離（social segregation）という問題がつきまとっている。投票者は，自分のサービス要求を満たすのに要する費用の負担の問題に直面することがめったにない。そうした問題に直面しないと，投票者は，他の人々の負担でサービスを増加させるか維持することになるような投票を行うこともあり得る。実際，このようなことは，学校もしくは病院の閉鎖の提案が住民投票にかけられるときにしばしば起こることである。通常，投票者は，当該の施設の運営を続けるための費用を負担する必要がなく，そのために，施設の閉鎖の提案を否定する投票結果になってしまうのが普通である。あるいはまた，多数派が，少数派を隔離することを支持する投票を行い，公式もしくは非公式の手段によって当該のサービスから少数派を排除してしまうということもあり得る。

　苦情処理手続きのような個人的な発言のメカニズムにもまた，独自の問題がある。そうしたメカニズムが活性化するには，エネルギーとコミットメントが必要となる。それが作動するためには，相当な時間が取られてしまう。そのメカニズムはまた，苦情を受ける側を悩ませ，防衛的にさせる。そして，学歴の高い者や，自分の意見をはっきりと表明できる者に有利に働く。苦情を申し立てる利用者が，必ずしも最も苦情を申し立てるべき理由がある人々とは限らない。そのことが，過剰利用の問題を引き起こす。専門職と利用者の間の敵対的

な関係は，しばしば訴訟の脅威を伴うものであり，サービス供給者の利益を守るための費用がかかり非効率な防衛的反応を引き起こす。

発言のメカニズムに関する以上のような問題は，よく知られている。しかしながら，離脱のメカニズムも，それが有効に作用するためには，一定の条件が満たされる必要がある。第1に，少なくても1つは別のサービス供給者があって，利用者がそちらに移ることができなければならない。第2に，もし目的が，利用者のニーズと欲求に対してより敏感にさせるためのインセンティブをサービス供給者に与えることだとするなら，利用者による選択によって，サービス供給者にとって重大な結果が生じなければならない。つまり，利用者が離脱した供給者は何らかの形で不利益を被る必要があり，利用者が移ってきた供給者には報酬が与えられなければならない。

正しいインセンティブが存在することを保証する自明な方法は，お金が利用者についていくようにすることである。そうすれば，利用者を失う供給者は，経済的に損失を被り，利用者を獲得する供給者は，経済的な利益を得ることになる。しかし，このことは，また別の危険を伴う。それは両極化が進むという危険である。すなわち，実績の乏しい供給者が収入を失うと，ますます実績が低下し，実績が優れている供給者が収入を得ると，さらに実績が良くなるという結果が生じる可能性がある。このような結果は，もし実績が優れた供給者が，クリーム・スキミングをすること，すなわち，比較的容易に，あるいは比較的少ない費用でニーズを充足できる利用者を選ぶことができると，なお顕著になる。こうしたことによって，優れた供給者と劣った供給者の間の格差がますます広がる可能性がある。優れた学校や病院は着実に向上するのに対して，劣った学校や病院は，悪循環に陥って，凋落の一途をたどることになる。そうなれば，サービス供給における公正が損なわれることになるだろう。

もう1つの問題は，ペアレンタリズムの問題である。もし，教育制度全体からの離脱を決めて，こどもに学校をやめさせる親がいたとしたらどうなるのだろうか。さらにまた，その他の難題として，利用者に権限を与えることに対する共同体主義からの反対に関わる問題がある。利用者が，認められた権限を用

いて，自らを隔離するために離脱するとしたらどうなるのだろうか。例えば，ある宗教的なカルトに属する親が，そのカルトの価値観（だけ）を教える学校にこどもを通わせるケースについてはどう考えたらよいのか。あるいは，そのニーズのレベルから正当化されるより多くのサービスを，新たに選んだ供給者に要求したとしたらどうなのか。過剰供給の問題ということになるのではないだろうか。

しかしながら，離脱の可能性を残しながら，こうした問題に対処する方法もある。クリーム・スキミングの問題を扱う方法は，8章で論じる。パターナリズムの問題を克服するためには，親に対してこどもを学校に通わせることを義務づけることが考えられる（現在，それは実際に行われている）。自発的な隔離の問題の影響を弱めるために，すべての学校に，同一の基本的なカリキュラムを生徒に提供することを義務づけることができる。

過剰利用の問題には，サービスの料金を課すことで対応することもできる。それによって，個人は，自らの意思決定の機会費用の少なくとも一部は，負担せざるを得なくなる。しかしながら，公共サービスの料金を徴収することは，よく知られているように，公正に関わる問題を引き起こす。特に，そうした料金が，当該のサービスの正当な利用，特に貧しい人々による利用を抑制する可能性が問題とされる。料金を課すことよりも魅力的な代案としては，個人もしくはその代理人に，定額の予算を与え，その範囲内で，医療あるいは教育サービスを，異なる供給者から「購入」することを認めるという方法がある。この方法によれば，供給者の選択が可能になり，その一方で，当該のサービスを過剰に要求することを制限できる。このような対策については，以下の各章で詳細に検討する。

結　　論

本章の議論および前章までの議論は，うまくいっている公共サービスの提供システムとはどのようなものなのかということを理解する上での基礎をなすも

のである。それは，サービスの利用者を歩ではなくクイーンとして扱うものである。すなわち，利用者の権限をその基盤としているシステムである。しかし，そのシステムは，当該のサービスの過剰利用や過剰供給，あるいは利用者自身あるいは社会全体に害を及ぼすような形でのサービス利用を避けるメカニズムを組み込んだものである。そのシステムはまた，利己的な動機と利他的な動機の適切なバランスに依存しつつ，サービス供給者に望ましい形でのサービスの提供を行うインセンティブを提供するものである。さらにまた，そのシステムは，こういったことを可能な限り効率的に，サービスに関して社会が掲げる公正であるとか，その他の社会的目標に反しない方法で行うのである。

　一般的に使われるサービス提供システムを，ここでは**離脱**と**発言**という観点から分類したのであるが，それらはいずれも，こうした要求を満たす上での問題を有している。しかしながら，前節で概略を述べたより理論的な議論は，こうした要求を満たす潜在的可能性が最も高いのは，離脱を伴うシステムであるということを示唆している。しかし，理論だけでは議論が一人歩きする可能性がある。関係してくる事柄の多くは，経験的なものであり，現実の政策の詳細な検討をとおして初めて解決ができるものである。それが，本書の第III部の課題である。

6　行為主体と財政

　もしこれほど長生きするとわかっていたら，もっと体を大切にしたのだが。
（ユービー・ブレイク[*1]（Eubie Blake），「100歳になることについて」
オブザーバー（Observer）誌1983年2月13日）

　老齢とは，1人の人間に起こる出来事の中で最も予期しがたいものである。
（レオン・トロツキー（Leon Trotsky），日記，1935年5月8日）

　別の一群の問いに話題を移そう。それらもまた，公的セクターのコンテクストにおける行為主体の問題に関わる問いである。しかしそれは，公共サービスの提供に関わるものではなく，公的セクターの金銭的あるいは財政的側面とでもいうべきものに関わるものである。すなわち，公的セクターのうち，サービス提供の財源調達に関する側面，および所得・資産に関する援助を行ったり，人々の所得や資産を補ったりすることを狙いとする現金給付に関わる側面をここで取り上げようとしているのである。ここでもまた，議論はコンテクストによって異なってくるのであり，以下では，いくつかの特定の事例に絞って議論を進めることにしたい。具体的には，貯蓄と老齢年金，および長期ケアの財源調達という問題を取り扱う。
　遺産相続や，その他の降ってきたような幸運によって相当な富を得た幸せな人を別にすれば，誰でも，将来の必要に対応するために何らかの形での貯蓄か資産形成に取り組まざるを得ないだろう。特に，誰でも，年を取って働けなく

[*1]　アメリカのラグタイムピアニスト・作曲家（1883—1983）。

なったときに生計を維持するためには，何らかの形の年金か，その他の収入を必要とするだろう。中には，精神的もしくは身体的な障害を有するようになり，集中的な身辺ケアが必要になる人もいるだろう。事業を興したり，住宅を購入するために，人生のもっと早い段階で資本が必要になる人もいるだろう。

すでに見たように，公共サービスの利用者が歩でなくクイーンであるべきだとする主張には一応の根拠があるが，利用者が，当該のサービスを過剰に要求したり，間違った種類のサービスを要求したりする場合には，利用者の権限に何らかの制限を設けることも受け入れなければならない。貯蓄に関する決定に関しても，個人が歩ではなくクイーンであるべきだとする仮定が，ある点では事情は同じであるが，この点に関しても外部からの限定的な介入を認める根拠がある。ただ1つ違う点は，当該の活動を多く行いすぎるのが問題になるのではなくて，あまりに少ししか行わないことが問題になるという点である。

貯蓄と国家

一見すると，貯蓄に関する個人の決定に介入することを支持する根拠を示すことは困難なように思える。歩をクイーンに変えるべきだという観点から見れば，なおさらそうである。特に，老後に向けて貯蓄することを奨励するためになぜ国家が介入しなければならないのかという点が問題になる。トロツキー氏には申し訳ないが，年を取ることは，際立って予測可能性が高いものである。老年期にいたる前の死というそれほど頻繁に起きない事態に直面しない限り，働けなくなった場合や，その他の理由により退職を余儀なくされた場合に，生計を維持するのに役立つ収入源を誰もが必要としている。精神的もしくは身体的な衰えの影響により，ある既知の確率で何らかの形の長期ケアが必要になる。そのような起こり得る事態についてほとんどの人はわかっているはずであるから，それに対処するための準備は，それぞれの人に任せればよいのではないだろうか？ 人々は自分の老後のために貯蓄をすることができる。長期ケアの必要に備えて保険に加入することもできる。疑いなく，個人に権限を付与する究

極の方法——歩をクイーンに変える最良の方法——は，国家が一切介入せず，個人が自分で意思決定することに任せることなのではないだろうか。

　このような議論の背後にある仮定は，貯蓄に関して個人が権限を持つことに対する主要な脅威は国家であるということである。しかし，自由な市場で行動している個人でも，権限を付与されない場合がある。その原因の一部は，資力があまりにも乏しいため，実際上，貯蓄ができない個人や世帯が存在するということにある。そのような場合に探求すべき適切な戦略は，資力を高める提案を含むものでなければならない。8章のデモグラントの提案は，まさにこれを行おうとするものである。歩をクイーンに変える特定の提案の根拠の詳細は，そこで検討される。

　しかし，資力の乏しさ以外の理由により決定権を持ち得ない個人の貯蓄に関する意思決定に国家が介入する根拠もある。第1に，裕福なものであれ，そうでない者であれ，すべての個人は，当該の市場において，自らの実質的な決定権を制限する拘束や障害に直面する。ひとまとめにしていえば市場の失敗，あるいはシステムの失敗として知られているものである。第2に——そしてこの問題のほうがもっと重要なのだが——現在の市場に直接参加できず，それゆえ全く決定権を持ち得ない重要な集団がある。それは，将来の我々自身である。この議論は，さらに検討が必要である。

市場の失敗

　国家による介入を支持する根拠となる議論のうち第1のもの——貯蓄・保険市場の失敗——に関しては，別のところで幅広く検討したので，ここでは要点だけを述べることにする。[1] 貯蓄市場に関する限り，主要な問題は，知識もしくは情報の不完全性，および取り引き費用の問題である（Banks, Dilnot, and Tanner 1997）。潜在的な貯蓄者は，しばしば，異なった貯蓄の方法のそれぞ

（1）　主な議論の優れた提示は，Barr (2001)，特にその5章と6章に見いだせる。

れに関する収益率やリスクについてほとんど知識を持っていない。そこで、貯蓄の規模（行うべき貯蓄の総額）と構成（異なった資産のそれぞれをどの程度保有すべきか）という観点から、貯蓄のポートフォリオについての意思決定を行うことの困難に直面する。取り引き費用とは、手数料・料金など、市場で行動するにあたって生じる管理費用である。そうした費用の多くには、固定的な要素（例えば、株取り引きの場合）が含まれ、そのことが、特に零細投資家にとって、貯蓄の障害となる。

厳密にいうと市場の失敗ではないが、福祉国家の他の側面のために貯蓄をめぐる問題が発生する場合があることを付け加えておくことも意味のあることだろう。イギリスの場合、一定レベル以上の貯蓄を保有する者は、国家による所得支援[*2]、あるいは（後段で見るように）長期ケアの費用の支援を受ける資格がない。これは、不可避的に貯蓄の意欲を阻害する要因となる。

こうした問題は、貧困それ自体に起因するものではないが、低所得世帯の個人に特によく当てはまる可能性が高いことは注目すべき点であろう。貧しい個人は、教育によって身につけた技能が限られていることが多い。そのため、貯蓄の手段に関しても情報を持ち合わせず、情報を得てもそれを活用するのに困難が伴う（Kempson and Whyley 1999）。固定的な取り引き費用は、低所得世帯に、より大きな影響を及ぼすであろう。そういう人々はまた、国家の社会保障システム、特にそのうちの資産調査付きの給付（所得支援制度など）を申請する可能性が高いのである。

保険市場にも、とりわけ情報との関連で、同様の問題がある(2)。保険市場には、特に将来の事柄との関連で、消費者にとっても保険会社にとっても情報の問題が存在している。保険に加入するかどうかを決めようとする消費者は、巨大な不確実性に直面する。ケアが必要になる見込みはどのくらいなのか。どのようなケアが必要になり、必要な費用はどのくらいになりそうなのか。施設ケアを

[*2] 公的扶助制度。
(2) Barr (2001 : ch. 6)。UK, Royal Commission on Long-Term Care (1999) も参照。しかし、この議論を誰もが受け入れているわけではない。Lipsey (2002) を参照。

カバーする保険に加入すべきのなのか，在宅ケアをカバーする保険に加入すべきなのか。それとも双方に加入すべきなのか。医療技術の発達の見通しはどうなのか。将来の医療技術の発達によって，障害を引き起こしやすい病気の治癒や緩和的治療が可能になり，ケアが必要な事態にいたる可能性が少なくなるのだろうか。それとも，老齢期の長期化によって衰弱してケアが必要な事態にいたる可能が高くなるのだろうか。

　保険会社にとっては，いわゆる逆選択（adverse selection）の問題がある。すなわちハイ・リスクの個人が，そのリスクを保険会社に対して隠すことがあるという問題である。また，保険会社にとっては，モラル・ハザードという問題もよく起きる問題である。これは，保険に入っている人ほどケアを利用する見込みが高いという問題である。長期ケアの場合には，さらにもう1つの問題がある。保険に加入していない場合に比べて，加入している場合のほうが，その加入者の家族がケアに関与することが多くなりがちであり，また違った行動を取りがちだということである。マーク・パウリー Mark Pauly（1990）が指摘するように，そのような状況のもとでは，意志に反してケアを受けることになることを防ぐためには，保険に加入しないほうが合理的だということもあり得る。

　保険会社は，このほか，医療技術の進歩に関連して，消費者に関する同様な問題に直面する場合もある。皮肉なことに，予測可能な進歩が見られる領域の1つである人ゲノム・プロジェクトは，保険市場にとっての問題を作り出す。悪い遺伝リスク（bad genetic risk）に関する情報が保険会社に対して提供されないと，悪いリスクを持つ者だけが保険に加入するという逆選択が起こることになるだろう。しかし，そうした情報が保険会社に提供されてしまうと，リスク選択（risk selection）が行われ，リスクを有するものは保険への加入を拒否されてしまうだろう。どちらの結果も好ましいものではない。

第II部　歩とクイーンの理論

近視眼と将来の自己

　しかし，国家介入のより根本的な理由は，いわゆる近視眼（myopia）に関連している。個人は，あまりに近視眼的であるために将来のことを適切に考慮することができず，その結果，現在の消費と将来の消費の最良のバランスについて誤った決定を行う可能性がある。この議論については，さらに立ち入った検討が必要である。

　近視眼は，よく見られる現象である。ある年齢の人々は，「年齢の違いによる年金に関する5つの違った見方」と題したある保険会社の広告を覚えているかもしれない。その広告は，異なる年齢における1人の男性を描いた5コマで構成されており，キャプションは，その人の仕事と結びついた年金加入に関する態度を表していた。一番若い時（25歳）には，ちょうど仕事についたばかりなのだろうが，彼は，笑みを浮かべていかにも無頓着そうな表情で，「この仕事には年金がついていないそうですよ」と話している。35歳の時には，それほど楽天的ではなくなっているが，「残念なことに，私の仕事には年金がついていないのです」といっている。45歳になると，彼は，もっと心配そうで，「年金がもらえることになっていればよかったのですけれど」と述べる。55歳の時には，「年金なしに退職年齢を迎えるというのは考えるのもおそろしいことです」となる。最後に，65歳の時には，心配で堪らなそうな様子で，「年金がないので，どうしたらいいかわからないのです」と語っている。

　この広告のキャプションは，人々の視野に入る時間の幅が限定されたものだという広く受け入れられている見方をうまく表しているものである。人々は，長期的なことを考慮しない。人々は，現在の出来事か，極めて近い将来の予測に基づいて計画を立てる。その結果，人々は，貯蓄や保険に関する賢明な判断を下すことができない。一言でいえば，人々は近視眼的だというわけである。近視眼的な人々は，失業や病気などの予期し得ない人生の浮き沈みに遭遇しても，あるいは，予測できたはずの老齢などの出来事に直面しても，それに対処

するのに必要な個人的な資力を持ち合わせず，その結果，所得の大幅な減少を経験する。

　近視眼と，すでに検討したような種類の情報の失敗を区別することが重要である。働いている人々は，単にその必要を感じないという理由で，十分に貯金をしなかったり，十分に保険に加入しなかったりするかもしれない。人々は，年を取って退職したときに備えて十分な資力を確保するために，現在の収入の中から貯金しなければならない額を過小評価するかもしれない。同様に，長期ケアが必要になる確率を過小評価してしまって，十分に保険に加入しないかもしれない。このような状況だけが問題だとすれば，国家の対応としては，人々が，当該事項に関する決定を行う前に正確な情報を確実に入手できるよう取りはからうだけで十分である。しかし，このことは，少なくてもここで述べている意味での近視眼とは別の問題である。ここでいう近視眼とは，個人のある選好の構造，すなわち，将来の消費よりも現在の消費への欲求を優先させるという選好の構造を表している。経済学の用語でいえば，近視眼的な個人とは，個人的な時間選好率（rate of time preference）が高い人，すなわち，現在の欲望を満足させるために，多くの量の将来の消費を犠牲にしがちな人を意味している。

　さて，この意味での近視眼は，「市場の失敗」の一形態ではないように思えるかもしれない。なぜなら，一見したところ，このような場面で失敗しているのは市場ではないからである。もし人々が，前述のように近視眼的だとすると，——経済学の用語でいえば，限界時間選好率が高い——市場は，その他のあらゆる選好構造に対する場合と同様のやり方で，そうした選好に反応する。もし近視眼のために，疾病保険あるいは年金保険に対する需要がないとすれば，市場は，それらを供給しない。しかし，だからといって非効率だということにはならない。なぜなら，それも，人々の望むこと（この場合は，望まないこと）に対する反応にすぎないからである。もし，このような場面で何かが「失敗」しているとすれば，外部の者が見れば非合理的と判断する（本人はそう判断しないだろうが）ようなし方で行動している個人自身である。

もしこれが市場の失敗というより「個人の失敗」の事例だとすると，そのことは，政府の介入を直接的に正当化する根拠を提供しない。というのも，個人が近視眼的だとすると，政府もまた近視眼的かもしれないからである。確かに，市場のコンテクストにおいて働いている近視眼的な個人によって決定される生涯所得の分布が，同じ近視眼的な個人が選び，また運営する政府の介入の結果生じる生涯所得の分布に比べて，なお悪いとか，より非合理的だろうという推定は成り立たない。また，もし政府が，近視眼的ではないやり方で行動するとしても，おそらく，そうすべきでないだろう。というのは，選挙民の選好を無視すれば，非民主的でパターナリスティックだということになるからである。

　しかしながら，ここで，哲学者デレク・パルフィット Derek Parfit (1984) による個人的同一性 (personal identity) の性質に関する議論のうちのいくつかが，関連してくる。パルフィットの論文は重厚で，長大なものであり，ここでそれについて十分に論じることはできない。しかしながら，彼の論法のいくつかについての有用な手引きをジョン・ブルーム John Broome (1985) が提供している。ブルームの洞察と私の解釈を結合させると，パルフィットの議論は次のように展開されることになる。我々が，通常，「個人的同一性」の概念を用いるのは，ある時期におけるある1人の個人を，それより後の別の時点におけるその「同じ (same)」人と結びつけるためである。しかし，個人的同一性の概念が，実際に意味することは何なのだろうか。それは，おそらく，個人的同一性という用語の文字どおりの解釈と同じではない。すなわち，第1の時点におけるその個人は，第2の時点における個人とあらゆる点で同一 (identical) だということにはならない。その人は，年を取っているだろうし，外的な要因（収入や家族の中での地位）も変わっているかもしれない。嗜好も，パーソナリティの諸側面も変わっている可能性がある。2つの時点が近ければ，こうした変化の程度や量も少ないかもしれない。しかし，それは，2つの時点が離れれば離れるほど，大きいものになっていくだろう。8歳のこどもの体格，収入，対人関係やパーソナリティを，「同じ」人の80年後のそれと比較してみるとよい。

それでは，個人的同一性が，現実の同一性を意味しないとしたら，何を意味するのだろうか。ブルームが指摘するように，パルフィットの答えは，還元主義的なものである。すなわち，個人的同一性の「事実」は，個人的同一性の概念を用いずに記述できる何らかの他の事実に還元できるというのである。そのような事実とは，パルフィットによれば，主に意図や記憶といった心理学的な種類の結びつきである。例えば，20歳の人は，19歳の時の自己の記憶を持っているだろう。その人の現在の存在のある特徴は，19歳の時の意図と行動によって決まってくるだろう。パルフィットによれば，こうした結びつきが，20歳の人と19歳の人を「同じ」人にしているのである。同じような現象が，先にあげた8歳の人と88歳の人を結びつけていることになるが，この場合には，そうした現象（したがって，そうした結びつき）は，相当に弱いものになる。それゆえ，1年の間隔がある場合に比べると，80年の間隔がある場合には，自己の連続性に基づく議論は，ずっと弱いものになってしまう。

　それでは，このことは，近視眼の議論にとってどのような意味合いを持つのだろうか。要するに，近視眼は，非合理的ではないかもしれないということである。もし人々が，時が経つにつれて次第に弱まっていく結びつきによって将来の自己と関係しているのだとすると，将来の自己を現在の自己より重視しないことは，極めて合理的なことのように思える。そこには，非合理的な意思決定という意味での個人の「失敗」は存在しない。

　しかし，このことは，今度は，市場の失敗の可能性があることを意味することになる。というのは，市場には参加しないが，市場に参加している人の意思決定に影響される一群の人々がいることになるからである。ある個人の将来の自己は，市場の場におけるその個人の現在の意思決定によって直接的な影響を受ける。65歳の人は，25歳の自己が行った近視眼的な意思決定によって，現在貧しくなっているのかもしれない。それゆえ，25歳の人は，その意思決定をとおして費用を65歳の自己に押しつけていることになる。しかし，65歳の自己は，

（3）　このことを経済学者は，外部性（externality）と名づけている。

その意思決定に対して発言することができない。

　個人の将来の自己は，もちろん，現在の自己と結びついている。しかし，個人にとって将来の自己に対する結びつきは，現在の自己に対する結びつきほどには強くない。それゆえ，現時点で市場における意思決定を行うにあたって，個人は，あたかも，将来の自己を別の個人であるかのように取り扱い，将来の自己の利益を十分に重視しないだろう。より明確にいえば，個人は，もし将来の自己が現時点の意思決定の際に存在していたら重視するであろうほどには，将来の自己を重視せず，その結果，個人は，将来の自己に否定的な影響を及ぼすような事態に対応するための貯蓄を十分にしないとか，保険に十分に加入しないなど，現在の自己と将来の自己の間の利益のバランスに関して，「最適（optimal）」とはいえない行動をとることになるだろう。[4]

　しかしここでもまた，このことから直接的に，政府の介入が必ず必要だという結論を導くことはできない。というのは，民主的な政府は，「現在の」個人によって選ばれ，「現在の」個人は，市場における意思決定の場合と同様に，集合的な意思決定の場合も，将来の自己を過度に軽視するかもしれないからである。そうなると，非合理的な近視眼的な個人の場合と同様の事態が生じる。そのため，政府は，市場と同程度に不適切にしか機能しないかもしれない。さらに，その逆に，もし政府が，現在の選好を覆すとしたら，そのような政府は，あまりにパターナリスティックで許容しがたいと見られるだろう。

　しかしながら，厳密にいえば，パターナリズムの議論は，「非合理的な」近視眼の議論と同一ではない。パターナリズムの議論においては，政府が，選挙民の利益が何であるかを選挙民自身よりもよく知っているというパターナリス

（4）　これは，以前の論文（Le Grand 1995）で提示した議論の修正版である。その論文で私は，個人の将来の自己は，ある意味においては，実際に現在の自分とは別の個人だといえると論じた。しかし，ブルームとの個人的な手紙のやりとりから，私は，（1）パルフィットも，現在の自己と将来の自己が，実際に異なった人々であるとは主張しなかったであろうということ，および（2）いずれにせよ，そのような主張をする必要がないことを，確信するにいたった。ここで展開している議論にとって必要なことは，合理的とはいえない理由によって，現在の個人が，将来の自己を，異なった個人であるかのように扱うということだけである。

ティックな主張だけを根拠として個人の近視眼的な選好を覆してしまうということ——そのような手続きは個人から決定権を奪うことにつながる——が問題とされた。しかし，もし将来の自己の不在という議論が受け入れられるならば，個人が将来の自己を他人のように扱っており，そのため，その利益を軽視しているということを根拠に，政府が現在の個人の選好を覆すことを正当化することもできるだろう。将来の自己は，自身の利益に対する権利を，現在の個人と同程度に有しているが，あらためていうまでもない理由により，自分の利益を主張することができないのである。

結　　論

　以上の議論から全体としていえることは，政府が貯蓄や保険に関する個人の意思決定に介入する根拠はあるということである。この根拠は，何らかの個人の失敗に基づくものではなく，さまざまな形態の市場の失敗——第1に，情報の問題。第2に，取り引き費用。第3に，すべての関連する利害，特に将来の自己が市場において代表されていないという事実——に基づくものである。これらの問題のすべては，もし各自の判断に任せられていたとしたら，人々は，貯蓄を十分に行わず，保険に十分に加入しないということを示唆している。したがって，国家が個人の貯蓄を増加させる方法を採用する必要がある。それがどのような形態を取り得るかということは，9章および10章で検討される。

第Ⅲ部 政　　策

7 医　　療

　食物や薬についての人間の抽象的権利を論じたとてそれが一体何の役に立つでしょう。問題はそれらを入手し投与する方法にこそあります。
　　　　　（エドマンド・バーク（Edmund Burke），『フランス革命の省察』[*1]）

　4章で，私は次のような提案をした。もし政策立案者が公的セクターで働く人々の動機の構造をよくわからない場合には「頑強なインセンティブ」の構造を組み込んだ政策立案を考えるべきである。すなわち，ナイトも悪党も共に望む結果に向かわせるような構造である。5章では，利用者は歩ではなくクイーンであるという仮定の下に，公共サービスの利用者に権能を与えるような政策であるべきであると述べた。しかしまた，利用者の情報量の不足や理解力の不足，そして過剰なサービスの利用といった問題も指摘した。つまり，無制限な利用者の選択は常に適切なものであるとは限らない。

　次に本章では，理論的な経済学的な骨の上に，医療や教育を鳥瞰してそれらに特異的な政策を議論することで，経験的な肉付けをしてみた。1章でも述べたように，このような特異性を分析することは重要である。というのは，そうすることによって，研究者は難しい決定をする責任を回避しているという批判を避けることができる。例えば，我々は頑強なインセンティブ構造が必要であるということは比較的容易であるが，具体的にどのようなインセンティブ構造にすべきであるかとか，選択の制限を導入したほうがよいかを具体的に示すことははるかに困難である。

　本章は医療の中で，これらの点が重要な2つの領域，すなわち一次医療と二

〔*1〕　半澤孝麿訳，みすず書房，1989，78頁。

147

次医療のインターフェースと,病院の専門医に対する支払い問題を論ずる。議論はイギリスの制度を中心とするが,論じられる問題や解決策はより広く適用される性質のものである。

一次医療と二次医療

　最近,イギリスのNHSの組織構造に関する多くの議論が,インセンティブ,動機,権限付与に向けられている。[1] NHSで働くエージェントがその資源を使って健康を回復し最良の結果をもたらすようなインセンティブの構造にするにはどうしたらよいだろうか？　患者が選択できる治療法はいくつあるべきなのだろうか？　選択の幅が増えることが最良の健康回復と結果を生み出すのだろうか？　特に,種々のインセンティブが一次と二次医療のインターフェースでどのように作用するべきか？　イギリスにおいては救急の場合を除いて,患者はまずGPに診てもらい,GPはそのインターフェースにおける重要な決定をする役割を担わざるを得ないが,そこにおいてこのインセンティブ構造についてある興味深い実験が行われた。

　NHSにおけるGPは,患者にプライマリーケアを提供するという民間契約者であり,人頭払い方式で政府から支払いを受ける。[2] GPは独立の事業者であるから,彼らの事業は市場の中に取り込まれている。彼らは患者からの支払いではなく政府から支払いを受け,個々のサービスについてではなく人頭払いではあるが,彼らは施設と資材を購入し,スタッフを雇用する。その組織はデリケートで,多くの相克する規範や動機を伴っている。GPたちはまた,できる

（1）　本章の多くはHausman and Le Grand（1999）による。その材料をここで利用することをHausmanが承諾してくれたことに感謝する。
（2）　彼らはまた,特定のサービスに対して支払いを受ける。彼らは実際に私的な契約者としては変わっていて,彼らはNHSの年金に加入している。これらの多くの制度が近々交渉されることになっている新たなGP制度では変更されるだろう。
（3）　Bosanquet and Leese（1989：13）はこれらのインセンティブは弱いのではないかという。しかし,彼らの調査結果は,実際には登録者リストの多さは診療収入の実収入に対して重要な影響を与えていた。

だけ多くの登録を得たいという金銭的なインセンティブを持っている。彼らはまた，彼らの患者に対するサービスを制限したいという悪党的といえるような実質的な利害を持っている。この患者を無視しようとする気持ちは，彼らの患者を失い人頭払いの収入も減るのではないかという（悪党的な）恐れによって多少は拮抗されるが，おそらくより重要なのは，GP として適正な行動を支配する強い規範によって，そして多くの場合に患者との個人的な絆と彼らに対する純粋にナイト的な拮抗する気持を持っていることだろう。

1991年以前のインセンティブ構造

　NHS における GP は医療提供者としてだけではなく，救急の場合を除いて患者の二次医療を制御するゲートキーパーとしても機能している。1991年以前の NHS の準市場改革では，これが非効率的なインセンティブを与えていた。他者が提供する治療費用は GP の負担ではないし，彼らが提供する仕事の負荷量と費用は彼らの負担であった（治療を待つことの費用は患者の負担であった）。そこで，GP は自分で治療するよりも他に紹介することへの実質的なインセンティブがあった。特に患者に対して自分では十分な治療をできる自信がない場合には，この傾向はナイト的な配慮から強められた。ナイト的な動機と悪党的なものとが共に働いていたのだが，それらは必ずしも医療資源を最も効率的に活用する方向，あるいは最良の健康に導くような方向へは作用していなかった。

（4） GP はまた，ケアを必要としないような健康者を得たいと思っている。政府はこの需要の少ない人々を選択したいというインセンティブがあるという認識から，年齢や貧困の程度などの人口統計学的と社会経済学的要因で調整を人頭払いに加えて，これに対抗しようとしている。

（5） GP の診療に新たな機器や高価な新規技術のために投資しても人頭払いの支払い額が増えるわけではないし，時間が経てば節約とか，患者が増えるとかで採算が取れるようになることはまずあり得ないので，この制度は GP 診療へは投資過小になる方向へバイアスとなる。この傾向に対して，施設の改修とか新たな購入，あるいは情報機器の導入に対して，比較的潤沢な補助とかローンといった政策が採られたが，これらはそのような補助を受けた領域（特に土地や施設）への投資の構造を捻じ曲げたことは間違いなかろう。

実際には多くの要因によってGPは過剰に紹介する（かつ過剰に処方する）ことを強いられていた。彼らは地域の専門医にも紹介しすぎだと思われているのではないかと心配していたし，もっと一般的に専門医とは仲良くしなければならないと思っていた。[6]彼らは医師としての実力についての認識があり，したがって紹介を決定するというモデルは，GPとして患者を正しく診療できるのではないかという気持ちと実力を受け入れるという自己評価の間の葛藤である。[7]患者が治療のためにあまりにも長い間待たなければならないのではないかという心配もあった。また，ナイト的な動機は，患者がプライマリーケアの場での治療が最善であるような場合には，必ずしも常に紹介へと向かわせるわけではない。

紹介が間違いなく適切であったとしても，患者が病院など外部の医療資源を使うことを節約しようという関心はほとんどないという問題があった。ヘルニアの手術が必要な患者が何カ月か待つかわりに2，3週で診てもらっても，あるいは下手な外科医ではなく優れた外科医に診てもらっても，GPの収入が増えるわけでもなく，暮らし向きが良くなるわけでもないし，不平をいう患者は厄介だが，病院と専門医と交渉するのも同様に厄介であった。もしGPが単に利己的であったら，このシステムは患者を無視するものだっただろう。さらに，たとえ患者を失う恐れによって利己的なGPがプライマリーケアをサボることを防止したとしても，悪党的なGPは病院と専門医と一緒になって患者の利益を増進しようというインセンティブは比較的少なかったであろう。さらに，GPがナイト的だったとしても，事態はさほど良くはならない。患者とそのGPは，利己的なGPよりもむしろ不要な医療費を増やす方向へより強いバイアスをかけてきたというのが現実であろう。1つの治療法と，それより少しだけ有効だがより高価な治療法の間での選択があったとすると，患者をケアする

（6） 専門医との良い関係は非常に重要だったし，そして今でも重要である（Clemence 1998）。
（7） Dowie（1983）。ここで，すべての紹介が入院のための紹介ではないということは興味深い。例えば，Coulter, Noone, and Goldacre（1989）はオックスフォード地区における紹介の研究で，その28％は単に診断のためであることを見いだした。

GP は費用を負担する必要がないので，より高価な治療を選択するだろう。そして，その選択を提案されれば，患者は同意するだろう。

　要約すると，1991年の改革以前は，NHS は深刻な組織的欠陥を持っていた。GP は，自分が提供するサービスの節約をしようというインセンティブを持っていたが，二次医療を節約しようというインセンティブは持ち合わせていなかった。自分のポケットと他人のポケットのどちらから支払うかという選択を迫られれば，GP は他人のポケットに手を入れるというインセンティブを持っていたのである。そして，GP は彼らが自分のポケットに残されたものに対して個人的にはほとんど権限を持たなかったので，GP にはその資金を注意深く節約しようというインセンティブはほとんどなかった。NHS との一体感と，ある患者への資源の無駄遣いが他の患者への利用を妨げるという認識は，問題をある程度軽減したかもしれないが，この一般的な連帯感が問題を解決すると期待するのは現実的ではないだろう。そのような動機は患者や自分に対するより特定の関心に比べて弱いだけではなく，必要な節約を促進するような情報も組織構造も提供しない。

予算管理医制度

　1991年に，時の保守党によって導入された準市場改革の中で，予算管理医という制度は一部この問題を解決しようとしたものである（Glennerster, Matsaganis, and Owens 1994）。この計画の下では，GP はボランティアとして予算管理 GP になることができた。予算管理 GP になると，薬と一定の入院医療と専門医による医療を購入する予算を与えられた。その治療は主として選択的手術であり，それが二次医療への紹介の約30％を占めた。予算の総額は予算管理医に手を上げる前年の紹介実績によって決められた。

　予算管理医の仕組みは医療の配給（rationing）の新たな方式を生み出した。どんな医療制度においても難しい配給の選択，例えば「ジョーンズ夫人の白内障の手術はブラウン氏のヘルニアの手術よりも重要か？」という選択は分権化され，ジョーンズ夫人とブラウン氏の双方をよく知っており，かつ彼らの利益

を心から願っていると思われる（多くの場合に正しいのだが）GP 個人に任された。もちろん GP による配給は，中央政府の定める優先順位とか首尾一貫性，平等性，公平性といった規範によって制約を受けるが，このように決定を分権化することには非常に大きな利益がある。患者が彼らの GP を信用するならば，サービスを待つことも断ることも，非人間的な官僚機構によって行われる場合よりも，より受け入れやすくなるはずである。個々の患者を熟知していれば，GP は細部にわたって気を配れるが，官僚機構では知ることはできないし，反応することもできないであろう。分権化それ自体が，患者がいろいろな優先順位を持ってやって来るので，柔軟性と患者の選択を奨励する方策なのである。

　しかし，本章の視点からさらに重要なことは，インセンティブの構造の変化があったことである。患者の予後を心配するナイト的な予算管理医は，でき得る限り予算を効率的に使おうとする強いインセンティブを持った。予算は限られているので，予算を効率的に使えばより多くのニーズに対処できた。しかし，利己的な GP でさえも予算を効率的に使おうとする若干のインセンティブは持っている，というのは部分的には彼らを悩ます不平を抑えたいし，また一部には患者の移動があり得るので，最終的には彼らの収入も，病院に対する紹介がうまくいくかどうかも，彼らの診療に対する配慮の程度によるからである。

　インセンティブ構造の大事な要素は，GP は他のサービスに使わなかった資金を自由に自分の診療に使うことができたということである。この余剰は患者の便益のために使われることが想定されていたが，診療への投資はさもなければ自己負担のはずなので，その余剰は当然 GP の収入と快適さの増大をもたらした。楽観論者はこの仕組みは自分で診るよりも他のサービスに紹介するインセンティブを弱めるからいいだろうといい，悲観論者は二次医療への接近性を阻害するインセンティブとなり得ると警告した。しかし，見方を変えれば，その仕組みは GP の診療の費用と外部の医療の費用を分けていた川をつなぐ橋の役割を果たしたのである。もしも GP が余剰を保有できる場合には，外部に患者を紹介すれば，自分で診る場合と同様に費用はかかるが，たとえ GP が利己的であろうが，患者の福利を望む人であろうが，GP はその紹介においても費

用を節約したいというインセンティブを持つことになった。このインセンティブ構造は頑強（robust）になって，ナイトにも悪党にも訴えて高価な診療の費用削減の方向へのインセンティブを作り出した。

　本章の最初に戻ってみると，良い医療政策のデザインとしての必要条件を満たしているということは明らかである。インセンティブ構造は頑強だったのだ。患者の選択については，患者はプライマリーケアの提供者，すなわちGPを選択することができる。そして，二次医療の提供者について，あるいは治療の質および量については直接の選択権はなかったが，彼らは自分たちのために選択をしてくれるエージェントを選ぶことができたのである。さらにまた，これらのエージェント，すなわち予算管理医は，決められた予算を持っていたので，彼はある一部の患者によって過剰な消費をされないようにするインセンティブを持っていた。

予算管理の実態

　医療の準市場は，特に購入側で次第に発達した。特に予算管理は全体的には周辺的な活動からステージの中央に躍り出た。1997年に保守党が政権を失った時までには，半数以上のGPが予算管理医として働いていた。残りのGPの多くはいわゆる介入グループ，すなわち予算は管理しないが，地方医務局の購入決定に対して助言をしたのである。予算管理の制度はいろいろな管理のレベルが許されていた。1つの極としては小さな診療所はコミュニティ・サービスのみを購入することが許されていたが，もう一方の極として「包括購入パイロット」が導入されて，それらは1つあるいは複数のグループ診療からなっているのだが，彼らは事故や救急も含めてすべての二次医療を購入することができた。

　では，これらの制度の効果はどのようなものであっただろうか？　いくつかの逸話として残るような無駄遣いがあったが，実際には予算管理の余剰は少なくて，それも専門医療の不足が原因であり，余剰を個人的な利益のために用いたいというより，年度末に資金が足りなくなるためにその資金を割り振りすることで終わっていた（Goodwin 1998）。実際に，多くの場合これらの資金は次

年度の待ち行列を減らすために使われていた。

さらに重要なことは，治療の質の向上が見られたことである（Glennerster, Matsaganis, and Owens 1994; Goodwin 1998）。予算管理医はそうでないGPよりも外部のサービスを多用していた。彼らは患者をより早く入院させていたし，待ち時間を著しく短縮させていた（Dowling 1997; 2000; Propper, Croxson, and Shearer 2002）。彼らは予算管理医でない医師よりも薬代を抑えていた（Harris and Scrivener 1996; Goodwin 1998: 45-8）。実際，全体的に見て，予算管理医はそうでない医師より，病院の反応性（responsiveness）をうまく引き出していた。しかしながら，患者の選択性（choice）を増やしたという証拠はない（Fotaki 1999）。

予算管理によってもたらされた質の向上が，それによって生じた費用増大との比で上回ったか（したがって効率の向上につながったか）はわからない。また，予算管理医制度が比較的うまくいったのは，通常の予算よりも潤沢に予算を与えられたからではないかという反論がある。しかし，そうではなくて，最も信頼できる証拠は，資源が増えたからではなくて，実際に彼らの購入する能力が成功に導いたことを示唆している（Dowling 1997; 2000）。

予算管理医制度に期待されたことの1つは，入院するよりも病院外で患者を治療したほうが安い（かつ，多分間違いなくより効果的である）こと，したがって病院への患者紹介を減らすことであった。これが本当にそうだったかという証拠はまちまちである。初期の研究結果はそうではないということだった（Goodwin 1998: 48-50）。しかし，最近のマーク・デュシェイコ（Mark Dusheiko）らの精巧な研究結果は，予算管理は病院紹介を減少させたし，しかもそれはかなりの量だとした（Dusheiko et al. 2003）。もちろん，紹介率の減少が医療の質に正あるいは負の差をもたらしたかどうかは議論が残る。しかし，我々の関心はこの点にあるのではなく，予算管理制度が持っている経済的なインセンティブ構造が医師の行動を実際に変えたかどうかにある。

インセンティブ構造がGPの行動変容をもたらすという見方を支持するブロンウィン・クロクソン，キャロル・プロッパとアンディー・パーキンス

Bronwyn Croxson, Carol Propper, and Andy Perkins（2001）の興味深い研究がある。この研究は，潜在的な予算管理医のゲームを作成して，予算管理医はそれになる前年は（初年度の予算はその年度の紹介の実績によるので）より多くの予算を得るために紹介率を増やすが，予算管理医になった後には紹介を減らすことがわかった。

結局，クリーム・スキミングが起こる証拠はほとんどなかった。つまり，予算管理医が予算を保持するために簡単で治療費の安い患者を慎重に選択するという証拠はほとんどないことがわかった，ということは特記するに値する（Scheffler 1989）。予算管理がこの種の選択をするインセンティブが与えられたとしても，なぜそれが現実に起こらないかは直ちに明らかにはならない。それはナイト的動機からかもしれない。あるいは逆に，クリーム・スキミングが起こらないということは，非常に高価な診療にかかる余分な費用については予算管理医の責任ではなくて別の「保険制度」があるからかもしれない。つまり，そのような患者を排除しなければならないインセンティブを有意に減少させているかもしれないからである。

総じて見ると，予算管理医に対する頑強なインセンティブ構造はGPの行動を変容させ，確実な便益をもたらした，と見ることができよう。GPに対する以前のインセンティブ構造の中には，ナイト的と悪党的な動機をともに働かせる頑強な要素を持っていたが，プライマリーケアと二次医療の予算が分離していることからくる好ましくない結果をもたらしていた，まさにこの点を改善したのである。ここから学ぶべき1つの点は，インセンティブが頑強であるということだけでは不十分であり，それは適切な予算制度と結びついていなければならないということである。

プライマリーケア・トラスト（Primary Care Trust）

最後に，予算管理GPのインセンティブ構造とその後継者である。Primary Care Trust（PCT）とのそれを比較しなければならない。労働党政権が1997年に政権の座についてから，内部市場は公式には廃止された。購入者と提供者

第Ⅲ部　政　策

の分離は維持されたが，今や競争的ではなく，協働の関係が強調されている。しかしながら，最終的には購入者は提供者を変更できる。新たな購入者が導入され，プライマリー・ケア・グループ（Primary Care Group, PCG）と呼ばれたが，これは近くPCTに発展することになっている〔*2〕。

　今や，PCTが実施に移された。PCTは独立のトラストであり，直接プライマリーケアとコミュニティケアを提供し，入院および専門医のサービスを含む他のサービスを購入する。それらは政府によって予算が与えられ，NHS予算の75％を取り扱う。すべてのGPはPCTに加入することが必要である。それらは地理的に定められて，しばしば多くの人口（35万人またはそれ以上）を単位とする。

　PCTは予算から捻出した余剰を自分たちで保持することができる。これらはPCT自身と個々のPCT内の診療所間で分けて使うことができる。PCTはその使用についてはかなりの自由度を与えられており，唯一の制約といえば，それは「プライマリーケアを発展させるために……戦略的に使わなければならない」ということだけである（UK Department of Health 1998a : 23）。一方，診療所はもっと制約があり，余剰はあらかじめ定められた活動のみに，すなわち患者の診療用の機器とか，診療所の土地建物への投資，非常勤スタッフの費用などにしか使用できない。PCTと診療所間の配分については一定の基準はなさそうである(8)。

　PCTは予算管理GPの置き換えだろうと思われるが，確かに多くの点でそ

〔*2〕　すでにすべてのPCGはPCTとなっている。
（8）　政策立案の途中では保健省通知としての案があった（Department of Health 1998b : 24-6）。この制度案では，それぞれの診療所は，当該地域での二次医療の利用度を基礎に計算された二次医療のための「予算配分」が与えられる。もし，その配分以下に抑えることができた場合には，最初の1万ポンドについては全額，次の7万ポンドについてはその半額で，残りの半額がPCTに与えられ，そして8万ポンド以上では配分はないと定められていた。したがって，余剰から得られる最大値は4万5千ポンドということになる。PCTが全体として赤字になった場合には診療所のすべての余剰全体からその赤字の埋め合わせに使われる。しかし，診療所はその配分割合を保持できる。しかし，私の知る限りこの案を実施したPCTはない。

の継承者と見ることができる。事実，それらは包括購入パイロットと多くの点で類似している。すなわち，上述したように予算管理グループは登録者に対するすべての病院および保健サービスのための予算を与えられた（Mays et al. 1998）。したがって，予算管理医のインセンティブに関する議論はPCTにも持ち越される。しかしながら，そのインセンティブ構造はいくつかの重要な点で異なっており，特に余剰の配分と外部環境において異なっている。

　もしも，PCTに属するGPたちの最大の関心事が所管のすべての患者の健康を増進することにあると仮定すると，PCTは余剰の分配とは無関係にそれらの資源を効率的に使うというインセンティブを持っていることになる。特に，それが二次医療の購入であろうがプライマリーケアへの投資であろうが，それぞれへの配分の限界的な健康利得が等しくなるように予算配分が行われるだろう。原理的にはPCT制度では，一次，二次，そして保健サービスまで含んだすべての資源が同一予算の下に入るので，予算管理医制度よりも効率的であり得るだろう。それに比して予算管理医制度においてはプライマリーケアと二次医療と保健サービスがそれぞれ別予算であって，二次医療の予算は大抵の場合には高額医療を含んでいなかった。さらにPCTは，あるGPは予算管理医で，あるものはそうでないという不平等をなくすことになった。

　しかしながら，ナイト的なGPでさえすべての患者の福利を偏らずに望むという動機は持っていないかもしれない。医療の実践と個人的な愛着の双方を支配する規範は，彼らの患者を他の患者よりもより心配するようにするかもしれない。だとすると，たとえ物的な自己の利益を望まなくても，PCT内のGPには利害の摩擦があり得るだろうし，これが他者の活動にただ乗りしようとするGPとの間で問題を引き起こす可能性がある。これはもちろん純粋に利己的なGPにおいてより強いだろう。

　しかしながら，余剰を分け合うことに伴うインセンティブの構造は，ナイト的であろうが悪党的であろうが，両種のGPに対して作用するだろうから，全体としてPCTと関心を共にするGPに作用することになろう。もちろん，いくつかの問題は残るだろう。最もうまくやっている診療所は彼らが残した余剰

をすべてもらえないということに憤るかもしれないし，特にもしそれが他の赤字を埋めるために使われるとしたらそうかもしれない。やる気のない診療所は彼らの赤字が出てもただで埋めてもらうようになるかもしれない。起こってくる不一致の裁定をしたり，摩擦を最小化あるいは解決するための管理組織を導入したりする資源は，患者の診療に用いられるわけではないが必要な資源である。

　しかし，全体的に見て，このインセンティブ構造はメリットがありそうである。しかしながら，外部状況は満足できないもののように見える。一般的に利己的なGPからなるPCTをして，患者のケアの費用を犠牲にしてまで余剰を生み出すようにさせるものは何なのだろうか？　予算管理GPにあった，そのような行動に対する外からの負のインセンティブはPCTには存在しない。予算管理GPは，PCTと異なり，彼らの患者を他者に奪われる危険性があった。PCTは定められた地域のすべての人口をカバーするため，患者は受ける診療（あるいは受けられないこと）に対して不満がある場合には，ただ不満をいうことしかできないことになる。5章で議論したアルバート・ヒルシュマンの言い方の中に，「彼らは発言することはできるが，離脱することはできない」とある。現実には予算管理医に登録した患者がこの登録を取り消してほかにかわるという例はまれではあるが，GPはその可能性を意識しており，GPの利己心と患者の利益と一致させる効果があったことは間違いない。

　この離脱する選択がないということは，一部政府の評価機関によって言及されている[9]。しかし，ここで政策の動機への影響力が重要となる。強い動機と失敗したら罰を受けることへの恐れが，間違った方向への動機づけ，すなわちより大きな利己的方向へ傾かせるかもしれないということである。もし，まるで結果を出すように鞭打たれる必要があるかのように扱われたら，人々はその必要があるがごとく振る舞うかもしれない。我々が先に見たように，罰の恐怖は，憤慨とやる気を減じることで，それまではボランタリーな活動だった活動を堕

（9）　現在はThe Commission for Health Improvement；近々The Commission for Healthcare Audit and Inspectionとなる。

落させかねないのだ。それはごまかしや回避技巧を発達させ、その結果、患者にとっての重要性とは関係なく、監視されていないことを犠牲にして監視されていることに集中させることになる。

　この解約がないことに対処する代替的な方法は、ヒルシュマンの言葉を借りれば、患者の不平申し立ての手続きに頼ることであろう。しかし、3章でも述べたとおり、これらは動機を変えるのには鈍感な方法である。それらはエネルギーを必要とし、有効にするためにはコミットメントが必要である。そして、それは防衛反応を引き起こし、かつ不平を述べられる側の苦悩を引き起こす。不平をいう患者は必ずしも不平のすべてを持っているわけではないし、医師と患者間の敵対的な関係は、特に訴訟になる可能性がある場合には、高価で非効率的な防衛医療に導くのである。

　全体として、ここにPCTの最大の弱みがあると見るべきである。概して利己的であるPCTが彼らの患者に対して主として説明責任を明確にするための方法が、非効率であり、かつある種の利己心をさらに励まして問題を引き起こす可能性がある。解約の選択、すなわち患者が自分の予算管理医を選択できたように、自分のPCTを選択することを許したほうがよい。[10] これはPCTがクリーム・スキミングをする可能性があるのは明らかであるが、PCTから人々が離反することを制限して予防する可能性もあるだろう。

病院の専門医への支払い

　英国のNHS病院の専門医は、現在は1週に何単位働くかによって給料として支払われている。しかし、彼らが1週のうちもっと短時間働きたいといえばそのように働くことが許され、その分私費での医療を行うことができ、その場合は出来高で支払われる。他の国においても同様の制度がある。

　そのようなシステムは、少なくとも公共サービスという視点からすると、ひ

（10）　内部市場の最初の設計者で経済学者のAlain Enthoven（1999）が示唆したとおりである。

ねくれたインセンティブを作り出す。これは特に医師が私的医療においては出来高払いで支払われ，公的セクターではサラリーで支払われるときに起こることである。だから，英国の専門医は手術が必要な患者に出会うと私費にしませんか（go private）と誘う（悪党的）インセンティブを持つことになる。なぜならば，もし患者が公的医療にとどまっていれば余分な収入なしで手術しなければならないのに，私費になれば専門医はその支払いを受けられるからである。患者に私費医療に行くように勧める最良の方法は公的医療の長い待ち時間である。そこで，政策の目的が公的医療の待ちをできるだけ短縮することであるならば，公的医療と平行してある私的医療の存在が，その政策目標を達成するための妨げとなっているのである。(11)

　これは正すことができるのだろうか？　これらの問題を克服する頑強なインセンティブ制度は考えられるだろうか？　もし，サラリーだけで支払われるのではなく，基本的な量の診療を超える分については，それらの医師は公的医療の患者の治療についても出来高払いで支払われるとする。そこで，例えば基本診療量以上のそれぞれの患者については，彼らは現在の私的診療料金の80％を得られるとする。余分の手当ては現在の給与構造に上乗せしてもよいし，その一部を置き換えてもよい。なぜ80％であって，100％でないのか？　それはナイト的な動機の要素を残しておくためである。この制度下で公的医療を選択することによって，医師は余分に働かないよりも豊かになるから，より一生懸命働くことから直接利益を得ることになる。しかし，彼らは私的医療でもっと良い料率で働かないことによって犠牲を払うことになるから，ある程度の機会費用を支払えば，公共サービスの目的に沿うことになる。これは4章で主張したナイト性に訴える政策の特徴である。そうすることによって利他的ならびに利己的動機の双方が同じ方向へ働くことになるだろう。

　支払方式をこのように変えることは患者の立場を強化するだろうか？　ある

---

(11) これは理論的な危険ではない。これらのひねくれたインセンティブは専門医の医療の優先順位をゆがめている。例えば，UK Audit Commission（1995）は私的医療を行う上位25％専門医は他の同僚よりもNHSの仕事ははるかに少しかしていなかった。

意味ではそうなるだろう。というのは，例えば，出来高払いのものとでは，サラリーの場合と違って，専門医の収入は彼らが患者に提供したサービスの量によるだろうから，専門医は患者のニーズや願望に応える，あるいは予算管理制度の下でもそうであったように，プライマリーケアの医師によるこれらのニーズや願望に応えようとする，直接的なインセンティブを持っている。

しかし，危険もある。出来高払い制度の下では経済学者がいうところの医師誘発需要を助長する可能性がある。すなわち，医師は患者が必要とする以上の医療を受けることを勧めるという，悪党的なインセンティブを持っていて，患者に対して彼らが自分の実際のニーズを知らないことを利用して，患者に圧力をかけるのだから患者は抵抗しにくいだろう。しかし，システムがナイト的動機の余地を与えれば，この傾向にブレーキをかけることになろう。加えて，システムがプライマリーケアの予算管理と組み合わされれば，これはさらなる抑制装置となるだろう。なぜならば，プライマリーケア GP は厳密に必要な医療のみを承認するという強いインセンティブを持っているから，需要に見合った費用はその予算内に納まるであろう。

これに対して他に2つの反対意見がある。第1は，この制度には基本的な仮定がある（プライマリーケア予算管理制度については前章で議論した）。すなわち，医師の行動は経済的支払い制度に反応する。これは論証できるだろう。実際に，経済的なインセンティブが医師の行動に影響を与えること，さらに期待されたとおりに反応するという，圧倒的な証拠がある（Chaix-Couturier et al. 2000 ; Rodwin 1993）。

第2は，私的医療に専門医が不足すると私的医療の料金が高騰しかねない。その結果，もし支払いの80%に抑えられていれば，その結果としてその制度では，私的医療はさらに高騰することになるだろう，というものである。しかしながら，私費の価格を高いところに設定すれば，自己破壊的となることは明らかだから，私費の料金を上げるのを思いとどまらせるであろう。さらに，保険料率と自己負担も上がらざるを得ないので，私費医療は料金を上げることができるのは一定の範囲にとどまるだろう。

第III部 政　　策

結　　論

　本章は公的資金による医療政策においても，専門医に対して頑強なインセンティブを与え，患者の権限をある程度強化する方向へ持っていくが，患者の際限のない選択の問題を解決できる政策を策定することが可能であることを示した。予算管理を専門職に許して余剰を患者のケアの改善のために使えるような仕組みとか，あるいは専門医に出来高払いで支払うとしても，代替案と比べてある程度の犠牲を伴うような料金であれば，ナイト的動機と悪党的な動機を統合することができるであろう。病院の専門医に対する出来高払いと，プライマリーケアの予算管理を連結すれば，患者の身近で診療の決定が行われるようになる。それと同時に専門家の知識と熟練した技術を活用することができ，意思決定の自分の機会費用を持つ専門家と対抗することができる。もちろん公的医療制度の設計にはいろいろな方法があるだろうが，このような諸点を組み込んだもの，あるいは少なくとも動機と行為主体の問題を正しく説明できるような特性を備えたものが，専門家を適切に動機づけし，患者を満足させることに成功し，それがない場合と比べて最終的にはより良い医療を創造できる可能性がある。

8　学校教育

校長たちは首相も得たことがないような幾多の権限を持っている。
（ウィンストン・チャーチル（Winston Churchill），*My Early Life* より）

前章では，医療の利用者と専門家がバランスの取れた意思決定ができるような良質なサービスを専門家が提供するようにする政策設計について議論した。本章では教育についても同様な作業をする。医療と教育は基本的には類似しているが，さらに詳細な点では異なるところがある。再び，本章でも英国の例を中心にするが，議論される考えや政策はより一般的な適用が可能である。

初等教育

1章で述べたように，イングランドとウェールズの国の教育制度は，医療と同様に1980年代後半に組織改変を経験した。それ以前のイングランドとウェールズの学校教育システムは命令と統制および専門家への信頼に頼ったものであった。学校が所在する地方政府が，域内のすべての学校の予算と入学を所管していた。予算は基本的には過去の実績を基礎として，入学は地方政府の設定した基準に基づいて決められていた。予算の使途についてはほとんど柔軟性がなく，クラス分けについてもほとんど裁量の余地がなかった。一方，教育内容と方法にはかなりの自由があった。両親の選択は極めて制限されており，こどもがどの学校に入るか，そこで何を教えられるのかについてはほとんど選択の余地はなかった。

動機と行為主体の構造は，そのようなわけでナイトと歩の組み合わせであった。校長とそのスタッフたちはこれらの決定を受け入れるという意味では歩の

ようであり，カリキュラムと教育方法を工夫し実行するという点ではナイトだと仮定されていた。本質的に悪党の校長やそのスタッフたちは誰でも，この状態を自分たちの利益のために悪用することは自由にできた。たとえ人々がナイトであったとしても，利用者の関心には煩わされずに，ナイト的行動を思いのままにできた。利用者は，この場合親とこどもだが，本質的には歩で，校長や行政に苦情をいう「発言権」を行使する場合は限られている。最終的には学校は予算に関する権限はないので，ナイトも悪党も資源の効率的な使用には関心がない。

　1988年にサッチャー首相の保守政権による「教育改革法 (Education Reform Act)」以降，このすべてが変わった[1]。いわゆる MLS (Local Management of Schools：地域教育管理局) イニシアティブの下では，学校の予算やその他の重要な意思決定の責任は，地方政府から学校自身に移された。スタッフの人数も構成も学校の運営組織が決めることになり，校長も含めて採用も罷免の決定の責任も与えられた。もしも，学校が望めば，全面的な地方政府による管理を選択することもできた。学校は予算の剰余を，スタッフの雇用や施設の改善に用いるのであれば，それを留保することも可能となった。

　この新たなシステムの下では，学校の予算は，生徒の年齢別の人数単位で予算が決められるので，主として募集した生徒数によって決まる。親はこどもを入れる学校を，少なくとも理論上は選択できる。すべての学校は，宗教や特殊なものを除けば，物理的に収容可能な限り生徒を受け入れなければならない。しかし，それを超えて過剰な応募があった学校は合格基準を公表しなければならない。最も多く採用されている基準は，地理的（自宅から学校までの距離），兄弟の関係（兄弟がすでに学校に入っている），あるいは医学的なものである。しかし，一部は成績による選考も許された。

　現実には，この一連の仕組みは教育のヴァウチャーシステム同然のものである。このシステムの下では，親はこどもの教育のために「選んだ学校にヴァウ

---

(1) より詳細には Barrow (1998), West and Pennell (1997 ; 1998) や Woods, Bagley, and Glatter (1998 : ch. 1) を見よ。

チャーを提出し、学校は当該の行政の教育部門からそれを現金で払い戻しを受けることになる。したがって、ある学校が集められる資金は親の選択に依存することになる。少なくとも理論上は、親はこどもの学校を選択でき、お金がそれについていく。生徒をうまく集められた学校は繁栄して、できなかった学校は衰えていく。

これらの親の選択を奨励する変化に加えて、親が情報に基づいて選択できるようにするための情報システムがつくられた。7歳、11歳と14歳の児童について、学校ごとの評価結果が公表された。各学校の16歳（GCSE）、18歳（A-level）の時点での国家試験の結果も公表された。[*1]

これらの変更は、頑健なインセンティブを持ち、権限を与えられた人の動機の構造に大きな変化をもたらした。親の選択が駆動力であった。競争があると、主として悪党的な関心に動かされる校長とスタッフの学校は、親と生徒の要請に応えてその学校に来てもらおうというインセンティブを持つことになる。なぜならば、そうすればさらに資源を確保でき、おそらく社会的地位も上がり、したがって自己の利益にもつながるからである。さらにまた、彼らは余剰が出るように効率的に運営をして、その余剰で施設の改善をすれば、彼らの職業生活はさらに快適なものになるし、彼らの仕事を減らすためのスタッフを増員できるかもしれない。しかし、ナイトによって運営される学校は、生徒と親により良いサービスを提供するために余剰を生み出そうとするだろう。利他的であり、利用者によって表現されたニーズやウォントに対応しようと思っている教師の場合は、これは特に当てはまる。他の種類のナイトも生徒を集めたいと思っているだろう。なぜならば、学校が経営的に成り立てば彼らはナイトとしての関心を実践できるからである。

1997年に労働党が政権を取ったが、これらの仕組みはほぼそのまま残され

[*1] The General Certificate of Secondary Education の略。いわゆるAレベル（Advanced Level の略）が大学進学資格の試験であるのに対して、これは従来のOレベル（Ordinary Level の略）を改変した14—16歳を対象とした学力テスト。1986年発足以来しばしば改定が加えられてきた。

た。ハワード・グレナスター Howard Glennerster (2002:126) は,「サッチャーの教育改革は残され,むしろどちらかといえば強化された。より多くの予算が学校に委譲された。実績評価や結果の公表も継続された」と述べた。これは労働党が怠慢なわけではない。グレナスターは,1997年から2001年までの学校教育について主な16の政策の怠慢をあげたが,それらはいずれも準市場改革の後退ではない (Glennerster 2002: Annex 1)。実際にそれらの内のあるものは,Fresh Start programme のような,ダメな学校を閉鎖して,同じ場所で新たに発足させるような,準市場の働きを促進するためのものである。その他は,Education Action Zones(社会経済的に疲弊した地域において,地域の企業などと協働して就学の障害を取り除こうとする学校群)のような準市場に非競争的なものを持ち込もうとしたり,小学校における数量的思考能力と読み書き能力育成の時間〔Numeracy and Literacy Hour〕(読み書き能力や数的処理能力を時間外に特別に教育することを義務づけた)のような命令と統制の政策を持ち込もうとしたものである。

成　績

準市場はどのように機能したのだろうか？　アン・ウェストとハーゼル・ペンネル Anne West and Hazel Pennell (2000) の初期の研究では,GCSE と GNVQ〔*2〕(ほとんどの生徒が16歳ごろに受ける国家試験)の平均点数は1992年3月から1996年7月の間に上昇した。平等の観点から興味深いのだが,10区分で最上位の点数は7％上昇したが,最下位のそれでは13％低下した。この期間,全体では GCSE と A レベルの成績は着実に改善していた。しかし,これらの傾向は1970年代から現れてきており,また評価の基準が変化してきたことによるのではないかという反論もある (Glennerster 1998)。

〔*2〕　General National Vocational Qualification の略。アカデミック要素の高い GCSE に対して,広範囲の職業的知識や技術を学ぶのが GNVQ のカリキュラム。教科はビジネス学,旅行観光学,エンジニアリングなど,実務的な要素が強い。

我々の目的にさらに役立つ研究としては，グレナスター Glennerster (2002) によるものがあり，それは7歳，11歳，14歳，16歳のすべての生徒が受ける新たな国家試験の成績を用いて，準市場の効果を評価したものである。彼の結論は衝撃的であった。第1に，イングランドにおいては定められた学力水準に達している生徒の割合は試験導入の初年度の1995年から2001年までの期間で確実に増加してきており，特に小学校の最終学年では増加した。改善で注目に値するのは，例えば小学校最終学年における算数の成績で，要求以上のレベルに到達した生徒の割合は1995年の45％から，2001年には70％にもなっていた。この結果は，1995年以前の30年間に中学校の児童の数学の成績が改善しなかったという事実と比べられなければならない。第2に，これらの改善は良い学校群に限られてはいないということである。事実，最下位の成績グループに属する学校群が2001年までに最も大きな改善を見せた。裕福さの地域差についても同様の結果であり，最貧地区の学校が裕福な地域との差を縮めている。

これらの結果の考察には若干の注意が必要である。受験対策の教育の結果だという話もあり，そうだとすると結果はまさに偽ものということになる。ダラム（Durham）大学の未発表のデータによると，1999年から2001年の間で6人の生徒の読解力にはほとんど変化がなかったし，1997年から2002年の間でも語彙の変化はなかった。しかし，彼らは読解力だけを見ており，国家試験は書く能力も見ている。さらに同研究チームは1997年から2002年の間で，理科で5％，算数で9％の改善があったことを見ている。[2]

準市場が好ましくないのは，前述した「クリーム・スキミング」が起こる可能性があることである。応募者が募集人数を上回った場合，クリーム・スキミングによって，潜在能力の高い生徒を選抜することができれば，学校は比較的安い費用で学校の成績を改善することができる。[3] クリーム・スキミングの問題点は，分極化と能力による差別であり，その結果能力のある生徒が成績の良い

---

(2) http://cem.dur.ac.uk/pips/StandardsOverTime.asp
(3) 学校が選別するいろいろな方法とその結果の詳細については West, Pennell, and Edge (1997) を見よ。

学校に集中し，能力の低い生徒が成績の悪い学校に集中することになる。

準市場の結果に関するいくつかの研究のリビューでは，クリーム・スキミングは実際に広がりつつあるというものである（Whitty, Power, and Halpin 1998）。中でも注目すべきはシャロン・ゲビルツ，スティーブン・ボールとリチャード・ボー Sharon Gewirtz, Stephen Ball, and Richard Bowe（1996）のものである。彼らはロンドンの準市場の進展を観察し，学校が有能で，やる気のある学生を求めており，女子については中産階級，南アジアの出身者を好んでいることを示した。しかし，彼らは有能でない生徒が不利な扱いをされていることは示さなかった。また，入試の選抜方針にもあからさまなクリーム・スキミングはなかったが，狙いとする社会階層（social targeting）について，中流のより有能な学生を求めるといった記載はあった。また，地域社会や家族に開かれた学校であるとか，彼らの責任感などを強調していることは見受けられたが，それがどれだけ準市場の導入の影響であるかについては，研究者は言及してはいない。

スティーブン・ゴラードとジョン・フィッツ Stephen Gorard and John Fits（1998a, b）は，1991年から1996年までのウェールズで，無料の給食を受けている生徒の割合を調べて，当初は社会的差別が増大した（つまり，学校間で，無料の学校給食の受給者の割合の差が広がった）が，その後この差は減少したという。彼らは，この差の減少は一種の追いつき効果であるとした。つまり，中産階級の家族はより貧しい階級よりも準市場の変化に素早く反応したため，当初の差が拡大したが，より貧しい階級も次第に新たな自由を用いてこどもたちを成績の良い学校に入れる術を学んだのだという。

フィリップ・ノーデン Philip Noden（2000）は，1994年から1999年までのイングランドの中学校における差別を研究して，ゴラードとフィッツたちと違った結果を報告した。彼は2つの指標を用いたが，1つはゴラードらと同じもので，もう1つは差別指標（isolation index）というものを用いた。後者は，無

（4） より新しい考察は Perri 6（2003）を見よ。

料の給食受給者の割合であるが，受給資格を重視したものである。そして，この期間においては2つの指標とも，自治体ごとに差があり時間経過にもばらつきがあるが，差別は拡大していたとした。ノーデンは，ギブソンとアスタナ Gibson and Asthana のコメントに従って，彼の指標は欠点があることを認めており，ゴラードとフィッツに対する批判は，受給資格を用いたことにあるとした。なぜなら，後者は基本的な分布に変化がなくても，経済動向で変化するからである。[5]

　そんなわけで，クリーム・スキミングに関する研究結果は一様ではない。しかし，上で要約したグレナスターの集計データに立ち戻って見ることは意味があるだろう。なぜならば，彼が注目した改善は貧しい学校（それが成績に基づくものであろうが，所在地域の貧困に基づくものであろうが）についてであることに注意すれば，良い学校についても同様に当てはまるだろうからである。クリーム・スキミングが教育効果に深刻な影響を与えるとしたら，このようなことはあり得なかったであろう。

　統計上の詳細な点については疑念があるとしても，ここ10年の間にイギリスの学校教育に何がしかの改善があったことは否定しがたいだろう。この10年は，準市場改革と頑健なインセンティブが導入された後のことであり，一見してこの改善がその変化によるものだとすることは合理的なように思われる。しかし，これは正当化できるだろうか？　これらの変化はこの期間における教育に対する公的支出の増加に基づくものかもしれないし，その他の政策変化，つまり算数や国語の時間数の増加，あるいは「教育標準化対策室（Office for Standards in Education＝Ofsted）」の管理の成功によるのではないだろうか？

　グレナスター Glennerster（2002：122-4）は資源の問題を検証して，小学生のレベルでの生徒1人当たりの教育予算はこの期間中ではほんの少しの伸びであり，中学生ではほとんど変化はなかったこと，全体として公的教育費用のGDPに対する割合は減少していることを示した。したがって，この期間中の

（5）　Gibson and Asthana（2000），Gorard（2000），Noden（2002）。

成績は改善しただけではなく,たとえ資源の増加があったとしてもそれはごく少ない増加で達成できたのだから,資源の利用効率も増加したことを示すとした。

この成績と効率の向上が準市場のためなのか,それともその他の政策のインセンティブのためなのかは,さらに難しい問題である。これまでに標準化機構の系統的な評価は行われていない。これまでの評価といえば,両親は機構についてどう思うか,校長や教師はどう感じているかといったものであり,結論は,それが学校の発展を助けることに寄与しているとは思わない[6],というものであったが,結論といえるようなものではない。また,算数と国語の時間数の増加の影響評価も系統的なものはなく,その影響は大きかったという印象も否定しがたい。また,準市場が行動に及ぼすと思われる機序は両親による学校の選択をとおしてであるが,両親がより良い教育を求めて,実際にこどもたちを転校させた証拠もない。

しかし,両親が単純にこどもたちを移動させる必要はない。単に選択の可能性があり,実際そうするかもしれないという恐れだけで十分であり(これを「競争可能性(contestability)」という),特に同機構からそのような情報が提供されたり,試験の結果が公表されるような状況下では,それで十分である。また,教師たちは成績比較表の下の方に位置することが嫌いであり,それ自体が成績を向上させる圧力となる[7]。

もちろんほとんどの親は選択の可能性があることを知っているし,良いことだと考えている。ペリPerri 6(2003)による国内および国際的な実証研究に関する詳細な考察によれば,「この仕組みに対して,親は好意的であり,人々の満足度も高い結果であった」という。

競争が効果を表す確かな仕組みであるかどうかはどうであれ,学校の実績に関するミクロな調査結果は,少なくとも効率の改善は,ある程度準市場による競争圧力の結果であるとしてよいものである。スティーブン・ブラッドレー,

---

(6) 実証結果はPropper, Burgess, and Shearer(2002)にまとめられている。
(7) この点に関してはWill Cavendish(私信)に感謝する。

8　学校教育

　ジェレート・ジョーンズとジム・ミリントン Stephen Bradley, Geraint Jones, and Jim Millington（2001）は，1993—97年のイングランドの中学校の成績を調べた。彼らは学校の実績を2次元の「出力」，すなわち試験の成績と出席率で調べた。彼らは，各学校の効率性を比較するために，これらの出力をいろいろな入力の指標，すなわち無料の給食需給資格者の率と有資格の教師の率などと比較した。これらの相対的な効率のスコアを学校のもろもろの特性や地域性や生徒1人当たりの予算額，生徒1人当たりの教師数，学校の種別，性別の構成（共学，男子校，女子校），地域の失業率，専門職・管理職の割合と比較した。それらは最終的には，半径2キロメートル以内の異なるタイプの学校数で測られた競争の程度の指標と相関していた。

　この研究の結論は極めてはっきりしたものであった。学校の相対的な効率は，直面する競争の程度と直接的な相関があった。競争の程度が激しければ激しいほど，学校は効率的であった。さらにまた，その影響の強さは準市場の進展に伴って強まっていた。競争はその期間にわたって効率の向上を刺激していた。つまり，競争が大きければ大きいほど，変化の速度も速かったのである。

　ブラッドレーはさらに議論を進めた。ジム・テイラー（Jim Taylor）と共に，彼は学校の悉皆調査である実績表（School Performance Tables）と，青年コホート研究（Youth Cohort Study）とを用いて，準市場が学校の試験の成績（配分効率の指標として）とスタッフ当たりの試験成績（生産効率の指標として）に与えた影響を調べた（Bradley and Taylor 2000）。その結果も，影響する可能性のある変数を調整しても，両指標に対して競争の明確な正のインパクトが証明された。他の複数の研究も，直接的な証明ではないが，競争の結果により成績は改善したとしていた。フィリップ・ウッズ（Philip Woods），カール・バグレイ（Carl Bagley）とロン・グラッター（Ron Glatter）は，1993年から1996年の期間で3地域の11校について調査した。彼らは校長，教師，事務長，管理当局者，父母らに面接調査を行い，「ほとんどの学校で教育内容の焦点が絞られて，……さらに教育の権威が重視されるようになった。この傾向は競争の少ないイースト・グリーンバル〔East Greenvale〕校〔調査校の1

つ〕ではひどく不明確だったことには意味がある」とした（Woods, Bagley, and Glatter 1998 : 162)。

効率に関する研究でも，スティーブン・ブラッドレーとジム・テイラー Stephen Bradley and Jim Taylor（2000）は上述した論文の中で，準市場の選抜の結果を分析し，試験の結果の良い学校は（無料の給食受給権者の割合で見た）貧困層からの生徒の割合が減少していたが，試験成績の悪い学校はその逆の結果だった。しかし，その効果は大きくはなかった。さらに，作用する方向は明確ではなく，成績の向上は貧しい出身者の生徒の割合が減少したからであり，成績が向上したわけではない可能性がある。

最後に，国際的に見ると競争が学校の成績を向上させるという証拠と逆だ（差別を促進する）という結果が存在する。カロライン・ホックスビー Caroline Hoxby（2002 ; 2003）はミルウォーキー，ミシガン，アリゾナにおける学校選択による競争が公立学校の実績に与える影響について考察した。これらの3地域では試験的に，父母がヴァウチャー制度（ミルウォーキー）かチャーター・スクール制度(8)（ミシガン，アリゾナ）によって地域の公立学校以外の学校を選択することが許された。地域の公立学校はクリーム・スキミングによって優れた生徒を奪われて実績が落ちるだろうと思われていた。しかし，ホックスビーは，公立学校の成績が大きく改善したことから，彼女の結論は競争による効率改善の影響はクリーム・スキミングの効果を補って余りあるというものであった。彼女はまた，私立学校との競争の効果，公立学校間の競争の効果も検証した。そして再び，競争が実績に正の効果を示すことを見いだした。

ニュージーランドでも，教育における競争の実験を行い，父母に学校を自由

（8） チャーター・スクールはイギリスの財団立学校（以前の交付金による学校）に似ており，公立ではあるが資金は別途供給される。それぞれは，非営利あるいは営利である法人が特別認可として運営することを明確にして州政府当局に申請する。特別認可は更新できるが特別認可書に宣言された目標による。資金は生徒1人当たりが基本である。現在，36州で約2,000校あり，35万人が学んでいる。

（9） 一部の例外は Lauder and Hughes（1999 : ch. 7）である。しかし，彼らは学校の実績に対する競争の圧力の直接的な影響を調べたわけではない。むしろ，市場化による学校の成績の二極化の影響を調べた。

に選択させた。しかし、イギリスとの違いの1つは、教師の給与やすべての中央からの支給サービスの費用については個々の学校に予算の権限を与えなかったことである。この実験は、期間中はすべての学校が自由に参加でき、必要な費用はすべて負担された。

ニュージーランドの研究ほど、競争の実績と効率に対する影響を直接研究した研究はなく、研究者は父母の選択とその結果に注目した。[9]初期の結果をまとめると、父母には学校のプログラムや生徒の進歩についてより多くの情報が提供され、父母は学校選択の権利を確かに行使していた。しかし、その結果、低所得地域の学校では、生徒が減少し、資源の不足という二極化が進んだ（Whitty, Power, and Halpin 1998）。これは、その後の研究結果でも確認された。そのようなわけで、ヘレン・ラッドとエドワード・フィスク Helen Ladd and Edward Fiske（1999）は、アメリカのブルッキングス研究所（Brookings Institution）の主要な3都市における研究で、選択は成功校と失敗校の格差が広がり、マイノリティーや貧困者の生徒は失敗校に集中するとした。その結果は、フー・ローダーとデービット・フーズ Huhg Lauder and David Hughes（1999）によっても確認された。

ベルギーとオランダでは、教育の準市場化の歴史は長く、学校選択と生徒1人当たりの予算とが連動している。しかし、投入単位当たりの教育効果や効率に関する研究は行われていない。しかし、ビンセント・ヴァンデンベルゲ Vincent Vandenberghe（1998）はベルギーのフランス語を母語とする集団で、父母による学校選択が能力による差別をもたらすかについて調べた。その結果は、学校の教育成果の差（落第した生徒の数）は地域の社会経済的な差とは無関係であり、地域の競争の程度（集中の指標）に直接的な関係があった。言葉を変えれば、競争が激しければ激しいほど、学校は能力による差別が大きくなり、不平等であり非効率だったという結果だった。

最後に、「エコノミック・ジャーナル（Economic Journal）」誌に載った論文によれば、過去25年間、ほとんどのOECDの国々では、生徒1人当たりの実質的な支出は増加してきたが、生徒の成績はほとんど一定であった（Gundlach, Woessman and Gmelin 2001)。彼らは，資源利用の効率としてはかなりの低下であり，この低下はこれらの国々では競争が欠如していたからではないかと結論した。しかし，グレナスター Glennerster（2002）はこれはイギリスでは正しくないとした。

積極的差別のヴァウチャー制度

　そのように，準市場が持つ動機や権限付与の構造は，イギリスにおいてもまた他国においても，教育の水準を全体として向上させることに成功しているように見えるだろう。しかし，クリーム・スキミングを恐れる批判者の心配は具現化されてはいないが，危険があることは確かである。校長たちは，学校やスタッフの利益のために，入学条件を操作したりするインセンティブを持っている。ある資金構造の下では，社会経済的により富裕層の出身の生徒を選別しようとさせる可能性があり，そのほうが家庭の支援もあり，父兄の意欲もあり，学校としては最小の努力で試験の成績も改善できるかもしれない。

　しかし，すべての資金構造の下でというわけではない。数年前，私は「積極的差別のヴァウチャー制度（PDV : positively discriminating voucher）」なるものを提案したことがある（Le Grand 1989 : 202-4）。これは貧しい家庭に有利な教育ヴァウチャーである。この制度では，貧困地域の人々はより高額なヴァウチャーを受け取り，したがって学校が彼らを受け入れることに積極的なインセンティブを与えることになる。貧しい家族の子弟の割合が高い学校は，低い学校より生徒当たり多くの資源を得ることになる。そのような学校は，より優れた校舎，機器，スタッフを得ることができるようになる。また，裕福な子弟に特化した学校よりも，より良い施設や機材やスタッフで教育が行われるだろうし，あるいは校長やスタッフがそのような特化した生徒たちよりも，すべての社会階層から適当に分散した生徒を望むかもしれない。

　この PDV で難しいところは，貧しい家族の出身であることを鑑定する方法が必要である点である。これは資産調査でもできるかもしれないが，これもま

た行政手続が煩雑であるとかスティグマなどよく知られた困難がある。代替案は単純に貧困地域に住んでいる家族により高額なヴァウチャーを与えることである。地域の裕福度の決定は地域の家屋の標本調査をすればよいだろう。こうすれば裕福な家族が，単に高額なヴァウチャーを得るために，貧困地域に移り住むのを防止できるだろう。なぜなら，そうする人が出れば，家屋の価値は上昇してヴァウチャーの値段は下がってしまうからである。

　サムエル・ボウルスとハーバート・ギンティス Samuel Bowles and Herbert Gintis（1998：43；Brighouse 1998 も参照せよ）は，この考え方の興味深い変形を提案した。それは，ヴァウチャーの価格を家族の社会経済的な状態だけではなく，学校の社会経済的な構成にもよって決めるという案である。そうすれば，低所得層の生徒から主として高所得層の生徒が通う学校に出されるヴァウチャーはより高価になるので，学校にもそのような生徒を入れるインセンティブが働く。同様に，高所得の家族の生徒が低所得の学校に出したヴァウチャーもより高価なものとなるので，学校にはそのような生徒を入れる方向へインセンティブが働く。

結　　論

　本章を結論するには，本章で議論された政策と前章の医療政策，特にプライマリーケアの予算管理制度と比較してみると面白い。全体的に見て，予算管理医と公立学校の準市場化は，それ以前のシステムよりもよく機能しているように見える。それらは提供者の行動を変えたことで，より良い結果をもたらしたように見える。成績は向上し，また資源利用の効率も向上した。少なくとも教育においては選択と反応性は向上し，証拠はばらつくがクリーム・スキミングといった負の側面は少なかった。

　成功の理由は中心的なアクターに対する「頑健な（robust）」動機の構造にある。学校における意思決定者は校長である。準市場の下では，彼らは主に学校の健全な経営をしたい，改善したいという動機を持っている。これは一部に

は，自分の職を保持したいという願望や，それが主に財政運営の能力によるという自覚に基づいているという意味では，悪党的な動機である。しかし，また，校長は財政状況を改善することは，生徒やスタッフのためにもなると信じているという意味ではナイト的な要素もある。議論の余地のないことは，校長にはスタッフの雇用，罷免，昇進についてかなりの決定権があるので，スタッフに対する直接的な管理権限を持っているということである。彼らはまた，入学の許可および不許可についてもかなりの裁量権を持っている（West, Pennell, and Edge 1997）。したがって，彼らは市場の圧力に反応する動機と能力を持っているのである。

これらの市場の圧力は極めて強い。親は，直近の試験の成績を盾に，許されている選択権を，たとえすぐではなくても，行使しそうに思われる。彼らは歩であるより，はるかにクイーンに近い。また，生徒を失う学校は資源を失うだろうが，生徒を獲得できた学校は資源も得られるだろう。資源を獲得できた学校は彼らが得た余剰をかなり自由に使うことができる。資源を失った学校は財政的に困難になり，そのような学校の校長は職を失う危惧が生じる。

予算管理 GP は，それほど強い市場圧力の下にあるわけではないが，患者がGP を変える可能性があるという圧力の下にある。しかし，彼らのインセンティブの構造は明らかであり，それは彼らの予算を使って病院資源を最もよく利用したいということである。ここには，予算で余剰が出れば最終的には自分の利益になるように使うことができるという，明らかに悪党的な動機が含まれている。しかしながら，これは彼らの患者のために最善を尽くしたいというナイト的な願望と矛盾しない。なぜならば，不必要な病院の診療に資源を使わないことによって，これらは両者とも可能になるからである。また，校長と同様に，彼らは大きな裁量権を持っており，彼らの目標に合った必要な行動を取り得る良い立場にいる。

しかし，明らかな違いもある。2つの制度間には利用者に対する権限付与の程度が異なる。両制度において利用者が予算と関係しており，1つには使いすぎを制限している。しかし，教育においては，親がこどものために選択をして，

予算を変える活発なエージェント（代理人）である。医療においては，代理人はGPであり，多くの面で患者に極めて近いけれども，父母とこどもの関係と同様であるかどうかはわからない。これは一部には両システムの違いとそれぞれの失敗に関する深い洞察に関係する。5章で論じたとおり，利用者が得られる情報とそれを適切に処理する能力は，教育の場合よりも医療のほうが間違いなく低い。だから，医療の場合は，情報を得た代理人が利用者のために選択をするほうがより適切だろう。(10) しかし，利用者が彼らの代理人を選択できるということは重要であり，だから5章の最後に患者がPCTを選択できることが重要だと勧告したのである。

最後に，人々に提供する公共サービスを改善するための政策設計に関するこれまでの議論を通して，どのような結論が導けるのだろうか？ 3つの大きな結論があると思われる。第1は，必要な質と効率の公共サービスを提供するために，我々はナイト的な動機，つまり公共サービスのエートスのみに頼ることはできないだろう，ということである。しかし，公共サービスに対する報酬は，犠牲の要素を全くなくしたようなものではあるべきではなく，さもないと我々は公共サービスがすべて悪党によって提供されることに満足しなければならなくなる。第2は，悪党的かつナイト的インセンティブ構造は相互に対立して存在すべきものではなく，一緒になって「頑健な」ものになるべきである。第3は，そして最も議論の多いところだと思うが，もし目的が利用者を歩ではなくクイーンとして扱うことであり，かつ資源の効率的利用であるならば，固定予算の下での利用者とその代理人と共に，公的セクターの専門家によって運営され，民間の提供者間の競争がある準市場が最も良い，あるいは最も欠点が少ないだろう。そのようなシステムには，情報の非対称を利用して質を下げたりクリーム・スキミングをしたりする危険がある。しかし，一部はナイト的な本能と，また一部はPDVのような対策を組み入れた慎重な政策設計によって抑制

---

(10) 2者のもう1つの違いは，教育では予算が個人単位であり，医療では多数の患者の予算がプールされている点である。これは医療に対するニーズが不確実であるため，何らかのリスクのプール化が必要だからである。

できる可能性があるだろう。

補論　「ゴールド・サービス」プロジェクト

これは公共サービス提供者の動機に含めるような問題ではないし、教育でも医療でもない。しかし、これは頑健なインセンティブ構造の要点をうまく説明するので、ここに補足することにした。この住宅公団によるパイオニア的な政策は、サービスと入居者の行動を改善するためのものである。

アーウェル・バレー（Irwell Valley）は住宅公団である。マンチェスターで8,300以上の世帯に住宅を提供してきた。[11] 1998年に、家主と借家人との間の関係を変える新しい方式を開発した。それは借家人に対してナイト的でもあり悪党的でもある動機を与えて、また、同時にではないが、歩をクイーンに変える道ともなった。

1998年以前、この公団は貧困地域の公的施設として多くの問題を持っていた。需要は少なく、放置、借家人による反社会的行動、薬の密売、破壊行動、一部の住宅の高い交替率などである。約80％の資源が20％の借家人のために使われていた。公団の管理の実績は公表されている実績指標で見ると中位値にあったが、空き室割合や家賃の滞納率は平均を超えていた。

1998年、同公団は「ゴールド・サービス」というものを導入した。借家人は、ある条件を満たせば、ゴールド・サービスの会員になることに応募できた。その条件とは6週間の家賃を前払いして、かつ借家人の同意書に違反しないことであった。そのかわり、一連のサービス、つまり素早い修繕、地域の商店や興行施設での値引き、毎年現金でのボーナスなどを受けることができるというものであった。このボーナスについては、もし借家人が希望すれば、借家人のグループあるいは組合に支払うことができ、住宅公団からは同額の基金の提供を受けて、コミュニティのために使うことができた。

---

(11) 以下はアーウェル・バレー住宅公団からの引用である（2001）。私はこれを知らせてくれたジョン・ヒル（John Hills）に大いに感謝する。

8　学校教育

　この目的は良い借家人に報いることであり，実際に住宅管理を成功させるためであった。インセンティブは主として悪党的であったが，完全にではない。つまりナイトは彼らのボーナスをグループの基金に提供して，同額の基金というご褒美を受けることができたからである。そこでナイトと悪党の両方のインセンティブが働いた。

　結果は顕著なものであった。家賃の集金は大きく改善し，延滞率も10％から5％に半減した。借家人の70％は全く滞納がなくなり，ゴールド・サービス発足以前の40％とは対照的である。平均の滞納者率は，同サービス導入の18カ月後には13％も減少した。次の入居までの平均の空き期間は，他の公営住宅提供者では延長しているのに，3週間ほどに減少した。

　これは公共サービスの提供者に関する例ではない（むしろ借家人に対する動機である）が，悪党と（少しばかりの）ナイト的なインセンティブの混合が，うまく行われれば，人々の行動を変えることができることを示している。

第Ⅲ部　政　策

9　デモグラント

金銭は肥料のようなものでばら撒かれなければ何の役にも立たぬ。
（フランシス・ベーコン（Francis Bacon），15.暴動と事変について
『ベーコン随筆集』[*1]より）

ヒギンズ　5ポンド，やらなければなるまいね。

ピッカリング　くだらんことに使うんじゃないかな。

ドゥーリトル　とんでもねえ，旦那，そんなことはねえ。そいつを貯めこんで，みみっちく食いのばすようなことはしねえ。月曜日までには，すっからかんさ。もとのモクアミで，ちゃんと働きに出まさァ。乞食になりさがるような真似はしねえ。ちょいと情婦(れこ)といっぺえやって，ぱっと使っちまうだけよ。こちとらはいい気持になる，酒屋はもうかる，おまけに旦那がただって，せっかくの志がムダにならなかったんだ，ご満足いただけるってもんで，これ以上うまい使い道はないね。

ヒギンズ　負けたよ，まったく。10ポンドやろう。

ドゥーリトル　そりゃダメだ，旦那。あっしの情婦(れこ)は，10ポンド使いきる勇気はもっちゃァいねえ。あっしにしたって，まあそうだ。10ポンドってやァ，大金だ。そんな金が手にへえりゃァ，人間だれだってガメックならあ，幸福(しあわせ)とはオサラバよ。ねえ旦那，お願いしただけで結構なんで，ビタ一文多くても少なくてもいけねえ。

（バーナード・ショー（Bernard Shaw），
「ピグマリオン」[*2]（倉橋健訳）より）

〔＊1〕　神吉三郎訳，岩波文庫，岩波書店，1970，76頁。
〔＊2〕　『バーナード・ショー名作集』鳴海四郎〔ほか〕訳，白水社，1966，359頁。

9 デモグラント

> 収入はただ消費を維持するだけだが，財産は人間の思考と世界との関わりかたを変える。財産を持つと，人間は長期的な視点でものを考えるようになり，長期の目標を追求するようになる。言葉を変えれば，収入は人間の胃袋を満たし，財産は彼らの心を変えるのだ。
>
> 　　　　　　　　　　　（マイケル・シェラドン（Michael Sherraden），
> 　　　　　　　　　　　　　　　　　　　　　　　　*Assets and the Poor* より）

　前の 2 章は公共サービスの提供と，動機づけと行為主体に関する問題に焦点を当ててきた。本章ではそれとは別の，公的セクターに関連した同じく重要な問題に目を向けよう。公的セクターが提供する金銭給付およびそのための財源調達の問題である。これまでの章と同様に特定の政策分野を数多く取り上げて詳細に分析する。それらは年金，長期ケア，架空の税制の財政問題および若年世代への資本補助であり，私が名づけるところの「デモグラント」[*3]である。

　デモグラントの概念は社会における権力，機会および富の分布を変えるためのものである。金融資産や富の所有が，経済的のみならず政治的，社会的権力を与えることは明白な事実である。それゆえ，資産所有の不平等があらゆる種類の権力に関わる不平等をもたらすことや，そのような不平等を解消することが相対的に権力を持たない人々の権力を増大するという目標の達成に貢献すること，つまりこの本における比喩でいえば（チェスにおける）歩をクイーンに変換することも，明白な事実である。しかしながら，平等主義もしくは貧困者に権限を付与することを提唱する者の多くが，資産や富の所有における差異を減少させるための政策に対してほとんど注意を払ってこなかった。彼らはむしろ，所得の分布と所得分布における不平等を解消するための所得税や現金給付に関心を集めてきた。

[*3] demos（大衆）+grant（補助金）。国民に出発点の平等を保障するために，広く財産の補助をする制度案の名称としてつくられた造語で，「普遍的社会手当」などの訳を見るが，定訳はないので「デモグラント」としておく。

しかしながら，現在いわゆる「資産ベースの平等主義」やそれに関連する政策に関心が集まっている。それは持たざる者の資産を増やし，持つ者の資産を減少させることを目的とした施策である。資産税，相続税や不動産税，貯蓄奨励のための税控除や，共同体補助金（partnership grants）[*4]や全国民を対象としたデモグラント（新生児債〔baby bonds〕[*5] や成人債〔stakeholder grants〕[*6]としても知られている）である。この章では一般的なデモグラントの提案に焦点を当てて議論する。10章ではパートナーシップ補助金（partnership grant）に焦点を当てる。[1]

種々のデモグラント

デモグラントの概念は単純である。各個人が出生したときや成年に達した際に，彼らがより大きな富を蓄積するための跳躍台として与えられる，政府からの資本の補助である。

急進的であると思われるかもしれないが，提案は長い歴史を持っている。社会政策における他の多くの創造的な革新（例えば教育バウチャー）と同様に，トム・ペイン（Tom Paine）がその発案者である。彼は，21歳に到達した者

〔*4〕 公私間，学校と社会人，貧困層と他の人々などが共同して新たなプロジェクトを起こそうとすることに対する補助金。英米政府，世界銀行などが補助を行っている。

〔*5〕 人生のスタート時点で，資産の平等を補償するための施策の1つ。新生児に政府から与えられる債権で，2003年に労働党政権によって導入された。貧困層に500ポンド，他の層に250ポンドが与えられ，18歳まで現金化できない。利息について18年後には千数百ポンドになっているという。

〔*6〕 成年に達したときに一定の金額を個人に与えて，人生のスタート時に財産の平等を保障しようという制度。これらの諸制度は我が国にはないものであり，定訳はないので，その意味から仮の名称として訳しておく。

（1） 資産や遺産に対する課税のような富の分布に影響を与える手段について興味のある読者は Atkinson（1972）による古典的な分析やより現代的な文献として Fabian Society（2000：ch. 12）にあたるべきである。税控除やパートナーシップ補助金は10章で議論される。多くの内容が Nissan and Le Grand（2000）から引用されている。このような使用を許してくれた共同執筆者のデービット・ニッサン（David Nissan）に感謝したい。

は相続税を財源とした「国家基金」から15ポンドを受け取るべきだと提案した。「取るのは最も取りやすいとき，つまり個人が死亡して，財産が他の所有者へ移るときに行われる。生まれつきの遺産の相続権など，本来なかったものを独占することは終わりつつある(Ackerman and Alstott 1999 : 182)」。

英国のもっと新しい文献では，同様な概念がセドリック・サンドフォード Cedric Sandford (1971 : 250-4) や A. B. アトキンソン A. B. Atkinson (1972 : 233-6) で検討されている。両者はデモグラントの概念について探求したが，それは必ずしも出生時や成年に達したときに与えられるものではない。例えばアトキンソンは公的年金に資本の要素を組み込むことの可能性について検討した。

数年前，これらの先行研究を知らずに，私は，改正された相続税制度によって財源を調達し，成年に達したすべての者に対する補助金を「人頭補助金 (poll grant)」という名称で提案した (Le Grant 1989 : 210)。発表の時点では，今と比較すれば，その概念にはあまり関心は寄せられなかった。しかし，近年その提案はイギリスの政策研究者の間で注目を集めている。1995年にアダムスミス研究所のイーモン・バトラー (Eamonn Butler) とマドセン・ピリー (Madson Pirie) は「財形預金口座 (fortune account)」を提案した。それは税財源によって補助されるものであり，出生時に1,000ポンドを政府が支払うことにより開設される。1999年には成人に到達した人を対象としたデモグラントについて，「ニュー・ステイツマン (New Statesman)」誌に数人が論文を寄稿して議論された[2]。数ヵ月後に公共政策研究所 (the Institute of Public Policy Research : IPPR) のガビン・ケリーとレイチェル・リソー Gavin Kelly and Rachel Lissauer (2000) が，資産所有を促進する事業計画について検討し，新生児債 (baby bonds)，すなわちこどもの出生時に1,000ポンドの補助金を与えることを提案した。

---

(2) 本誌には，アメリカの前労働担当大臣のロバート・ライヒ Robert Reich (14 June) の論文，この考え方を支持した巻頭言 (13 September)，また私とデービット・ニッサン (26 July, 4 October) の論文などが載っている。

同時にフェビアン協会では，私とデービット・ニッサン（David Nissan）で小冊子を作成し，改革された相続税制度で調達される財源から，18歳の個人に対する1万ポンドのデモグラントを提唱した（Nissan and Le Grand 2000）。それは特別なACE（Accumulation of Capital and Education：財形教育口座）に振り込まれる。ACE口座は，資金を移転する前に当該個人の支出計画を認可する管財人によって管理される。したがって，個人は管財人によって認可された目的のためだけに資金を引き出すことができる。これらの目的とは，高等教育，自宅購入の頭金，小規模な事業を起業するための自己資金，もしくは年金資金の原資を含むであろう。

おそらく最も重要な発展は，イギリス政府が「新生児債」の導入を決めたことである。提案に関する政府の緑書において使用されている図解では，政府は各新生児の個人ごとに信託基金を設立し，総額400ポンドを支払うのだが，250ポンドを出生時に，その後5歳，11歳，16歳の時に分割して支払われる（UK Treasury 2001a, b）。親の所得が閾値以下である新生児は800ポンドまで受け取れる。親もその基金に払い込むこともできるし，株式を含む広範な運用手段に投資することもできる。親もこども自身も，こどもが18歳になるまで基金を引き出すことはできないが，利用可能になった場合には使途の制限はない。親と子双方に対して財務管理に関する教育が行われる。

デモグラントの概念は合衆国や他の国でも注目を集めてきた。ロバート・ヘイブマン（Robert Haveman）は，包括的なデモグラントを若者が自己に対する人的資本投資に用いるべきだと主張した。補助金は，教育や医療を受けるために用いられるようにすべきであるが，もしも引退までに使い切らない場合には，補助的な所得としても用いてもよいのではないかとした。ロバート・アンガー（Roberto Unger）とコーネル・ウェスト（Cornel West）は個々人が人生の重要な時期，大学進学時，住宅の頭金，もしくは事業を開始するときに，引き出すことが可能である「社会基金口座（social endowment account）」を

---

(3) Haveman (1988), Unger and West (1998)。このことに注意を喚起してくれたスチュアート・ホワイト（Stuart White）に感謝する。White (2006) を参照。

提唱している。シンガポール政府は「出生時ボーナス制度（baby bonus）」を公表したが，この場合は，第二子，第三子が出生時に一時的な資金支援を受け，後年定期的な支援を受け取るようになっている。

近年，ブルース・アッカーマンとアン・アルストット Bruce Ackerman and Anne Alstott（1999）がより大胆な提案を行っている。彼らは高校卒業の資格を持ち，犯歴のない21歳の個人に対して8万ドルのいわゆる「成人債（stakeholder grants)」を与えることを推奨している。落第しても4,000ドル程度の利回りがあるかもしれないが，落第した個人については，特定の医療費といった，限定された使途にしか使用できないこととされている。有罪判決を受けた者は，最終的には持分を請求することが可能かもしれないが，長期にわたるリハビリテーションの後になる。他の者についても補助の使用条件には制約がある。しかしながら21歳以降4年間にわたって2万ドルが支払われる。この所得には2％の税が課税される。死亡した場合には，元本が残っていれば，それに利息が加算された額が払い戻され，これはファンドに払い込まれる。

最後に，似たような他の概念について述べることも価値があろう。サムエル・ブリタン Samuel Brittan（1998：29）は民営化された産業の株式は市民に均等に分けられるべきであると提案した。ジョン・レーマー John Roemer（1988）はデモグラントを提案したが，受け取り手がその補助金の利子収入のみを手に入れることが可能な性質のものである。ジョン・ヒル John Hills（2000，また Hills et al.（2002）も参照）は，社会福祉住宅の入居者は，市場価値とそれよりも低い賃貸料の差額で自分の資本（capital stake）を形成すべきだと提案している。

デモグラントの概念は，近年フィリップ・ヴァン・パリス（Philippe Van Parijs）らによって精力的に研究されている基礎収入の概念とも関連している。彼らの議論では無条件で現金収入を毎年受け取らせるというものである（Van Parijs 1992；1995；また Fitzpatrick（1999）も参照）。最も制約のない形では，基礎デモグラント（basic demogrant）と基礎収入が非常に似てくる。もし資本市場が完全であったならば，一方を他方に変換することは十分に可能である

ためである。したがってデモグラントは年金を購入するためにも使うことができる。これにより生涯にわたって収入を得ることも可能である。また，基礎収入はそれを抵当にして借り入れたりして，直ちに使うための資金をつくることにも使える。

それゆえ，包括的なデモグラントの概念にはいくつかのその親ともいえる概念や多くの兄弟のような概念がある。しかしそれは良い概念であろうか？　この疑問に対して解答することはこの章の残りの部分を先取りすることになる。デモグラントの根拠となる主要な議論は，資産ベースの平等主義である。したがって，そこから議論を始める。それから，提案の特異的な問題に移っていく。

資産の平等主義（Asset-Based Egalitarianism）

現在の英国においては，ほとんどの西欧諸国と同じように，資産の保有は非常に不平等である。資産所有者の上位半数は取り引き可能な富の10分の9を保有している。上位10％が半分を保有している。内国歳入庁の推計では，1982年から1999年の間に上位50％のシェアが91％から94％になっている一方，上位10％が保有する富のシェアが49％から54％に上昇しているという。[4] これに伴って富を全く保有していない家計の比率も上昇している。財政問題研究所（Institute of Fiscal Studies）の最近の研究では20年前に富を持たない家計は5％だけであったが，その10年後には10％に増大した（Banks and Tanner 1999）。すでに十分に不平等な分配がさらに不平等になったのである。

さらにまた，その傾向は持続している。すでに相対的に多くの富の所有者が親の不動産を相続している。政府の政策によって後押しされた株式市場システムや株式オプションは個人の富を加速度的に増大させる。しかしながら多くの人々が機会を逃さざるを得ない。これらは単に低賃金労働者や失業者だけではなく，株式を保有するだけの利潤がない公的セクターやボランタリー・セクタ

（4）　www.inlandrevenue.gov.uk/stats/personal_wealth/dopw_t05_1.htm

ーの労働者も含んでいる。

　まさにこの不平等の規模とそれが拡大している傾向は，何らかの資産の再分配が必要であることを示す明らかな証拠であろう。しかしながらその事態はそれほど（完全には）クリアカットではない。観察された不平等のうち年齢と関連しているものがある。労働生活にわたって資産は貯蓄や他の形態の投資を通じて形成され，そして少なくとも部分的には引退後に消費される。そして観察された不平等には，労働や努力の違いによるものがあり，それによって正当化されるので，不平等があって当然かもしれない。資産の再分配は，資産の不平等に関する単なる数字に対する反射的な反応よりは，はるかに複雑で合理的な論拠を必要とする。

　実際には資産平等主義とその政策は，すべての政治勢力から正当化され得る。[5] 右派サイドから見ると，資産平等主義は私的財産制による民主主義や一般的な資本主義に関する伝統的な議論の一部である。資産所有権を，財産をほとんど持っていない人々に広げることは，社会をより安定的にし，革命的混乱に向かわないようにする。左派の立場からは資産平等主義は機会と結果の平等化の両方の意味で不平等を改善する方向への動きであると見ることができる。特に，家族内贈与や相続を通じて資産をある世代から次の世代へ移転する現在の方法は，自分自身の努力なしに他者よりも有利な状態で人生を始めることになるので，ある人々には不平等でありかつ不公正である。この結果，資産の少ない家庭のこどもが彼ら自身の資産を所有することを可能にする動きは，機会の均等に大きな貢献をするであろう。さらに，これまでの議論のとおり，ほとんどの資産ベースの福祉政策は，資産所有に関する全体的な不平等を低下させ，それによって機会だけでなく結果の平等性にも貢献する。[6]

（5）　Sherraden (1991), Ackerman and Alstott (1999), White (2001) を見よ。

（6）　Samuel Bowles and Herbert Gintis (1998) は資産の再分配は社会正義であるだけでなく，生産性を増大させるという。しかし，この主張はすべての環境下でのことではなく，ある特定の政策案の生産性の増大の可能性について述べている（例えば，労働者の協同組合とか，教育ヴァウチャー，持ち家制度，両親からこどもへの相続権の制限など）。

第Ⅲ部 政　　策

　米国と英国における政治的に中立な研究は，資産所有は個人や世帯の厚生の好ましい結果と関連するとしている。資産を所有する個人や家族はより健康であり，死亡率も低く，結婚生活は高い安定性を示し，家庭内暴力の起こる確率は低く，自営業が多く，こどもにより充実した教育を受けさせ，それらのこどもが大人になったときに高い貯蓄を持つこととなる[7]。したがって，資産所有をより広範に拡大することはこれらのすべての分野で改善がもたらされる可能性がある。

　しかし，本書の視点からの資産平等主義の正当化に対する最も基本的な理由は，資産の所有が行為主体により大きな能力を与えることに寄与するからである。実際，この点に関する確かな証拠を得ることは難しいが，これまで述べてきた好ましい結果に導くだろうことは，個人の感情や自主性に与える心理学的影響であると仮定すると，極めてありそうなことである。とりわけ，資産の所有は個人に対してより大きな経済的自主性を与え，個人が人生の浮き沈みをしのぎ，他者の意思決定に左右されないようにすることになる。もし借家人が法的に守られないのであれば，借家人は家主の気まぐれによって立ち退きを余儀なくされる。しかしながら家屋の所有者は（抵当権が売却されていない限りにおいて）誰によっても立ち退きを迫られない。貯蓄を持つ個人は失業しても，自分や家族が食べていくための手段を探すために，国や慈善団体に依存する必要はない。資産を持っている高齢者は，彼らの福祉を大蔵大臣の年金増額に関する決定や，地方自治体の首長の施設ケアや在宅ケアに関する支払いに頼る必要はない。

　もちろん資産所有権は完全なる独立性を付与するものではない。資産の有益性は大部分がその市場価値に依存し，まれなケースを除いて，その価値は所有者のコントロールが及ばない。破産企業の株式，財政的に不安定な制度による私的年金，家屋価格の低下，利子率低下局面における貯蓄など，これらはすべて所有者の経済的資源を減少させ，また，例えば経済の減速とか企業の不誠実

（7）　アメリカの文献の要約は Kelly and Lissauer（2000 : 9）を見よ。イギリスの実証については本章の次節で述べる。

な経営者による価値の低下の原因に対しては，資産所有者はほとんど何もできないかもしれない。しかしながらこのような状況においても資産所有者は一定の自主性を保持できる。特に，資産のポートフォリオを適切に管理することによって，自分が受け取る所得や直面するリスクに対して影響を与えることが可能である。人々の貯蓄が，彼らが売却できない資産の形に完全に固定化される場合もある。しかし，そのような状況はまれであり，ふつう一時的なものである。さらに，それらの状況は資産バブルの後に続くものであるが，所有者はすでに資産バブルで大きな収入を得ているかもしれない。自主は責任と共にあり，そして，資産所有者である個人はどんな資産についても価格変化に対して責任を免れられないものではあるが，彼らは投資する資産保有パターンで対処する方法がある。

　この主張は，所得の極めて低い個人は別としても，平均的な中流階級の個人が適切な資産管理の技術と知識を持つことが必要だということから異論があり得るだろう。しかしながら，もしそうだとしても，それはある面で，資産所有権が相対的に集中しているという現在の状況がもたらしている結果である。もし，技術や知識を用いる理由がないのであれば，それらを習得するインセンティブは存在しない。実際，この議論は逆にも使えて，資産に基づく施策を正当化する主要な根拠にもなり得る。つまり，そのような施策は資産管理の技術や理解を普及させるだろうということである。

　資産平等主義的政策に反対するより本質的な反論は，そのような施策の導入が他の福祉政策に対する人気や政治的支持を減退させるかもしれないというものである。例えば，もし個人が資産を取得する際に援助を受けるのであれば，その人は他の形態の援助，現金給付，もしくは教育や能力開発に関する補助といったものを必要としなくなるかもしれない。さらに，資産主義的な施策を受け入れるとすると，それをうまく利用できない人や乱費してしまう個人に対しては，その結果それ以上の援助を得る資格を剥奪するので，厳しいものになるかもしれない。

　この批判の最初の部分は，ある特定の福祉サービスを改善しようというほと

んどすべての提案に対する批判となることに注意すべきである。ある分野における改善は他の分野を弱体化させるかもしれない。なぜならば，1つには受給者に配分されるかもしれない資源を消費することによるし，もう1つには今述べた理由で支持を弱めてしまうからである。しかし，この議論はある提案に対抗して，それだけをトランプカードのように用いることはできない。というのはその効力が発揮されるためには2つの条件が満たされなければならないからである。1つは，他の分野で支持が無視できないほど大きく減少するか，もう1つは，もし無視し得たとしても，その施策の結果が，資産主義的施策の便益を上回る厚生損失をもたらすか，である。

　これらの条件の第1に関しては，以下で議論ずるように，いくつかの資産主義的施策があまりにも規模が小さいために，他の主要な福祉政策に対して資源や支持条件のどちらの点においても脅威を与える可能性がないと思われる。一方，大規模なものは通常他のプログラムに対して直接的には脅威を与えない財源調達メカニズムの提案を伴っている。2番目の条件を満たすかどうかは，どのプログラムが脅威にさらされるかによるので，事前には決まらない。しかし，これまで述べてきた2つの広範な政策，すなわち現金給付と教育研修政策では，現在の支出水準では，目的とする効果はほとんど得られない程度かもしれない。両政策とも資産の不平等の問題には熱心に取り組んではいないし，したがって追加的な資金はその政策にではなく資産ベースの政策に転用したほうが，全体として厚生の増加を生む可能性がある。

　厳しいという点に関しては，大規模な政策と小規模のものを区別するのは有用である。小規模なものは予測される反対運動の類を誘発する可能性は低い。大規模なものは必ずとはいえないものの，誘発するかもしれない。しかし，たとえ誘発してもそれほど困ったことではないかもしれない。寛大な国家の支援を自分の選択で浪費してしまった人々が，自動的に他の形態の支援を受ける権利を与えられるべきか，はっきりしない。もちろん，もし補助を浪費してしまったとしても，それが自由選択の帰結ではなく，彼らのコントロールを超えた要因によったのであれば話は別である。そのような場合には，彼らは他者と同

じ程度の追加的な補助を与えられるべきである。しかしながら真の権限付与と共に責任も降りかかってくる。そしてもし個人が機会を浪費するのであれば，彼らはその帰結も受け入れなければならない。

デモグラント――いくつかの特異的な問題

デモグラントの提案に関連して検討すべき多くの理論的ならびに具体的な特異的な問題に目を向けることとしよう。心配されることは，若者に権限を付与することで歩をクイーンにすることにこだわるべきかどうか，補助金の使途について条件が課されるべきか，全市民にかそれとも資産調査によって一部の人々に提供されるべきか，財源調達はどのようにされるべきか，補助金を交付するタイミングはいつか（誕生時か，成人した時か），補助金を交付することは労働や貯蓄のインセンティブに対して悪い影響を与えるかどうか，といった点である。

歩とクイーン

上で述べたとおり，本書の視点から資産平等主義を良しとする主な議論は，政策が歩をクイーンに変える手助けするということにある。すなわち，この政策は個人の権限を高める手助けをするのである。これは成人後の人生の初期の段階において特に重要である。というのは，資本が足りないことが彼ら自身の人生をコントロールする能力を抑制する主要な要因であるからである。事業を始めるとき，高等教育に対して支出するとき，家の頭金を払うとき，すべては個人の自立性を助長する手段である。しかし，これらはすべて資本を必要とするが，この条件を多くの人は満たすことができない。デモグラントは個人が社会移動のはしご段に足をかけることを助ける，つまり自ら助けるものを助けるのである。

ほとんどの若者が年金に入っていないし，持ち家の権利を持っていない。彼らにとって大切なのは，価値ある目的であればどうにでもすぐ使える金融資産

である。非常に多くの若者がこの資本に対してアクセスできない。ジェームス・バンクス（James Banks）とサラ・タナー（Sarah Tanner）は1987―88年のイギリスにおける22―29歳年齢グループのうち貯金口座を持っていない者は45%，それらの人々の資産水準の中央値はたった750ポンドしかないと推定した。15%が Naitonal Savings〔*7〕の口座を所有していて，資産の中央値は1,050ポンドであった。株式や投資信託といった他の金融資産の保有者は無視できるほど少数である。さらにこれらの洗練された貯蓄の数少ない所有者の保有額も大して多くなく，平均値は3,000ポンドから5,000ポンドであった。

　資産窮乏が若年層のその後の人生の機会に与える影響はロンドンにあるパネルデータ分析センターのジョン・バイナー（John Bynner）が，児童発達研究（National Child Development Study : NCDS）のデータを用いて明らかにした。NCDS はコーホートごとに23歳時点の貯蓄や投資額，33歳時点でのさまざまな社会経済的なデータが含まれている。バイナーとデスポティドゥ Bynner and Despotidou（2001）は，23歳時点での資産所有と以下のような変量の間に強い正の相関を証明した。すなわち，男女とも22歳から33歳の間で正規就業した時間との間，男性について33歳時点での所得額との間，男女について10年後の健康水準の間。これらの関係は，所得，社会階級，人格等，他の因果関係がある要因を制御しても同じであることが示された。(8)

　それゆえ，若年層の資産保有を増大させることは，彼らの資源利用の可能性を増大させることで直接権限付与するだけではなく，所得や健康といった彼ら自身が自己の権限を高める他の要因に影響して間接的にも彼らの権限を高めるようである。しかしながら，彼らをどのくらい強めるのが望ましいのであろうか。常に若い歩を若いクイーンにすればよいのであろうか。より詳細にいえば，デモグラントはどのくらい使途に対して制約的にすべきか否か，という問題で

〔*7〕　イギリス王立の積立投資銀行のような組織で，税制上の優遇や安全の保障などが保証されていることが売りとなっている。

(8)　また，Bynner and Paxton（2001）と，批判としては Emmerson and Wakefield（2001）を見よ。

ある。

制約条件

　デモグラント制度の意図するものは投資を促進し，その結果として（金銭的・物的・人的）資産を蓄積することである。それゆえ，補助金が投資に使用されることが望ましい。しかし，もしその使用が何らかの方法で制限されなければ，現時点での消費に使われてしまうかもしれない。実際，ある部分は間違いなくそうなるだろう。18歳の若者が制約なしの補助金の一部もしくはすべてを，目の前にある満足のために使う誘惑に対抗できそうにもない。しかし，この不安は使途制約に対する条件づけを正当化するのに十分であろうか，もしそうならばどのような形態を取るべきだろうか。

　補助金の金額それ自体が重要となる。イギリス政府がしているように，この考え方を少額の制度から始めるのは魅力的であるかもしれないが，大した金額とは思われない可能性があるので，ちょっとした楽しみに使ってしまって当然と思われる危険性がある。だから総額は，1回限りのかなりのもので，慎重に取り扱わなければならないと思われることが必要である。直感的には，1,000ポンドとかその程度の補助金も「虻蜂取らず」であって，非常に価値ある投資には不十分だろう。それゆえ，私とニッサンは1万ポンドではどうかといったのである。

　さて，究極的には大人は自分の人生に関する責任を取る必要があり，若者はそうすることを学ばねばならないという考えで，無条件でこのレベルの補助金を与えることについては，それなりのしっかりした論拠が必要である。実際のところ，18歳の人間が補助金を乱費しないようにする多くの社会的な圧力があるだろうし，また補助金を限定された種類の支出にのみ制限することによる圧力は受け入れがたい国家によるパターナリズムと見なされるかもしれない。

　実際のところ，アッカーマンとアルストットの提起した案は，補助金がどのように使われるべきかについて何らの制約もしないほうがよいという主張である。彼らの議論は本質的には自由主義者（libertarian）のものであり，使途に

制限を課すことはリスクを取る自由主義の精神と整合的ではない福祉国家観を思わせる（Ackerman and Alstott　2006）。しかし，補助の受け取り年齢を21歳とし，受け取り手を高校卒業者であり，犯罪歴のない者と制約することにより，自分たちの主張を他の人々が飲みやすくしている。

　興味深いことに，後者の種類の制約は英国のケースでは提案されなかった。また，提案されるべきでもない。なぜならば，このような制約条件はその制度から最も便益を得るであろうまさにその人々を排除することになるからである。しかしながら受け取り手を18歳から21歳（もしくはそれ以降）へ遅らせるというアイデアはおそらく検討する価値がある。そうすると，通常18歳から始まる高等教育などの活動に支出することを難しくする。しかし，この欠点は人々に将来の補助金収入を担保に借り入れを可能にすることにより解消される。より基本的な反対は，補助金の受け取りがなぜ，若者が投票などの他の形態の責任ある行為に従事可能となる年齢の18歳を超えるべきなのか，理由が明確でないことである。

　私は賛成・反対双方の議論は非常に説得的であると思うが，結局のところ私は補助金の使途に制約を課すべきだと考える。これは主に政治的理由である。若者が補助金をコカインや休日の乱痴気騒ぎに乱費したといった少数の事例が報道されて，デモグラント制度の人気や政治的支持を失わないようにするには，それより確実な方法はないであろう。また，制約が若者自身によっても好まれることもあり得る。他の皆と同様に，彼らは自分の意志の薄弱さに負けることがあり，この結果手近な喜びを得ようとする誘惑が除去されることを望むかもしれない。[9]

　現在，英国政府はこども信託基金を18歳時点で使用する使途には制約を設けないことを提案している。それは，主に現実的な理由による。制約を守らせることの不可能性で，これはアッカーマンとアルストットの議論でもある。それゆえ使途を制約するように主張する人が制約する方法はどうすればできるかを

（9）　意志薄弱による行動に関する議論や政策上の意義については5章とElster（1989）を参照。

詳細に説明することが重要である。上で述べたようにニッサンと私が提案したのは，補助金は受け取り人名義で，地域の商業銀行，あるいは政府がこの目的のために特別に設立した公的基金かその地方組織によって管理・運営される電子口座（ACE口座）に振り込まれるべきである，ということであった。

誠実なACE受託者を確保することはシステムにとって重要なことは明らかである。彼らは支出計画を詳細に検討するだけでなく，資金が提案されたとおりに使用されることを確認しなければならないからである。彼らは，その地方組織によって特別に雇用され，その部門から支出されるすべての補助金の支出計画を詳細に検討する。彼らはボランティアとして地域のビジネスマンと他の地域指導者から選出され委員会を構成する。

では，どのような種類の投資目的が是認されるべきであろうか。高等教育が選択肢であることは明白である。高等教育は人的資本を蓄積し，労働市場における個人の価値を高める方法である。補助金は大学教育の授業料や施設維持費，もしくは職業教育の要素が強い訓練の費用を賄うために使用できる。間違いなくルールに従わせるためには，関連する教育機関を通じて，現在の奨学金や授業料のローンと同じ方法で支払うことが可能である。

補助金の他の使用法は家屋購入の頭金である。ガビン・スマート（Gavin Smart）の未公刊論文は多くの低所得者にとって頭金は家屋購入時の最も大きな障害であることを示唆している。一度頭金が支払われると人々は自分の住宅には責任を持って，たとえ何らかの所得・雇用問題に直面しても，住宅ローンを払い続ける。さらに，支払う意志を明確にするために支払いは売主に直接行われることになる。

補助金はまた小規模事業の初期費用としても利用可能である。事業計画の開発と管財人による承認は必須であり，その点では地域のビジネス関係者を理事に入れることはより望ましいことかもしれない。

もし価値ある使用計画が提案されない場合には，個人のACE口座はどうしたらよいだろうか。1つの選択肢は補助金を個人年金ないしはステークホルダー年金[*8]に振り替えることである。どの年金にするかは，承認されている年金

第III部　政　　策

計画のリストから選んでもらって，支払はACE口座から直接年金システムに行われる。

　このような設定がすべての濫用を防げるわけではない。防げるかのようなふりをすることも無意味であろう。本人が購入した資産は将来は売却可能であり，その売却益の使用は簡単には監視できない。富裕層の子が自己の財産を無駄使いしてしまうというようなことは聞いたことがない。そしてデモグラントの受け取り手についても似たような性質があるだろう。大事なことは全員が自己の機会を手に入れることである。それ以降は，人生の他のいろいろな面と同様に，彼ら自身によるべきである。

　ACE加入者の役割を最小化する1つの方法は，スチュアート・ホワイト（Stuart White 2006）が主張しているように，各個人がデモグラントの受け取りにおいて資産管理のトレーニングを受けるさせることであろう。ホワイトは（10章で議論される）米国で展開された個人開発口座（Individual Development Account）計画に付属する財務教育講座の成功に注意を喚起し，そして似た何らかのものに出席することは補助金を受け取るための条件たり得るだろうと指摘している。

　実際このアイデアはもっと取り入れてもよいかもしれない。補助金は投票権の配分と組み合わされることが可能であり，成人に到達した際のより大きな行事の一部として見なしてもよいだろう。市民性や政治意識に関する講座などへの出席は補助金受け取りの条件となり得る。デモグラントと投票権は若年成人層が財産を守り社会参加することについての具体的な意思表示となると同時に，財産を有効活用するトレーニングにもなる。

皆支給か，資産調査か？

　富裕層の子弟は，大学の授業料の支払いとか，住宅の敷金，小規模ビジネスの初期投資とか，彼らの成人後の生涯にわたって資産の助けを受けることがで

───

〔*8〕　ブレア政権によって導入された日本の適格退職年金と類似した年金制度。

きる。しかし他の者，とりわけ貧困の中で成長した者は，資本へのアクセスにおいて明らかに不利になる。彼らの親がこどもに対して供給する資本を持たないだけではなく，他の資源から借りることも難しい。銀行や他の金融機関は貧困家計に対して貸し出しをしたがらず，実際貧困地区に住んでいれば貧困でない者にも貸し出しをしたがらない。

　これらの理由は貧困者に対するデモグラントを正当化するのに十分であろう。しかしながら，貧困者にも非貧困者のこどもにも同様に当てはまる，さらに広範な皆支給制度が正当である理由がある。1つの理由は貧困者を標的とする給付を便益で上回るからである。皆支給制度はコミュニティー意識の醸成に寄与するが，一部の人たちを標的とした支援は社会的には分裂的に作用するからである。また，標的化された支援は，その適格性を決定するために厄介な仕組みを必要とする。管理する費用が高く，受け取り手の品格を傷つけるものである。対照的に，皆支給制度は個人が関連するカテゴリーに該当するか否かを決定するための情報（我々のケースでは単に年齢に該当していること）だけが必要である。

　現実には，標的化したデモグラントは，現在の資産調査による利益よりも，もっと大きな問題を引き起こすであろう。その目的が資本の分配であるのだから，受給者の潜在的な資産が基準となることは適切であろう。しかし，補助金が若い成人に分配されるのであるから，もし彼らが親あるいは祖父母からの贈与や遺産がなければ，ほとんどすべての個人が全く資本を持たないであろう。資産調査は，多くの受益者の排除というよりも，贈与や相続を評価時期より後まで延期させるだけになる可能性が極めて高い。他の評価法としては，例えば親の資産や祖父母の資産に基づいて行われ得るかもしれない。しかし，そうするとまた評価の難しさや費用がかさむ可能性がある。しかも，誰かに給付をしないとすれば，彼らの両親が資本を与えるべきだという意味が含まれることになる。

　しかし，補助金を誕生時および成人の時に与えるべきだとする，より基本的な理由がある。先進国に生まれた者は皆，遺産の分配分から便益を享受してい

る。例えば，建物や土地，車両や資本設備，あるいは農業用地といった資本である。これらの多くが前の世代の労働や努力の結果であり，彼らは結果的に次の世代への資産の贈り物となるものを生産するために努力してきたのである。現在の先進国の居住者が見てのとおり富裕であるのはこの遺産による部分が大きいのであり，何世紀にもわたるその巨大な資本蓄積なしには，現在の世代がいかに努力しても，現在の我々の生活水準を維持すること不可能である。

　1つの世代の富は次世代への共通の資産となるというこの考えは重要である。その理由は富を生み出した個人がそのすべてを自分のこどもに与える自由があるべきだという議論を否定するものだからである。所有権は私的な資源を制御する権限を与えるが，死を超えてまで継続することを正当化することは難しい。なぜなら，これまで見てきたとおり，それによって他の多くの人々が初期資本に対するアクセスを減らされ，人生のチャンスを削減されるからである。例えば，人が彼ら自身の努力から得た所得や利潤に対するのと同様に相続した遺産に対する大きな権利を持つことをどのように議論すべきだろうか？　もし，皆支給制度の提案が実施され，我々の国家的遺産がより均等に分配されるならばより公平であると思われる。

　国民皆支給に反対するために用いられる議論は富裕層についてであり，実際に必要性もない人々に対して，必要な人と同様に給付を行うべきであろうか，ということである。答えは一般的には「イエス」である。その理由は，皆支給によって得られる利益があり，資産調査の問題を避けられるとしたら，それはそのために支払われなければならない費用だからである。さらに，もし，以下で議論するように，給付財源が相続税によって調達されるのであれば，自分のこどもだけでなく他の何千人ものこどもの初期コストのために支払われることになるからである。

　また，裕福な出のこどもたちは，すでに高等教育のための補助金を通して助成を受けていることも言及しておく価値があるだろう。授業料と学生ローンの導入によって，これらの補助金は削減されつつあるが，それらはまだかなりの金額である。ほとんどの生徒が中流家庭出身である。この結果，我々の提案は

単に，現在裕福な出のこどもたちへの補助金を，より恵まれない人々にも分け与える手段と見ることもできる。また，高等教育補助金は誰の立場も悪化させずに削減され得るということになる。なぜなら，それは補助金の1つの使い方は，さらに高度な教育を受ける間の授業料や生活費用に支払われ得るからである。

支給時期

　補助金は英国政府や英国公共政策研究所が提案しているように「出生時債」の形態として誕生時に配分されるべきか，それともペイン，アッカーマンとアルストットおよび私が述べているように成人時に配分されるべきであろうか？ 双方に賛成する論拠がある。誕生時に配分することに賛成する議論は，資金が18年間にわたって投資されるので，前払い金が少なくてすむという。これは，明らかに政府の支出を節約できるので，政治的には補助金の支出を容易にする。しかし現実にはもちろん，節約にはならない。というのは，補助金そのものを投資することによって得られるだろう所得を失うことになるからである。その他の有利な点は，基金が父母とこどもの双方によって蓄積されるように見え，この結果有効な家計に関する教育目的に資することである。マイナス面は，基金がまさに目に見えるので，それを父母，特に貧困層の親が自由にできれば有効に使用できるのに，実際にはできないので不人気となるかもしれない。また，資金がどのように運用されるかによって，こどもたちが成人したときに受け取る金額が違ってくる点が，不公正と見なされる可能性がある。

　この最後の疑問点は，「出生時債」の適切な投資戦略と誰が投資を管理するのかという問題である。基金は，積立預金，有価証券，あるいは政府証券のいずれに投資するべきか？　基金管理は，政府がするべきか，それとも民間がするべきか？　投資の管理における親の役割とは何なのか，あるいはこども自身で行うべきなのか？

　今までのところこれらの疑問は英国において完全には決着していない。政府は民間セクターが基金を管理することを好んでいる。他方，民間セクターは，

長期的であることから興味を持ってはいるが，金額が小さいことやその固定費用を回収することができるかを心配している。これは，基金管理を親が選択する少数の金融機関に制約することにより解決できるかもしれない。

財　政

　デモグラントの財源はどこから調達されるのだろうか。英国政府は提案の中では，この点を明確にしていない。アッカーマンとアルストット Ackerman and Alstott (1999) は，彼らの気前の良い政策に必要な費用を単年度の資産税から調達することを考えている。ケリーとリソー Kelly and Lissauer (2000) は「出生時債」の財源を年金受給者の税控除を削減することから調達しようと考えている。

　私はこの潜在的に人気のある支出提案の財源を調達する最善の方法は，これまでのところ不人気で非効率的な税である相続税の改革と関連づけることが最良の方法であると主張してきた (Le Grand 1989 ; Nissan and Le Grand 2000)。デモグラント目的税の導入，または相続税をデモグラントの目的税とすることで，見捨てられていた税を復権させる方途となるかもしれない。10章で議論するように，目的税はおのずとそれ自身，特に歩をクイーンに変えるという視点から見れば，望ましい場合が多い。デモグラントのための相続税を目的税化することは明らかに人気が出るだろう。なぜならば，この章の冒頭におけるフランシス・ベーコンの引用の精神にもあるとおり，ある世代の富を取り上げて，次世代の成長を促進するための肥やしとして資金を振りまくからである。

　相続税とは英国においては間違った呼称である。英国の税制度では，生涯にわたってであれまとめてであれ，相続する額に対して税が課されるのではなく，財産に対して課税されるのである。そして，その納税は大部分は自発的なものである。内国歳入庁は1999年の市場価値を持つ個人資産合計額は2兆5,940億ポンドであると推計している。(10) この推計値は年金受給権などの売却できないものは除外されている。対照的に，相続税からの収入は悲しいことに，1999—2000年度において20億ポンドであった。(11) 資産は生前の贈与や農業用地，森林な

ど，控除の対象だったり，何十年も納税義務を延期できる見なしトラストといった方法でほとんど課税されずに世代間を移動していく。

　デモグラントのような提案について議論があり判断しなければならないのは資産移転の規模である。英国における18歳人口はおおよそ65万人であり，それゆえ彼らに1万ポンドずつ配分するとすれば65億ポンドが必要となる。1999—2000年度の相続税収入20億ポンドは，18歳1人当たりにすると3,000ポンド程度しか賄えない。しかし，何もないよりはましだが，私が主張してきたのは，デモグラントが賢明に利用されるためにはより大きな規模が必要であるということである。

　総額，つまり補助金の金額は後年度において増やせるのではないか，という点については，エコノミストの長年の検討課題であり，大衆的支持の得られない改革である。これらの改革は課税基盤を納税者から受け取り手へも広げ，生涯にわたっての遺産相続や生前贈与へも広げようという案も含まれている。これにより富裕層が自分の資産を，これまでは受益者でなかった受け取り手に移動させ，徴税者の取り分を少なくすることになるだろう。このシステムは，個人全員が生涯にわたって得る生前贈与や相続税の一定額の控除として，例えば5万ポンド，を与える。それ以上は，累進税率によって課税され，資産が分散される方向に作用する。控除項目や信託法は課税基盤を拡大するように改正されなければならない。

　理論的には，もし遺産が税控除額を使い切らない人にのみ行けば，受け取り人は税で破産してしまうだろう。しかし，もしそのような事態が起こるのであればより公正な相続資産の分配が達成され，さらなる追加的な補助システムの必要性は少なくなるであろう。しかしながら，人々が自分のこどもを最初に助けようとするだろうから，限界的にではあろうが，より広範な遺産分配が起こる可能性があるだろう。

　資本の再配分のための財源調達をするために懲罰的な税率の相続税を課す必

(10)　www.inlandrevenue.gov.uk/stats/personal_wealth/dopw_t04_1.htm
(11)　www.inlandrevenue.gov.uk/stats/tax_receipts/g_t02_1.htm

要はなくなるだろう。実際，理想的なシステムはほとんどの人が合理的であると考えられる税率であり，課税回避や脱税の誘因を最小化するものだろう。それはどのくらいの税率だろうか？ 現行の相続税に関する情報は不十分で，実際どのくらいの遺産が相続され，あるいは年々贈与されているかよくわからない。しかし，フェビアン協会の出版物においてニッサンと私が採用した手法に従うと，荒い推計ができる。すべての資産が25歳以上の個人によって所有され，さらに25歳から75歳までのコーホートに均等に割り振られるとしよう。その場合，個人資産の50分の1が毎年ある世代から次の世代に何らかの形で渡されることとなる。この額は1999年には520億ポンドであった。次に，改革された相続税が若年成人1人当たり1万ポンド調達するために平均12.5％程度の税率で課税される必要がある。もし，高等教育補助金が平行して削減されたならば（公平性が維持されるのであればそうすべきであるので），生み出される余剰は補助金の財源として用いることができるので，相続税の税率を下げることができる。年齢階級ごとの高等教育進学率は約3分の1であるので，相続税は8％程度にまで下げることが可能となる。代替案としては，税率を12.5％に維持し，高等教育支出を節約すれば，何かほかの教育予算に使えることになるだろう。つまり，贈与や遺産に対して緩やかな課税を賦課することで，すべての若者の良い出発をするのに必要な資本を与えることが可能なのである。

　公的支出に対する相続税の貢献度の低さと，国は本来非効率的であるという感覚は，このような課税をしなくても道義的な非難の対象にはならなかった。相続税が回避しやすいことは，それに対する一般の人々の関心の欠如を反映している。しかし，もし税収がデモグラントによって見える形で分配されるようになれば，認識も改まるだろう。

貢献（Contribution）

　このシステムに対する反論としてあり得るのは，デモグラントの受給が受給者の行動に何ら依存していないことである。当該個人やその家族からのそれに見合った貢献を ACE 口座に振込むことを要求することもよいかもしれない。

例えば，政府は個人および家族に見合った，例えば1ポンドの補助金に1ポンド貢献といった貢献を要求する，あるいはもっと高い（あるいは低い）額を要求することもあり得るかもしれない。

10章において貯蓄奨励策としての同額助成金制度（matching grants）を議論するので，ここでは長く議論しない。しかし同額助成金制度は人々に自助努力を促すという点で優れていることは述べる価値がある。それはまた，私的資源の移動性を高め，その結果どんなレベルの補助金でも，そのための政府の費用を削減する。

しかし，同額助成金制度は，より多く貢献する人や，裕福で貢献しそうな人に（そうすることは必要ではないが）有利である。この欠点を解消するためには，同額助成金制度は（米国の制度のように）家族の収入に応じて変化させたほうが，つまり貧困家庭には補助をより多くして，富裕家庭には少なくする，そしておそらく非常に富裕な家庭に対してはゼロまで下げるのがよいかもしれない。同額助成金の割合をこのように変化させることは，この制度を政治的には受け入れやすいものとするが，資産調査を必要とするという不利益もあるだろう。すべての人に対して同じ補助率とすることはより望ましいが，1人の個人が受け取る総額を制限する，またそれを生涯にわたる遺産や贈与をもとに制限するほうがよいだろう。裕福な人が，さらなる遺産が彼らに舞い込んだ場合には，累進税率で課税され，その分を払い戻すことになるだろう。

負のインセンティブ

この制度は，多くの正のインセンティブを持つこと，とりわけ貧困層がより大きな資本蓄積をすることを促すことを見てきた。しかしまた，このシステムには，それがなければ社会的，経済的にも望ましい行動をするのに，それを思いとどまらせる負のインセンティブもあるだろう。例えば，厳格な相続税制は親がこどものために貯蓄する意欲を減退させ，自分の家族のために一生懸命働く意欲を減退させないだろうか？　補助金の存在それ自体，親がこどもに与えようとするものを減少させないだろうか？　そして，補助金の受給者は自分自

身のための貯蓄を行う意欲を減退させるのではなかろうか。

　これらはあまり起こりえないように思える。なぜならば，効果的な相続税は経済を弱体化する効果を持つというけれども，次世代を世話することは，個々人の主たる達成目標でなければならない。意欲ある人々がこどもを持つ時期を遅らせ，自分のキャリアを優先する傾向は，もっと他の要素が関係しているように思われる。その上，特に少数の幸運なこどもが大きな相続を受け取るような現状では，それ以後の労働や貯蓄意欲を減退させることなどを考えると，補助金の金額は大した金額ではない。

結　　論

　これまで見てきたとおり，デモグラント制度を立ち上げる方法には多様な案がある。金額や補助金を受け取る年齢，その使途に対して課される制約，そしてもしやるなら貢献分のあり方，財源調達の方法，これらすべては可変であり代替的なシステムになり得るだろう。しかし，これらの政策はすべて，共通の核がある点はもう一度強調しておく。すべては，若年層が成人生活に入る出発点で，自分の運命をコントロール能力を増大させることを目的としている。我々の社会においてこどもたちは根本的に歩であり，その社会における悲劇の1つは彼らのあまりにも多くが成人になっても歩であり続けるということである。デモグラントは成人時点で，すべての人々を受動的な市民から能動的な市民に発展させる1つの方法なのである。

10　パートナーシップ貯蓄

>　放蕩者に気に入られ，ついでに悪いことに
>　年金生活の守銭奴に，見よ，人の定めを
>　おお人間よ，美しく輝く青春から，歳月は
>　青春時代に要らないものを奪い取るのだ
> （ウィリアム・ワーズワース（William Wordsworth），「小さなきんぽうげ」）

　9章では，成人としての出発点においての資産形成のため，資産に基づいた福祉制度を紹介した。この章では就労期間を通じて資産を蓄積する制度を検討する。この章は，必要なときに年金や長期ケアサービスを得られるような老後の貯蓄についての提言に焦点を当てた。

　ここでも，いかに歩をクイーンにするかが課題である。それは個人の力を強め，自分自身の人生をコントロールする感覚を増すということである。

強制対パートナーシップ

　ほとんどの先進国は，従来から何らかの形の強制によって国民の貯蓄，ことに年金のための貯蓄を増やそうと努力してきた。それは，通常は政府あるいは民間企業が運営する年金基金に保険料を納めるという形を取る。例えばイギリスでは，企業年金，個人年金，あるいは国の所得比例年金を通じて，すべての就労者（および事業主）に所得の一部を拠出させる。

　さらにイギリス政府は国民保険制度を通じて税金を徴収し，定額の基礎年金の原資としている。しかし，これは一般の認識と異なり，貯蓄とはいえない。あらかじめ積み立てた貯蓄が支払われる形で年金が支給されるのではなく，現

時点での保険料が現在の年金の支払いに使われているからである。実際，国の基礎年金は人々が年金に十分な貯蓄をしなかったために起こる貧困を緩和する所得保障の手段である。しかし，この制度の存在によって他の貯蓄奨励策の必要性が高まっている。つまり，定年に達してもわずかな，あるいは全く年金のない者に国がセーフティネットを提供することは，年金のための貯蓄の意欲をそぐものである（いわゆるモラル・ハザードの効果を持つ）。

　貯蓄を促進するための強制には多くの問題がある。第1に，過渡期の問題である。これはほとんど定義といっても差し支えないが，強制は労働市場にこれから入ろうとする人々にしか有効とはいえない。今日労働市場に入った人々が退職するまでの期間を経て初めて，強制システムの過渡期が完了したことになる。2番目に，強制保険料の制度はライフ・サイクルの中で起こってくるニーズの変化に対応しない。例えば，強制保険料は育児費用の手当てには充てられず，学生ローンの導入や持ち家文化は，ライフ・サイクルにおける負担の前倒しになるのでつらいものになるだろう。さらに金融市場で失敗して，貯蓄を担保にして教育への投資ローンを組めない場合には，強制によって金融資産の使途が老後に偏ることになると主張する人もいる。

　より根本的な問題は，保険料の強制は個人の自由を侵害するということである。個人の力を弱めることは，歩をクイーンにする目標からは遠ざかる。強制保険料は保険料を逃れる技術を助長し，最終的には違法行為の取り締まり，保険料収入の減少，脱税といった重い社会的コストを伴うことになる。それは福祉国家を，人々が自助努力することに力を貸す崇高な機能を，強制されなければやらないことを強制してさせる抑圧的な機関に転換させるものである。

　国家の強制に対する代替案として，国家のパートナーシップと名づけられるものがある。それは，国の要求に応じられない場合にペナルティを科すという負のインセンティブではなく，財政支援によって人々が貯蓄するように正のインセンティブを提供するものである。パートナーシップでは回避や脱税に悩まされることはない。わかりやすくいうと，国が警官としてではなく，パートナーとしての役割を果たすのである。

デモグラントと同様，イギリスとアメリカの学者や政策立案者はすでにこの種の数多くの構想を研究している。セント・ルイスにあるワシントン大学のマイケル・シェラドン Michael Sherraden（1991：ch. 10）は，個人開発口座（Individual Development Account：IDA）を提案した。これは，生まれると同時に個人の名の下に設定する任意の口座で，特定の使用目的に限られ，利子を発生し，税制上優遇される。連邦政府は勘定の所有者自身の積み立て，あるいは幼児期にはその家族の積立金に対して助成金を拠出する。この助成金は貧困層に限られて支給される。その財源としては，貧困層でない人々に対する医療保険料や住宅ローンの利子や社会保障の保険料の控除などの，税の抜け穴を閉じることによって支払える。この IDA 制度はアメリカのいくつかの州で現在実験的に導入されており，予想以上に成功を納めている（Boshara 2001 と Beeferman 2001 参照）。

さらに，イギリス政府も試験的にこの方法を試みている。これは，Savings Gateway（「節約への道」）といわれる提案で，利子所得を生む低所得者層向けの単一の口座であり，政府が口座保持者の積立金に対してある決められた割合で（上限額まで）拠出する。諮問文書では，1対1の拠出率で月50ポンドまで，期間は最長3年を提案している（UK Treasury 2001a）。

私はフィリップ・アガルニク（Philip Agulnik）と共に他の論文で，さらに意欲的な年金と長期ケアサービスのための同額助成金制度案を展開した（Agulnik and Le Grand 1998a, b；Le Grand 1999a）。以下にそれをより詳しく説明する。

パートナーシップ年金

イギリス政府は年金への複雑な税金の控除と他の形の積立金を通してパートナーシップ制度をすでに実践している。税金の控除は，貯蓄基金への拠出，基金の運用収入（利子，配当金，キャピタルゲインを含む），基金からの引き出しなどに対する税の控除など，貯蓄のさまざまな過程で適用することができる。

現行制度は年金の保険料納入を控除扱いとしており，個人貯蓄口座（Individual Savings Account：ISA）では積立金の運用収入と給付を控除の対象としている。

しかし，税額控除はパートナーシップとして認知されるためには，極めて不十分である。それは不透明であり，税金を納入しなかったとは認識されない。控除を受けても，税金が減額されたことには気づかず，また仮に租税軽減に気づいたとしても，それを国庫の補助とは認識せず，「自分」の金にかける税金を減らしたと考える。これは政府の善意というよりは悪意の軽減を意味する。また税額控除は，年金政策として直接決定される援助額ではなく，税率のような税体系における変数の1つであり，柔軟性がない。仮に財務大臣が国庫の黒字により所得税を軽減すると，結果として年金の控除額は減少し，財務大臣の意図に関係なく年金の積立を縮小させることになる。

さらに税額控除は，公共支出に比べてその責任が不明確である。控除額は毎年の歳出に含まれることがなく，その金額に対する組織的分析もない。さらに，部門ごとの特別委員会による民主的な監視や支出の優先順位とも無関係である。これは，直接の公共支出が過剰に政策的関心を集めるのに対して，税控除という支出は比較的無視されるからである（Kvist and Sinfield 1996）。

しかし，税額控除が国庫補助の手段として抱える一番大きな問題は，所得分配への影響である。税額控除は税金を納める者にのみ有効であること，限界税率は所得とともに増加すること，また富裕層がより貯蓄することにより，税額控除は極めて逆進的である。例えば，年金に対する税額控除のうち半分は最も富裕な上位10％の世帯が占め，4分の1はトップ2.5％が占めると推計されている（Agulnik and Le Grand 1998a）。

パートナーシップ制度では，これらの問題を避けるために税額控除を廃止して，歳入そのものを同額助成金制度の原資とする。つまり，年金保険料の税金控除のかわりに，政府が個々の保険料に対して助成金を直接拠出する。拠出率は等分か，あるいはそれより低い割合（例えば1ポンドの保険料につき国からの補助は66ペンスか50ペンス）とする。国庫の危機を避けるために，補助の出

る保険料額には上限を設ける。

　パートナーシップ制度の助成制度は，税金控除制度と比較した場合に多くの利点がある。助成を受けた者が国庫の補助を受けたこと，またいくら受けたかに気づくという点で透明である。直接公共支出という点では，財務省からも議会からも精査を受ける。また，すべてのパラメータは財務省の直接管理下にあり，助成金額は年金政策の必要性に正確に対応することができる。

　さらに，この制度は現行の税額控除よりもずっと累進度が高い。アガルニックと私は年金におけるパートナーシップ制度の2つのケースについて分配上の影響を推計した。1つは，さほど再配分の要素が強くない制度で，1ポンドの保険料に対し50ペンスの助成金を拠出し，もう1つはより再配分の要素が強く，1ポンドに対して66ペンスを補助する。どちらのケースでも現行制度の税額控除よりもずっと累進度が高い。現行制度では上位10％の納税者が半分の給付を得るのに対し，66ペンスの場合では18.5％，50ペンスの場合では4分の1の給付を得る。現行では上位2.5％の納税者が4分の1の給付を受けるのに対し，66ペンスでは3.5％，50ペンスでは5％の給付を受けることになる（Agulnik and Le Grand 1998a）。

　助成金制度にはさまざまな条件の変形があり得る。例えばイギリス政府のSavings Gatewayの提案では同額助成金は低所得世帯にのみ限定する。一般的に，拠出割合は世帯ごとの収入に応じ，収入が増えるにつれゼロに向かって次第に縮小する。このように条件を変化させることにより，画一的な方法よりも支出を縮小することができる。（あるいは総支出が同じ場合には，低所得層により大きな補助をもたらす。ただし世帯への資産調査が必要となる。）

（1）　これらの計算は，現行の税控除の廃止が長期的には90億ポンド，これはGDPを1％強上回る程度増加するという仮定に基づいて行われている。実際，現行の税控除を廃止して得られる金額については議論が多い。要は，もし現行の年金の税控除が廃止されたとして，その代替としての税制を人々がどう考えるかである。課税当局によるいろいろな税控除の費用推定に則れば，我々はこの税制は「包括所得税（comprehensive income tax）」であり，そこでは投資による所得を含め，すべての収入が課税対象となる。だから，この税控除の廃止は課税回避による貯蓄の道を閉ざすことになるだろう。他の代替案の効果はAgulnik and Le Grand（1998b）で論じられている。

ロス・アルトマン Ros Altmann（2003）が指摘するとおり，拠出割合を貯蓄額に応じて変化させることもできる。つまり，貯蓄の低いところで拠出割合を高くし，貯蓄額が上がるにつれて拠出割合を下げ，ある額以上では助成はゼロとなる。低い貯蓄水準に対する補助に集中することにより，人々が貯蓄をしない側からする側に移行することの壁を克服できる。さらにこの方法では，貯蓄すべてに対して定率の場合よりも，予算がより一層行きわたることになり，富裕な（他の条件が同じなら，より貯蓄の多い）世帯に対する援助は縮小される。

総合的に見て，パートナーシップ制度の助成金拠出には多くの選択があるが，どれをとっても，例えば強制貯蓄や税額控除等の手段より，年金貯蓄を推進する方法として根本的に優れている。この構想は年金以外の貯蓄分野，例えば長期ケア保険への拠出など他の分野の社会福祉にも適用可能である。以下にこの問題について述べる。

長期ケアに関するパートナーシップ

現在65歳以下のうち，およそ4人に1人は65歳を過ぎると何らかの形の入所型の長期ケアサービスが必要である。当然のことながら，これは居住施設および福祉サービスの提供を含むために高額なものとなる。イギリスではこれらの費用を賄うために国からの補助が得られるが，収入と貯蓄に対する資産調査を受けければならない。

十分なレベルの長期ケアサービスを提供するためには，資金の面でもサービス提供者の時間や労力の面でも民間の資源に頼らざるを得ない。そして，これら資源を以下のように用いる（あるいは用い続ける）のである。（1）公私を統合した十分な資源を創出し，最低限の福祉サービスを，あるいは望むらくはより高い水準のサービスを提供すること。（2）サービスの水準と種類について，ユーザーと介護者が適切に選択できるようにすること（これは両方がクイーンになるということ）。（3）脱税や忌避の機会を与えないこと。

現在の資産調査に基づく国の扶助は，上記の条件に全く合致していない。長

期ケアサービスの水準は一般に不十分と見られており，ことに貧困層に対して不十分であり，また関係者はわずかな選択肢しか与えられていない。加えて，一定基準以下の価値まで資産が減ることを要件としている資産調査は，高齢に向けての貯蓄やこどもたちへの相続といった将来の配慮を無にするように見える。これは懲罰や搾取と受け取られ，脱税や回避を助長する。

王立委員会はイギリスがドイツや日本を見習って，社会保険料を長期ケアサービスの財源に充てることを提案した（「長期ケアに関する UK 王立委員会」1999）。被用者と事業主の拠出が長期ケアサービスの財源となる。しかし，王立委員会のメンバーを含む何人かのアナリストは，主要報告書に添付された反対意見の中で，費用の点からこの提案を批判している。さらに，11章に記すとおり，社会保険は課税対象が狭いことや保険料未払いなど独自の問題を抱えている。

これに対する代替案として，上記で年金に関して説明したパートナーシップによる財源確保がある。これは2つの方法がある。1つは長期ケアを対象とした保険への個々人の保険料に助成金を出すことである。もう1つは長期ケアサービスを利用する時点において，貯蓄を含む個人資産からの支出に助成金を出すことである。どちらの方法も現行の資産調査制度の下での貯蓄意欲の喪失を防ぐものである。

長期ケア保険への個人の保険料に対して国が助成金を出すということは，大まかにいって前のセクションで検討した年金基金の保険料に対する助成と同じものである。したがって，ここではこれ以上深く触れることはせずに2番目の提案，長期ケアサービス購入時における支出への助成についてのみ述べることにする。これは最低水準の公的援助と同額助成金制度を組み合わせるというものである。この制度では，長期ケアサービスの必要性を認定された者は，最低水準のサービスを公的資金から得る資格を得る。この最低水準は適正なものでありすべての基礎となる。最低水準を超えるサービスの支払いに対しては，国が本人や親戚の支出に対して1対1の割合（またはより低い割合）で助成金を拠出する。

歳出を管理するために，個人が受け取る助成金には上限を設ける。しかし，この制度が使用可能な予算の制限内にとどまるためにはこれだけでは十分とはいえず，受給者数を制限するための何らかのメカニズムが必要である。そのためには個人がサービスの必要性について評価され，そのニーズが利用可能な資源と比較されることが望ましい。ケース・マネジメントの精神では，認定を請け負う者が制度の予算にも責任を持つ。そうすることによって，資格の認定が利用可能な資源に準じているかを確認する強いインセンティブを持つことになる。

以下にこの制度がどのように実行されるか例をあげる。現在自宅に住んでいるある高齢者がソーシャルワーカーによって施設長期ケアが必要だと認定されたとする。認定を受けた者には国は自動的に最低レベル（例えば週250ポンド）を支給する。彼女が入居可能な高齢者ホームはたくさんあり，国が補助する週250ポンドで入れるホームから，より高い料金レベルのホームまで水準はさまざまである。もし彼女（あるいは親戚）が最低レベルの料金のホームを選択した場合，国の最低支出額が料金と一致し，彼女は自分の資産から何も支払う必要はない。しかし，彼女がより高い料金のホームを選択した場合には，彼女自身が支払う料金に対して国が補助金を拠出する。

例えば，彼女が最低レベルを上回る週400ポンドのホームを選んだとする。国は最低レベルである250ポンドに加えて，料金と最低レベルの差額の半分，週75ポンドを上乗せし，合計で週325ポンドを支出する。彼女は自分の資産から週75ポンドを出すことになる。

このケースでは国は1ポンドに対して1ポンドの割合で助成する。しかし，この割合がより低い割合，例えば1ポンドに対して50ペンスか25ペンスの補助金の選択も可能である。50ペンスの補助の場合，この高齢者は400ポンドの料金に対して100ポンドを自分で支払い，一方，国の支出は最低レベルの250ポンドに50ポンドを加算する。25ペンスの場合には，彼女が120ポンドを支払い，国が250ポンドに加えて助成金として30ポンドを拠出する。

この制度の主な利点は，資産調査などと異なり，参加することに協調性が求

められることである。人々は資産を隠したり，寄贈したり，他の形の脱税や回避といったインセンティブは持たず，パートナーシップ制度を活用することによって自分の受ける長期ケアサービスの質を高めるため資産を増やすインセンティブを持つ。一方，自分の長期ケアのために資産のすべてを支出せず，その一部をこどもたちに相続させるのであれば，それは全く自由である。この場合，長期ケアへの支出を減らすことにより，その分の助成金の拠出を得られないのが唯一の不利益である。

またその他の利点として，資産調査の完全な廃止がある。煩わしく，不快であり，また管理上高額につく資産調査は完全に廃止される。重要なことは，資産調査制度の下でのように，ただ貯蓄を減らしてしまうのではなく，先見性を持って貯蓄する用意がある場合には，より良い長期ケアサービスを受けられるということである。これは間違いなく優れた社会政策であり，優れた政治といえる。

パートナーシップ制度は極めて実践的なものであり，その導入・管理はそれほど難しくはない。貯蓄は自発的なものであるため，資産調査の複雑な組織も必要ない。社会保険のように保険料負担記録の情報も不必要であり，また資金が積み立てられるまでの待機期間もなく，明日にでも導入可能である。

この制度では，より多く出資した個人に対してより多く給付が支給されることになり，現行の資産調査による方法と異なって貧困層がターゲットにならない。しかし，資産調査から脱皮しようとする改革案にはいずれもこの特徴がある（王立委員会が提案する社会保険の導入を含む）。また，より高額なサービスを選んだ場合には公的資金からの拠出割合が低くなるという点では「累進度」が高い。例えば，上記の国が同額補助する例では，費用の5分の4が公的資金から拠出される。もし高齢者が400ポンドではなく500ポンドのホームを選んだ場合，彼女は125ポンドを支払い国が375ポンド，費用の4分の3を支出する。

さらに他の考察点をあげると，これは自動的に富裕層に有利になるのではなく，自分自身のための長期ケアサービスに，より多く資産を支出しようとする

者に対して（絶対額として）有利となる。これは自助努力が報われるという点が，利点の1つである。もちろん，このような自助が可能なのは富裕層であることが多い。ただ，必ずしもいつもそうとはいえず，例えば，比較的貧しくこどもがいない個人の場合は，こどもに資産を残そうとする家族のいる富裕層よりも多く長期ケアサービスに支出することもあり得る。他の支出と同様に，長期ケアに対する支出は収入だけではなくニーズや希望によって決まる。この制度においての助成金の分配も，収入ではなくこの支出によって決まる。

この制度の不利益な点は，国が承認しないサービスに対して支出されてしまう可能性があることである。この問題は，認定制度あるいは支出認可の手続きによって解決できるだろう。しかし，重要なことは長期ケア保険サービスに対するさまざまなニーズや希望が存在することを認識することである。この場合，ほとんどの普遍的な制度は難しい選択に直面する。1つはすべての人に対して必要最小限を提供し，支出は抑えるが誰も満足せず，その結果，貧困層は最低水準のまま放置され，余裕のある者は自分で全部支払おうとする。もう1つは，国庫の法外な負担によって必要最小限よりもより高いニーズや希望に沿って質・量ともに充実したサービスを提供することである。パートナーシップ制度はこの2つのケースと異なり，必要最低限にプラスしてさらに希望やニーズに沿った質・量ともに充実したサービスを提供する。また，人々が自分の資産を活用するので，完全な国庫からの支出よりも低額な拠出ですむ。

最後の問題はサービス業者のインセンティブである。サービス業者は国が料金を補助することをおり込んで料金を不当に上げることはないか。これは国のあらゆる補助金制度の問題でもある。しかし，他の補助金に比べるとパートナーシップ制度での影響は少ない。多くの補助金の場合，料金がどんなにかさんでも，（最終的には）国が支出を賄い，個人は料金の増加と無関係である。しかし，パートナーシップ制度では最も寛大な補助金拠出（1ポンドに対し1ポンドの補助率）の場合でも，個人が増加料金の半額は支出しなければならない。それほど寛大でない場合には，増加額に対して3分の2か（1ポンドに対し50ペンス），あるいは5分の4（1ポンドに対し25ペンス）を支出する。これら

の費用はサービス業者が際限なく料金を増加させるのを抑えるのに十分であり，ユーザーとサービス業者が共謀して制度を悪用することを防ぐだろう。

　パートナーシップ制度にはさらに工夫を加えることができる。例えば，金融資産が全くないかわずかしか持たない者を援助するため，全額あるいは部分的に金融資産ではなく非金融資産での保険料納入を認めることである。これは，個人の時間や努力を長期ケアサービスに提供すること，すなわち自分が若いうちに自分の親戚や他の誰かに対して長期ケアサービスを提供することである。例えば，個人が1年かそれ以上特定の社会奉仕活動に従事して，それを完全に，あるいは部分的に金融資産としての保険料と差し替える。もちろん，非金融資産が金融資産に変換される際には，名目上の交換率を設定しなければならない。

　もう1つの工夫は，制度の累進度を高めることである。これは料金と最低拠出金の差額を異なる区分ごとに，区分ごとの拠出率の差を変えることによって実現される。例えば，上記の1対1の画一的な割合のかわりに，最初の100ポンドまでの区分では国・個人の拠出の割合を3対1に，次の100ポンド区分までは1対1に，3番目の区分では1対3に，4番目では国の負担はゼロにする。この場合，先に例にあげた高齢者は50ポンドを支払い，国は350ポンド，つまり費用の87.5％を拠出する。もし彼女が500ポンドのホームを選んだ場合には，112.50ポンドを支払い，国は，387.50ポンド，つまり費用の77.5％を拠出する。これは1対1の割合の場合よりもより累進度が高く，費用が低額な場合は政府が合計金額で高い割合を拠出し，高額な場合には低い割合を拠出する。

　この制度の課題は，個人が制度に支出するための資産がなくなった場合である。その場合には彼女は住んでいるホームを去り国の最低水準のホームに移らなければならない。これは，おそらく資産がなくなる頃にはかなりの高齢に達している可能性が高いため，彼女にとって衝撃的な環境変化である。この事態は彼女あるいは家族が支出額を賄うに十分な年金保険を購入するという条件を整えることによって解決されるだろう。このように制度への支出不能を未然に防ぐことができれば，彼女は決して引越しを強制されることはないだろう。

第III部　政　策

結　論

　ここで提言された資産担保型のパートナーシップ制度は，政府からの援助の方法として多くの利点を持ち，年金資金を十分積み立てることに加えて，長期ケア保険においてもその十分な資金を蓄積することを支援することになる。これは個人にもその家族にも自分の資産を活用するインセンティブを提供し，また強制と違って個人を歩としてではなくクイーンとして扱う。この制度は現行の長期ケアシステムと異なり，やる気を失わせるひずみをもたらす資産調査はなくなり，また，税額控除とも異なり，透明で柔軟性があり，信頼するに値する。これは納税者にも非納税者にも利益をもたらし，その価値は限界税率に依存しないためにはるかに逆進性が少ない。しかも，まだ細部には工夫の余地があるものの，比較的簡単に導入可能であり，真剣に検討するに値する制度である。

11 目 的 税

司会者　誰かがあなたに課税すると聞けば，何を連想しますか？
男　性　私のお金泥棒。
女　性　月末がいつも悲しいわね。

（フェビアン協会フォーカス・グループ）

〈あなたは私の税金を盗んだ！〉
（公聴会にて，イギリスの医療費をヨーロッパ平均までにしたい
ブレア首相に対してブラウン蔵相が示したテレビインタビューの内容，
アンドリュー・ランズレー（Andrew Rawnsley），
Servants of the People）

　市民がチェスの歩のように扱われる最も典型的な例は税を課されるときである。それは課税の特性に由来する。自由主義者のことばを借りれば，課税は強制であり，強制は本質的に個人の自由と相反する。端的にいって，納税は法律上の義務であり，その義務を果たすことによって個人が意のままに行動する自主性は制限される。

　課税倫理に関する一般的な疑問，具体的にいうと，法律上の義務としての納税の倫理的妥当性を問うことは本書の領域を超えている[1]。そのかわりに，課税および政府支出の制度が，市民を行為主体としての能力を欠く歩として取り扱

---

(1)　記録として記しておきたいが，私は課税に合法的な道徳性はあると思っているし，「強制」を伴うことがそれを無効にするとは思っていない。道徳的に正しいときには他者の自由を制約することに強制を伴う。ある目的のための課税とか，例えば集団財の適正な提供を可能にするような場合である。これらの議論については，Fabian Society（2000 : ch. 4）や Nagel and Murphy（2002）を見よ。

うという重要な現実に焦点を当てたい。これは税収の使用に関する課題である。

税収と行為主体

　選挙期間を除いて，個人は税金として取り立てられた収入をどう使うかに関して，選択権はほとんどない。歳入は政府のブラックボックスに姿を消してしまう。政府の歳出プログラムに税金が姿を現すのは事実だが，その歳出プログラムにどのように配分されるかは，政府および議会のクモの巣のような複雑な手続きによって決定され，もともと税金を納付した市民の意向を参照することはほとんど，あるいは皆無である。

　もちろん，これは単に議会制民主主義のプロセスの一環ということで説明できる。実際問題として，市民は国の統治に関してすべての決定に携わることはできない。したがって，数年ごとに市民に代わって課税と財政支出を含む決定を下す代表を選ぶという制度が発展した。市民が代表の決定を不服とした場合，普通選挙の投票で落選させるという機会が与えられる。このようにして，課税と財政支出に関する個人の意向は反映される。

　しかし，選挙は個人の希望やニーズを反映するにはやや鈍感な手段であり，その選択は限られている。選挙は通常，政策的にそれほど大差のない2つか3つの主要政党によって戦われ，またその政策は課税や財政支出だけでなく，財政問題とは異なる公民権や外交政策とも連動している。したがって，政党の選択は，課税や財政支出だけだはなく，それらの政策課題に左右される。より重要なことは，選挙自体の実施頻度が比較的小さく，選挙と選挙の間には，市民がその意向を表現する機会があまりないということである。

　もし市民とその代表との信頼関係が深ければ，課税と財政支出に関する説明責任の道具という意味での選挙制度の課題は，大きな問題ではない。直接選挙による認定を経なくても，市民の代表がおおむね「正しい」決定を下した場合，つまり，市民自身がすべての関連情報を基にして同じ決定を下す場合には制度は有効であり，市民は意思決定の過程に参加したと感じることができる。仮に

代表が，場合によって「間違った」選択をしたとしても，透明でオープンな方法の下では，意思決定の理由が明白であり，代表と市民の信頼関係は維持されるだろう。しかし，信頼や透明性が存在しない場合，つまり代表が不透明な決定を下したり，市民の希望やニーズよりも自分たちの方針を優先したりした場合，市民は，政策決定プロセスからの疎外感を感じ，代表の決定に対して憤りを感じるようになる。一般的に，彼らはこれらの決定に直面すると，自分たちはクイーンではなくむしろ歩であるという無力感を味わう。

選挙の実施頻度が比較的少ないことにより，政府のすべての決定に関して多かれ少なかれこのような市民感情が浸透しているといえるが，課税に関しては特に敏感である。現代社会の市民は，「彼らの」金銭がさまざまな形態の課税によって取り立てられることを常に意識している。例えば，給与から所得税を，領収書から付加価値税（value added tax : VAT）や他の消費税を，所得申告から住民税をといった具合である。税金の取り立てとその使用先に関して無力であることと，市民の課税後の所得に対する権利は際立った対照をなしている。彼らは，基本的には政府が正しいと信頼することによってのみ，自らを歩でなくクイーンと感じることができるだろう。

残念ながら，多くの国において市民は政府と課税に関しては，信頼やつながりよりは，むしろ不信感や疎外感を感じている。イギリスでは，著者自身も会員であるフェビアン協会が，税制と市民権に関する委員会（Commission on Taxation and Citizenship）において，課税に対する国民の態度についての広範囲な調査を行った。このリサーチでは，グループ・インタビューを含む多くの手法を用い，膨大な数量調査を実施し，またさまざまな世論調査を活用した。結果は以下のとおりである。

　課税は単に不人気というだけではなく，基本的にはその正当性を受け入れている者にさえ否定的な感情を呼び覚まし，議論の対象として全く不愉快であると思わせる。ほとんどすべての人が税金は公共事業のために必要だと認識しているが，一般的に使用される慣用句は「必要悪」であり，特

に悪の部分が強調される。課税は，ほとんど懲罰的意味合いを持つと同時に，特に歳入庁を抑圧機関あるいは脅迫機関としてさえ認識させる。

　限られた人々のみが，課税を公共サービスの提供のためだと思っている。誰もが自分自身で支出する場合は，金をどのように使うかわかっているのに対して，政府が税金を何に使用しているかを理解している人はほとんどいない。多くの人々が，税金が「底無し穴」（ブラックホールともいわれる）に消えてゆくように見えるが，支出したこととの関係は何も見えないのである。（Fabian Society 2000 : 45）

　委員会は，納税者が，納めた税金からも，彼らが支払っている公共サービスとも断絶があると感じている，と結論づけている。この断絶は，一部にはどのような税金を納めたか，また納めた税収が何に使われたか知識不足であること，また一部には税収が果たして適切に使用されたのかという疑念により生ずる。これらは，委員会のフォーカス・グループの以下のインタビューがよく示している（Fabian Society 2000 : 51）。

　　女　性　　彼らが言うこと，信じたことある？
　　男　性　　そういえば，年を経るにつれて段々，こう，歪んだ見方をするようになった。
　　司会者　　しかし基本的には，医療サービスに使われるとしたら，もうちょっと税金が増えても気にしないのではありませんか？
　　男　性　　そう，誰も気にしないよ。
　　女　性1　そう，私は全然，気にしません。
　　女　性2　ちっとも，しませんよ。
　　女　性3　もし何に使われるか知っていたら，ちっとも。

　彼らは，政府の課税に対しては，疎外感から比較的無力であると感じており，政府支出がより広い社会での健康に貢献するはずがないと信じている。これは

政府に対する敵意を助長し，手の込んだ租税回避や脱税によって，選挙制度での無力感を埋め合わせようとする努力を誘発する。さらに，これにより最終的には選挙過程の枠外で，デモ，ストライキ，サボタージュ，バリケードといった社会的破壊活動にいたる可能性がある。また政府がうろたえ，無分別な妥協によって抗議団体を買収するために彼らの利益のみを考慮し，より広い社会の利益を無視するようになる可能性もある。あるいは，政府は全く柔軟性を失って，脅威に屈しない態度を取り，課税に対する危機感や不満を無視して市民の憤慨やさらには暴動を誘発するかもしれない。どちらにしても公益は侵害される。

　課税と財政支出に関する個人の影響力の感覚を増すにはどのようにしたらよいか。1章と同じ言葉を用いるなら，歩からクイーンに変える方法は何かということである。1つ確実な方法は，税収を特定の支出目的に割り当てることである。これは専門用語で hypothecation（目的税化）と呼ばれている。この章の残り後半は，この考え方の正当性とその影響について検討する。

目 的 税

　目的税（hypothecation）は，ある特定の目的のために割り当てられる税金をさす。この考え方には長い歴史があり，ことばそのものはギリシア語の *hupotithenai* を語源とし，抵当に入れるという意味がある。それから，ラテン語の *hypotheca*（pledge/deposit）に転じ，本来の意味合いの，担保（property）に入れるという意味を持つ。実をいうと，古代アテネやローマでは，すべての税金は，管理上の利便性から目的税化されていた（Webber and Wildavsky 1986：121）。中世ヨーロッパでもほとんどの課税は目的税化されてお

（2）『Shorter Oxford Dictionary』と『American Heritage Dictionary』の定義から。興味深いことに両辞典もここで用いられているような意味を与えておらず，もっと一般的な税の議論を書いている。フェビアン委員会は 'earmarking' を用いており，'hypothecation' は私がいうところの「強い意味での目的税」の意味に用いている。

り，支配者は軍隊のために資金調達したのである。最近では，イギリスの道路税納付証明書が目的税であり，その税収は道路建設に充てられていたが，この割り当ては1937年に廃止された（Bracewell-Milnes 1991）。地方自治体では，1930年代まで，別々の税率によって異なる行政サービスが実行されていた。さらに最近では，BBCの視聴料が古典的な意味での目的税である[3]。これは，BBCのみの収入を確保する人頭税であり，BBCの資金調達のための唯一の税金である。

現在のより顕著な目的税の例は，イギリスでも他のヨーロッパ諸国でも実施されている国民保険または社会保険である。事業主と被用者が保険料を積み立て，老齢年金，失業保険，健康保険（これは欧州大陸諸国のみでイギリスにはない）といった特定の福祉サービスや給付の原資とする。ここでは，目的税化は何らかの形の拠出要件と組み合わされ，目的税を原資とする給付は，一定の拠出額を支払った者に限って支給される。

最近では，Fabian Tax Commission（フェビアン税制度委員会）が述べるとおり，イギリスでは目的税が復活しつつある（Fabian Society 2000 : 156）。ジョン・メジャー（John Major）率いる保守党が，1994年に国営宝くじを導入したときには，その国庫収入は芸術分野に配分された。1997年に当選した労働党の最初の税制改革は，目的税の導入である。これは，失業者を仕事に復帰させるニューディール政策のために，民営化された公共事業に一時的に税収の自然増分（windfall tax）を割り当てる。次の予算では，目的税はタバコ税の増税という形で健康保険支出の増額に充てた。また，さまざまな環境税は，環境改善のために充てる。政府以外では，この10年間，自由党，Institute of Economic Affairs（1991），英国医師会（1994），およびジャーナリストや評論家のサムエル・ブリタンSamuel Brittan（2000）などが，さまざまな提案をしている。

目的税には歴史がありその活用の頻度も増しているが，物議を醸さないとは

---

[3] BBCは税以外に，とりわけ商業的な子会社から資金を得ている。

いいがたい。この制度を医療保険や教育といった政府の他の財政支出に拡大するという提案には，常に激しい反対が起こる。財務省および他の金融省庁はこの意見に強く反対し，財政学専攻の経済学者からもわずかな賛同しか得られていない。では，どのような議論があるのだろうか。[4]

なぜ目的税か？

ここでは，目的税に関して強い議論と説得力のない議論を紹介する。まず，説得力のない議論である。一般に医療保険や教育など民間に普及している公共サービスのための目的税による税収は，増税に対する有権者の反感を抑えると考えられている。これはあながち間違いではない。それどころか，現在のイギリスにおいては，ある種の目的税が納税者の反感を軽減することは間違いない。ここで，フェビアン税制度委員会の調査の結果を紹介する。

委員会は，課税への態度に関する調査で，特定の所得税率の増加に対する回答者の反応を述べている。そこでは，事例ごとに増税される理由について詳細な説明がなされる。結果は驚くべきものである。割り増しされた税が不特定分野に支出される場合，1％増税することに賛成したのは回答者の40％，2％の増税に賛成したのが34％であった。しかし，税金が国民医療保険に支出される場合には，増税への賛成は倍増する。1％の増税に80％，2％の増税に対しては71％が賛成であった。もし，それが教育に支出されるのであれば，1％の増税に68％，2％のそれに61％であった（Fabian Society 2000 : Table 2.3）。これはイギリス特有の現象といえるだろうか？ 他の国々でも少なくとも医療サービスに対する支出に関しては，似たような結果が得られているようだ（Hoffmayer and McCarthy 1994）。

さて，これが現実的に正しいとすると，目的税は納税者の反感を抑えるという議論が説得力のない議論といえるだろうか。実はそこに説得力がない理由が

---

(4) 主な賛否両論の議論は Teja and Bracewell Milnes（1991），Jones and Duncan（1995）と特に Fabian Society（2000 : ch. 8）にある。

2つある。まず，目的税に反感が少ないのは，時と場合によるからである。別の機会に異なる目的のために支出されるときには，納税者の反感を軽減するどころか，かえって増加させる可能性がある。さらに，民間に普及している公共サービスのための目的税の増税では納税者の反感は抑えられても，人気のそれほど高くないケースではそうなるとは限らない。このような態度は間違いなく存在する。例えば，ジョン・ヒルとオルソリア・レルケ John Hills and Orsolya Lelkes（1999）の「英国社会意識調査1999（1999 British Social Attitudes Survey）」によると，政府が失業手当給付の支出を減額すべきであるという回答者（35％）はそうでない回答者（22％）を上回っている[5]。また，「同調査 1995」によると，一般に，納税者が彼ら自身のための行政支出の増額といわれた場合，そのほとんどが医療と教育に対する支出の増額には賛成したが，例えば治安維持，環境，防衛といった他の項目には賛成しなかった（Brook, Hall, and Preston 1996）。

したがって，目的税が自動的に課税への反感を軽減するという説は，イギリスに関していえば特定の歳出プログラムに関しては正しいといえるが，一般的に正しいとはいえない。さらに，2番目の根本的な重要な異論がある。仮に，単純に財政支出は良いことのために増やされると仮定されていると，その目的を推進することはいつも良いことであるということになる。しかし，すべての時と場合において，公共支出を増加させることが望ましいとは限らない。最も熱心な公共部門の支持者でさえ，支出の減額が適切であると考えることがある（例えば，戦争終結後の防衛費など）。また，支出増額が望ましい場合においても，これから述べるように，費用に絡んだ課題を抱える場合には，単純に結論づけることはできない。

一体目的税に関しては何が正しい議論だろうか。目的税が望ましいという根本的な理由が，この本の中心テーマである。つまりこれは，市民を歩からクイーンに変えるということ，少なくともクイーンに向かわせるということである。

（5） 40％にすべきだとされた。

これには、2つの理由がある。まず、もしも目的税化（hypothecation）が適切に運営された場合、市民は普及している、また自分に直接関わる公共サービスの費用を認識する。その場合、国家歳入がごった煮のような財源であることからくる不透明さは取り除かれる。情報を得ることは、活動的かつ自主的な市民であるための必須であり、目的税化は情報を入手可能にするための核心部分といえる。2番目に、これは市民と比較して政府の力を制限する。政府は、税収を好き勝手に使うことができず、あらかじめ特定されたとおりに財源を配分しなければならない。市民と政府のパワーバランスは、市民の方に偏ってゆく。

しかし、目的税化は、政府の弾力性を弱めることによって相対的に市民の力を強めはするが、市民の絶対的な力はわずかしか強化しない。なぜなら、市民の意向は目的税とそれによる公共サービスの変更によって実現されるが、それは数年ごとの総選挙での票決で決められるだけだからである。これを修正するために、何人かの研究者が提唱する目的税と政府支出への国民投票とを組み合わせる案について説明する（例えば Buchanan 1963 参照）。この場合、市民は国民投票で、特定の公共サービスのためにいくら納税するかを、一連の組み合わせを問うことになる。したがって政府の決定は、より市民の立場に立つものとなるが、国民投票を連続して実行することは、実際問題としてはデメリットである。さらに、市民の力を強化するという強みがあるにせよ、少なくとも近い将来の導入は不可能である。

では、政府に対する市民の力の強化という点では、目的税は小休止ということになるのだろうか。これは反対意見がどのようなものかが問題だが、多くの異論が存在する。

まず、政府の弾力性は重要であるという議論である。経済は変動しており、政府支出は常に変更の必要性を抱えている。外生的な出来事やショックは、政府支出や長・短期的経済に影響を与える。政府はこのような変化に対応しなくてはならず、目的税化はこの対応能力を鈍らせる。しかし、反対意見もある。要するに目的税の狙いは、政府の弾力的運用を弱めることであり、政府がその弾力性を使用——あるいは誤用——することによって、政府と国民との間に不

信感が生まれる。弾力性という利点を失うことは，個人の力をある程度取り戻すことへの代償であり，それによって個人と政府の断絶を軽減することができるのである。

もちろんここで，目的税をどの程度導入するかという疑問に突き当たる。目的税は一体いくつの歳出プログラムの原資となればよいのか。明らかにプログラムの数が多ければ多いほど，正確にいえば，さまざまな事業において目的税の割合が高ければ高いほど，政府が歳入を処分する弾力性は失われる。目的税化や目的税は，その処理範囲を広げることにより，費用が便益を上回るポイントに到達するかもしれないが，これを予測することは不可能である。それよりもむしろ，個々の目的税化の提案を，独自の利点だけではなく，政府の総合予算への影響をも含めて査定する必要がある。

2つ目の異論は，経済の変動に関係している。課税の重要な役割は，景気を安定させることである。好況時には，他の条件が同じ場合には，増税することによって消費者需要が抑制され，バブルを抑える。不況時には，減税することにより，消費者需要を刺激し，不況を緩和する。しかし，税制の大部分が目的税化されているとすると，経済安定化の役割を発揮することができない。それどころか，好況時に税率が軽減されたり，公共支出を税収に沿って増額させたりする可能性があり，どちらの場合もバブルにさらに拍車をかける。また，不況時に税率が上げられたり，公共支出が減額されて不況をあおったりする可能性もある。

これが政府の弾力性を保持することに対する一般的な賛成論である。つまりこの議論の重要な点は上記のとおり，政府が弾力性を失うことは，目的税の利点を得るにあたっての代価ということである。ただ，このようなマクロ経済の安定化のための税制手段の使用は，以前ほど重要視されておらず，その代価はそれほど高くつかないとも考えられている。

ただ，ある特定のケースでは，経済安定化の議論よりも，重大な問題に発展する可能性がある。それは，好況時に，公共支出を超える税が徴収されたり，不況時，税収が落ち込んでいるときに，政府支出を補給するために使われたり

するのをどうするかである。目的税化された税予算は，特定の年に限らず，経済循環の期間内で清算すべきである。そうすることによって，経済の変動に沿って税率を変える必要がなくなり，安定が保たれる。

　ここで，経済安定化のための資金という考え方に，問題があることを認識しなければならない。このような資金の危険性とは，好況時に蓄積されたものが，本来の目的以外に使用されることである。これは，1930年代の British Road Fund（英国道路基金）が良い例であり，このことによって同基金は最終的に廃止された。経済安定化のための資金という提案については，このような逸脱を防ぐための構造がつくられる必要がある。

　この問題は，目的税化に対する3つ目の異論にもなる。それは純粋性の問題である。この議論では，経済安定のための資金であろうとなかろうと，目的税化はほとんどお題目でしかない。この議論では，政府は特定の目的税を名目上その目的に配分する。しかしその税収は支出額に見合ったものとは限らず，支出額は別に決定される。もし目的税化された税収が必要以上だとすると，余分の税収は他に流用される。税収が少ない場合には，差額を一般歳入から補填する。どちらにしても，政府は実質上目的税を一般歳入と同様に扱うことになり，目的税は見かけだけのものとなる。

　その対策としては，強弱2つの種類の目的税を区別することが重要である。強い意味での目的税とは，その税収が，政府支出の1つの特定のプログラムや分野のみに使用され，他の税収を投入されることがない場合である。この2つの条件のうちどちらかが適用されない場合は弱い目的税といえる。すなわち，目的税の税収の余剰が，本来の目的以外のプログラムに投入される場合，あるいは，他の税収の余剰が，指定プログラムの補填に使用される場合である。先のBBCの視聴料は強力な目的税の例である。それ以外のほとんどは弱い意味での目的税といえ，芸術分野のための国営宝くじやNHSのためのタバコ税の増税などは，他の財源に資金を提供している。また，イギリスの国民保険基金は，他の財源から資金を補填している。

　通常「見せかけ」だけだとの異論は弱い意味での目的税についてなので，そ

の区別は重要である。これは税収が，目的税化によって特定された目的以外の基金にも使用される場合に特に顕著である。政府が一般目的のための増税に目的税を使用し，透明性や他の正当性をも侵害する点が問題である。また，一般税収が目的税に加えて使用されることもあり得る。そして，特定サービスに対する支出と目的税には関連性がなくなり，透明性その他の利点が失われる。

つまり目的税を成功に導くには，目的税化を強力に推進しなければならない。税収には厳しく境界線を引き，特定の公共サービスの唯一の原資とする。つまりその税収は，特定サービスのためにのみ使用される。目的税化された資金の余剰は，他の公共サービスの補填に使用されず，（おそらく経済安定基金の仕組みによって）次の年に持ち越されて特定サービスのレベルや質を上げるか，目的税の税率を引き下げるしかないということでなければならない。この原則から出てくる付則として，ある年に赤字が出た場合，他の税収によってその差額を埋めてはならない。かわりに，赤字は次の年に持ち越され，目的税の税率の変更によって適切に修正されなければならない。重ねていうが，これがこの制度に対する市民の信頼を維持するためには重要な点である。もし目的税化と行政サービスの提供額の直接的な関連を失うと，目的税とされる課税は，単に一連の政府の資金調達手段の1つとなり，目的税化の利点が失われる。弱い意味での目的税の場合，市民は目的税として支払った税金が，いわれたとおりに支出されるか確信を持てなくなる。そして確信を失ったら最後，政府と市民の間の絆としての目的税への信頼は消滅する。

4つ目の異論は，特定のプログラムに使途の指定されている歳入が，一般歳入を使用する他のプログラムに与える影響についてである。我々はすでに医療保険や教育といったプログラムは，失業保険よりも人気があることを見てきた。人気の高いプログラムへ目的税化された歳入は，総合課税への政治的な支持を減らし，したがって人気のないプログラムへの支援を減らす可能性がある。

しかし，ここに2つのポイントがある。まず，この議論は，ごまかしが存在するのではないかという推測をもとにしている。1つは，課税の政治的な支持は，納税者が彼らの好むプログラムへ税金の多くが投入されると考えるよう仕

向けることによって成り立つが，実際は，歳入の多くは納税者が好まないプログラムに流れているという前提である。これは納税者を歩からクイーンに変えたいと思っている人には聞かせたくない話である。

2番目に，一般歳入から資金を得る人気の高いプログラムのいわば「巣づくり」は，目的税化の反対者が恐れる影響と同じことが起こる。他の鳥の巣でのカッコーの雛[*1]と同様，不人気なプログラムへの資金を減らすことになるので，人気の高いプログラムの政治的な重要性が支配的となり，不人気のものにはわずかな資金しか残されない。ブレア首相が大陸ヨーロッパと同じレベルの医療支出を捻出するといったときに，大蔵大臣のゴードン・ブラウン（Gordon Brown）がテレビ・インタビューで，首相が予算を盗んだといったことによく表れている。

最後の目的税に関する心配は，そのイデオロギーにある。目的税は，反集産主義的な性質を持つ。これは，政治的右派にとっては利点であり，政府の経済関与を求める側にとっては欠点である。カロライン・ウッバー（Caroline Webber）とアーロン・ヴィルダフスキー（Aaron Wildavsky は）「西洋における課税と公共支出の歴史」においてに次のように記している。税金の使途指定は，競争的な個人主義に向かう強い傾向を示す。近代的な政府において，歳入を財源によって分け，機能によって配分を決める方法は，これによって個人が損得を計算することができるようになるので，実際には公共財を個別財に転換させることになる（Webber and Wildavsky 1986：121）。

しかし，これはレトリック上もっともらしく聞こえるが，本当の意味がはっきりしない。特に，税金の使途指定や目的税化がどのように公共財を個別財にするかは明らかでない。道路は，自動車税で資金調達されようとされまいと公共財である。BBC は視聴料で賄われようとそうでなかろうと公共財である。NHS は目的税化された課税が財源になるとしても，団体保険である。公共財

〔*1〕 カッコーは「托卵」をする鳥の典型である。「托卵」とは自分とは異なる種の鳥（モズ，オオヨシキリ，ホオジロ等）の巣に卵を産みつけ，巣の持ち主に自分のヒナを育てさせるというものである。

の本質は，一般歳入が原資であるか，それとも目的税が原資であるかで決まるわけではない。[(6)]

おそらくこの議論は，次のようなことを恐れているのではないだろうか。すなわち，目的税化を通じて税金の使途が明確になった場合，市民個人が直接的な利益を受けない場合には納税することを嫌がるのではないか，あるいは公的セクター以外から同じサービスを受けたほうが得であると考えるのではないか，などということである。実際に，目的税は集産主義的なナイトを個人主義的な悪党に変えるのである。

しかし，これは必ずしも目的税の帰結ではない。公共サービスから直接に個人的利益を得られなくても，実際の受益者のためにという利他的な動機からとか，あるいは自分が将来受益者になることを考えて納税を続けるかもしれない。また，現在の受益者が外部からもっと良いサービスを得ようと考えるとは限らないかもしれない。ドイツでは，富裕者は，公的健康保険制度に加入を続けるか，離脱して民間の保険に加入するかの選択権があるが，ほとんどは公的保険を選択する。それはそのほうがよいと考えるからである（Thomson, Busse, and Mossialos 2002）。一般には，市民の離脱権は，有効な競争圧力を公共サービス機関に与え，サービスの質・量の向上をもたらす。

さらに基本的に，市民が公共サービスに関して損得を認識することは，悪いことではない。今までに論じてきたように，これは透明性を導き，したがって歩をクイーンにすることにつながる。その結果，市民の一部が公共サービスを離脱するのであれば，それは受け入れられなければならない。個人が自分の人生に支配力を発揮し，人生を管理する感覚を増すべきだという支持者は，仮に個人の支配力が彼らの意見に反する行動に発揮されるとしても，それを容認しなければならない。

総体的に，本書の見方からすると，目的税化には多くの利点がある。しかし，

（6） 集団的（collective）とか公共財（public）という言葉は，経済学においては，その財の消費が非競合性と非排除的であるとされている。これらの特性はいずれもこの資金制度によっては影響されない。

これは現実的に実施可能だろうか。この章の後半では、2つの実践的な例を紹介する。1つは目的税化できない国民保険であり、もう1つは目的税化によってより優れたものとなる健康保険税である。

悪しき目的税とならないように——イギリスの国民保険

イギリスの国民保険制度が、ある種の目的税であることにはすでに触れたが、これはイギリスの目的税制度としては最も顕著な例である。残念ながら、これはあまり良い例ではないが、よくいわれるようにそれを検証し、その失敗から学ぶことが重要である。イギリスの国民保険は、事業主と被用者が納入する強制保険料を財源とする現金給付制度である。財源の積み立てではなく、現在の給付が現在の保険料によって賄われる給付（賦課方式）は、疾病、障害、失業、老齢などさまざまな不測の事態による所得の喪失を補うように設計されている。公的報酬比例年金（SERPS：State Earnings-Related Pension Scheme）としては例外的に、給付の率は一定である。保険料は課税下限所得と上限所得の間の人に課せられる。

イギリスの国民保険制度の第1の問題は、その目的が明確でなく、また一貫性もないことである。目的の明示がなく、その意図も照準も明解に説明されていない。それはほとんど2つの事を一度に実行しようとしているように見える。疾病、失業、老齢による所得の喪失に対する保険と、富裕層から貧困層への富の再分配である。2つの目的を持つことは本質的には悪いことではない。多くの政策手段は1つ以上の機能を持ち、そのことによって効果を失うものではない。しかし、多目的であることは、目的の1つを追うことによって他の目的の成功を妨げないときには許容できるが、この条件を国民保険は満たすことができない。これがその名のとおり適切な保険制度であれば、大陸ヨーロッパの社会保険制度と同様、逆境にある被保険者が大きな所得損失を被らないように保証するはずである。報酬に比例する保険料を徴収し、報酬に比例する給付をするが、これは大陸ヨーロッパの経験が示すとおり再分配的要素はない。なぜな

らば富裕層は高い保険料を納入するが，同時に高い給付を受けるからである。もし，制度が再分配機能を持つように構成されると，給付は貧困層に集中し，富裕層がより多く保険料を納めることになる。しかし，これでは受給開始と同時に所得が極めて低くなる中間所得層にとっては保険機能としての価値が低下する。

　このジレンマを解決することは不可能であり，したがってイギリスの国民保険制度は，どちらの機能も満たされていない。公的報酬比例年金以外は，給付が所得に応じていないため，本来ならば保護すべき不慮の災難による生活水準の落ち込みに対して十分な保障を提供しない。実をいうとほとんどの場合，生活水準の落ち込みに対しては十分な基盤さえ提供していない。例えば，1948年から導入された国民基礎年金への依存者は，資産調査付きで上積みの給付を受けるが，この状況は1980年代前半から公的年金と所得との連携をなくしたため，深刻になっている。

　さらに，近年の労働党および保守党の政策変更が，保険機能を他の点でもむしばんでいる。保守党は，所得の上昇に対する老齢年金および他の長期給付との連動をやめて，短期給付でも所得に応じた補足給付を撤廃し，さらに失業保険の給付期間を12カ月から6カ月に縮小することで，拠出と資産調査による給付をより強く結びつけた。労働党のもとで，さらにこの縮小が加速した。特に障害給付は，私的年金を受け取った場合には相殺され，その資格規定もより厳しいものとなり，さらに基礎年金を超える公的年金は所得比例ではなく定額と定められ，所得に応じた給付は事実上すべて廃止された。

　しかし，給付削減にもかかわらず，国民保険の保険料は，特に1980年代に増加した。さらに最近では，保険料を部分的に所得税と連動させるようになった。下限所得に達すると，制度に参加するための均一料金である「参加料（保険料）」を納入するはずであったが，これは事業主・被用者に対し共に撤廃された。また，事業主に対しては保険料の所得上限が廃止された。被用者の所得の下限は，すでに最低限の課税所得と一致している。この一致は，2001年4月に被用者に適用されたが，給付資格は最低限の所得に連動を続けながら，その後

保険料は免除された。現在のところ被用者の所得の上限や，自営業者の保険料の上限の撤廃の動きはないが，所得の上限は物価よりも早く上昇している。

現在の国民保険制度は適切な保険制度とはほど遠い。残念ながら，富の再分配の手段としてもそれほど有効とはいえず，所得の中でも特定の人々（上限所得と下限所得の間）に対して定率税である。これは，預貯金からの収入や他の形での不労所得に課税されるわけではなく，したがって一般の所得税と違って，富の再分配の作用としては全く有効といえず，制度に違和感と不調和を感じさせる。例えば，所得の上限を設けた結果，ある一定の範囲を超える所得に対しては限界税率を実際には引き下げる結果になっている。

国民保険からの給付は，富の再分配としても効果的ではない。国民保険の保険料の主な機能は，公的年金の財源であり，これは歳入の4分の3を占める。しかし，これは定率給付であり，他の形の所得に比べるとその価値は徐々に減少している。したがって，特に生涯給付を視野に入れた場合，所得配分の不平等の縮小には十分ではない。結局のところ，富裕層は貧困層に比べて著しく長命なため，労働者階級の保険料が中産階級の給付に使用されるという描写で風刺されがちある。

このように，国民保険の制度は，目的の明瞭性もなく，有効であるべき機能がどれも発揮されていない。1つには，これは有効な目的税化の特徴である一貫性を満足させていないからである。納税者は，これを保険制度の一種としてとらえているので，その供給不履行には困惑（多くの場合は怒り）を感じている。世論調査では，拠出原則に対する一般的な支持は変わらないが（十分な知識を持たない場合），将来給付，特に老齢基礎年金に対しての信頼は後退している。

多くの評論家は，もしもこれらのやり方に何の変化もない場合，この幻滅の感覚はひどくなると予測している。ニコラス・ティミンズ Nicholas Timmins (1999) は，国民保険制度が複雑になり目的を混乱させ，徐々に弱体化されることに言及し，「累進的に保険料を払っている有権者が，給付がちょっとでも下がれば，構造的というより政治的に危機が生じるだろう」と述べている。制

度の表面上の目的と実績との違いに気づいた場合，制度への信頼が揺らぎ他の税制へも影響を及ぼし，財政制度やさらには政府一般への信用も傷つける可能性がある。これにより，「断絶」の問題はさらに悪化する可能性がある。

　最後に，国民保険の現行制度は強力な目的税化の条件に合致していないことがあげられる。国民保険の資金は，その導入以来ずっと一般歳入から補塡されてきた。現在，国民保険給付の価値が比較的減少し保険料が逆に上昇したため，この問題はそれほど深刻ではなくなり，資金も現在では黒字である。現行の規則では，黒字は次の年に持ち越されるはずだが，持続的にますます増加する黒字を見る限り，財務大臣が，将来その資金を他の目的に転用しないとはいいきれない。

　目的税化を成功させるにあたって国民保険の経験から何が学べるだろうか。まず，公共支出一般に関する情報を提供するためには，目的税からの歳入が使われる目的を明確にすることが必要である。曖昧で混乱した政策目的の寄せ集めを，特定または一連の課税に適用することでは，市民の権利を増進することにつながらない。1つの包括的な目的や趣旨を持つことによって，明快さや一貫性が初めて保たれる。これが常に可能とは限らないが，課税が1つ以上の目的のために使用される場合には，複数の目的が明快であるだけでなく，それぞれを両立させなければならない。

　さらに，どんなにその数が多くても，課税の目的や性質が納税者にとって明確でなくてはならないが，さらに他の条件がある。一連の目標は明らかで守備一貫させるにしても，それを熟知している政策立案者やアナリストが，納税者である市民が課税要求に応じるよう動かすことは最小限にとどめるべきである。もし納税者が何か隠された意図があると疑った場合，規則を遵守するよりもむしろそれに逆らうようになる。また，納税者にとって使途が指定された税収は，その流れが明確であることが必要であり，目的税基金の特徴と役割，またその税収の使途は誤解を与えるようではいけない。

目的税化している医療保険税

　今まで見てきたように，一般に目的税に関しては，十分な推進理由がある。ただここに，医療制度に関して特に目的税化を推す特別の理由がある。1つは市民権との関連である。多くの国々が医療制度に関しては自信を持っている。特に，イギリスではNHSは独自の地位を占め，イギリス人のアイデンティティといってさしつかえない。イギリスの市民が，イギリス人であることに最も誇りを感じるのは何かと問われれば，圧倒的多数がその1つとしてNHSと解答する。医療制度の困難は続いているにもかかわらず，その誇りには固執しており，NHSの共同性は国民としての共同性ともいえる。

　したがって，特にイギリスでは，目的税化と医療制度の関連は，租税とアイデンティティおよび市民権の内在的部分との関連でもある。たとえ正確にはこのとおり表現しないとしても，ほとんどのイギリス人は，医療保障は誰でもほとんど無料で利用可能であることを誇りにしている。つまり，租税から医療保障を提供し，支払能力に関係なく利用可能であり，しかもそれは国が集団的意思決定として，疾病や障害に侵された者を最も直接的に援助することを決定した結果である。

　目的税に関する限り，医療制度が独特である第2の理由は，制度への需要と投入される財源の大きさとの関係にある。医療保障は一般に需要の所得弾力性が高いといわれており（つまり所得の上昇に比べて需要の増加が大きい），ほとんどの国では，支出は常にGNPに対して上昇傾向にある。それが事実だと

（7）　最近の2つのメディア報告——BBCの2001年12月10日のニュースでは「イギリス的である典型例は？　最近の調査結果では91％がNHS」と答えた。パトリック・ウィントゥアー Patrick Wintour は2000年3月28日の「ガーディアン」紙に，「労働党は国旗を回収」と題して次のように書いた。「ゴードン・ブラウンのグループはどのような価値や組織がイギリスを代用するものと国民が感じているかについて質的かつ量的調査を行った。彼らはNHSが唯一最も国民に愛されており，イギリスの諸組織を統合し，イギリスの象徴とさえ思われていることを発見した」と。

すると，公的資金で賄われる医療制度を持つ政府は，苦い選択に迫られる。医療制度への公共資金の投入の増加を抑えて政治的損失を被るか，他の公共支出を大きく縮小させるか，一般課税を大きく引き上げて医療支出を劇的に増大させるかである。すでに見たように，医療支出は巣の中のカッコーと同じである。目的税の使途目的に医療保障が入っている場合には，このジレンマに陥るのは明らかである。

　租税とは何か。目的税は，所得税にかけられると思われがちだが，必ずしもそうとは限らない。NHS の財源強化のためには，例えばタバコやアルコール類に課税される付加価値税（いわゆる悪行税）や環境税のように他の税も有効である。実をいうと，これらの利点のいくつかは，医療保障の支出を目的税化することによって得られる。イギリスの例では，現行の VAT は NHS への支出とほとんど同額値上げされている。悪行税や環境税といった健康を害するものからの歳入を，健康を促進する活動への歳出に充てるという論理である。

　しかし，これらの歳入をこのような目的に使用すべきではないという説得力のある反論もある。現行の VAT からの歳入が，NHS の必要歳出に見合うのは偶然にすぎない。NHS の支出が変化した場合，そしてそれは必ず変化するのだが，目的税化された付加価値税の課税ベースあるいは税率をそれに応じて変えなければならなくなる。そして，それは欧州連合の，個々の悪行税は必要税収の 4 分の 1 までに限るという要件があることを含め，より大きな問題に発展する可能性がある。現行の環境税の 1 つ，石油税は，必要な収入の半分にもならない。しかも，どれをとっても所得税に比べると累進度が高くない。実際，タバコ税に関していえば，逆進的である。

　所得税に対する唯一の現実的な代替案は，ある種の社会保険税である。しかし社会保険税は，医療保障に関しては，満足すべき目的税化の形ではない。それには，多くの理由がある。まず，社会保険の課税基準（勤労所得）は，所得税の課税ベースより狭い。2 つ目は，課税額が事業主と被用者で不釣り合いである。3 つ目に，社会保険制度は，他の一般課税を原資とする制度に比べてずっと累進度が低い（Van Doorslaer, Wagstaff, and Rutten 1993）。これらの理

由により，以前は社会保険税を医療保険の原資としていた多くの国々は，そこから離れていった。イタリアとスペインは，医療保障の財源を社会保険税から一般課税に切り替えた。フランスも事業主からの強い要望に従ってこれに倣った。要するに，医療保険支出のための税の目的税化には，所得税が最有力候補である。

結　論

　西欧における現在の課税と公共支出の制度は，個人をクイーンではなく歩として扱う古典的な例である。これは，課税の特性が法律上の義務であるためだけでなく（財源の集金方法が変わらない以上これは避けられない），歳入の支出方法の問題である。税収はまず中央にプールされる。中央に集められた歳入の支出は政府によって決められ，そのための点検は何年かに一度の選挙による敗北のみである。目的税化は，政府の自由な活動に制限を加えることによって力の均衡を個人の側へ引き戻し，そのことによって得るものは大きい。政府はより責任感を，個人はより自主性を増し，政府と市民の間の信頼は取り戻される。このためには，政府の弾力性の減少は高い代償とはいえないだろう。

12 終章——穏やかな商取引
   (Doux Commerce Publique)

> 汝は汝の人格ならびにあらゆる他人の人格における人間性を常に同時に目的として使用し，決して単に手段としてのみ使用しないように行為せよ。
> 　　　　　　　　　　（インマヌエル・カント（Immanuel Kant），
> 　　　　　　　　　　　　　　　　　　　『人倫の形而上学の基礎づけ』[*1]）

> 政策立案は正義が求めるものを利己心も求めるようになるまで練り上げなさい。　　　　　　　　　　　　　　　　　　　　　　（作者不明）

　もう少し反省的な調子で結論とさせていただきたい。本書の注意深い読者に対して，私が公共政策は人々に権限付与するようにすべきである，すなわち歩をクイーンにするように策定すべきであると信じていることは言い訳の余地はないだろう。最後の3つの章で示したように，デモグラントとか，同額補助金制度とか，ある税についての目的税化といった革新的な財政政策は，この目的を推進するだろう。これらが市民に権限を付与する財政施策としてすべてをカバーするものではないことは明らかであるが，それらは現在政策の検討課題として上がっており，過度な政治的ならびに経済的混乱なしに実行可能であろう。
　前半の章では，公共サービスのリフォームについて，特にこれらのサービスのいろいろな競争的な準市場化について述べた。さらに，適切に設計されれば，これらは歩をクイーンに変える，つまり利用者に力を与える良い方法である。動機づけの問題は重要であり，そのような市場におけるインセンティブは，ナ

[*1] 深作守文訳，理想社，カント選書，1981，75頁。

イトにも悪党にも訴えるような頑健な構造でなければならない。

　ある読者の中には，歩をクイーンに変えることに同感する方々を含めて，準市場に関する議論は受け入れがたいと感ずる人もおられるかもしれない。公共サービスの本質はいかなる種類であれ，市場を介しては提供できないと感じる人もいるかもしれない。市場はサービス提供者の悪党的な自己利益の追求に信頼を置いており，その追求はサービスの利用者に対してもより広く社会に破壊をもたらすのみだと思われるかもしれない。提供者の別な形の動機に頼ってサービスを提供すること，特に提供者のナイト的な，あるいは利他的な思い，あるいはもっと一般的に「公共サービスのエートス」に信頼を置くことのほうがよいと思うかもしれない。これがより優れたサービスを結果するだけではなく，道徳的にも好ましいだろう。公共サービスに従事する人々をナイトとして認める社会は，彼らをすべて悪党と見なす社会よりは良い。

　本書は理論的な議論と実証結果を用いて，これらの考えは間違いであることを示してきた。結果を見ると，適切に設計された準市場で提供されるサービスは，人々に力を与え（empowering），効率的で，公平のようである。さらに，市場は利他的な動機を強め搾取を減らすので，道徳的でさえある。またさらに，準市場に好意的な，より基本的な議論があるので，私はここでそれを述べたい。

　アルバート・ヒルシュマン Albert Hirschman（1977；1986）が指摘しているが，17世紀から18世紀，多くの哲学者は市場における利潤の追求には価値がある，あるいはそれ自身が良いことであると見ていた。その理由は，利潤に対する関心は，当時はびこっていたより破壊的な「感情」，つまり誇り，妬み，権力や名誉などに拮抗する力として働くと考えていたからである。市場における交換のプロセス自身は，その当時行われていた軍隊による略奪とか海賊による略奪と比べたら，おおむね無害な行為であると見られていた。だから，ジョンソン（Johnson）の有名な言葉にあるように，「人間が金をもうけることより罪のない行為は少ない」のである。

（1）　Boswell（1934：323），1775年3月27日のウィリアム・ストラハン William Strahan への手紙。

この見解は次には「穏やかな商取引（doux commerce）」という考えを導いて，商業活動は文明化の道具として機能すると考えられた。モンテスキュー（Montesquieu）がいったように，「取り引きは野蛮なやり方を洗練しやわらげる」（Hirschman, 1977 : 60 からの引用）。ウィリアム・ロバートソン（William Robertson）とコンドルセ（Condorcet）もこの見解を支持し，トーマス・ペインも『人間の権利（Right of Man）』の中で同様のことを述べた。ヒルシュマン Hirschman（1986 : 108）はペインを引用する――

　　いったい商業というものは，個人ばかりでなく，国民をも相互に役立たせることによって，人類を互いに兄弟のように親しくさせる働きをする平和的な制度なのである。……。
　　……。商業の発明は，これら政府がはじまってから後に見られたことであり，道徳的諸原理に直接由来しない，どのような手段によってもいまだかつて成し遂げられたことのない，普遍的な文明に向かっての最大の前進なのである。〔*2〕

　このような考え方は18世紀にだけのユニークな考えではない。その後，1930年代にはジョン・メイナード・ケインズ（John Maynard Keynes）によって，また我々の時代にはフランシス・フクヤマ（Francis Fukuyama）など，多くの著者によって取り上げられた。ケインズ Keynes（1935/1964 : 374）は次のようにいっている。

　　人間は危っかしい性癖をもっているが，この性癖は蓄財や私的な富の機会があればこそ，比較的無害な方向に捌けさせてやることができる。このような形でこれらの性癖を満足させることができないとしたら，その性癖

――――――――
〔*2〕　西川正身訳，トマス・ペイン『人間の権利』，岩波文庫，岩波書店，1971，289頁。
〔*3〕　間宮陽介訳，『雇用，利子および貨幣の一般理論』（下），岩波文庫，岩波書店，2008，180頁。

は残忍な行為に，あるいは個人的な権力と権能のがむしゃらな追求に，あるいはその他の自己権力の拡大に，自己の捌け口を見出すかもしれない。[*3]

フクヤマ Fukuyama（1992：316）はいう。

　経済的な活動が〔最も才能に恵まれ，野心的な人々を〕生涯にわたって虜にすることは……必ずしも悪いことではない。なぜならば，そのような人々は経済全体を回り歩く富を創造するばかりではなく，政治や軍隊に入らないからである。後者の職の人々の苛立ちが，自国における改革や国外における冒険を企て，政治的に悲惨な結果をもたらしかねないのである。

ヨーロッパを（あるいはどこでも）略奪する軍隊が有益であるとする人はいないだろうし，もし利潤の追求がそのようなことの砦となるのであれば，それは喝采を受けなければならないことである。しかし，それは我々が直面するジレンマである。いやむしろ，市場あるいは準市場を公共サービスに適用した場合に，動機となる力を経済的な利益に頼らずとも，それらが他の分配方法と比べて積極的な道徳的価値があるかどうかは疑問である。このような状況下では，経済的な考えを慎んで，利益に反しても公共の福祉のみを考えるということは，残忍とか名誉欲とかではなくてナイト的な動機である。
　この公共性と経済の対立についての歴史的な論争は今でも無関係ではない。というのは，その後の哲学者や経済学者たち，例えばジェームズ・スチュアート（James Steuart），スミス，カント，ヘーゲル（G. W. F. Hegel）らによる初期の業績は，我々のこの問いに直接触れるところがあるからである。(2)
　ラパート・ゴードン Rupert Gordon（1999）が指摘したように，スチュアート，特にスミスは，市場における交換の基本的な特徴は，それが他の人々への尊敬に導くことであると述べた。何かを交換しようという提案することは，交

（2）Gordon（1999）を見よ。以下の3つのパラグラフは多くを同書によっている。私はケンダルがこの論文に注意を促してくれたことに感謝する。

241

換相手の欲求やニーズを理解し，自分の提案がそれらを満足させることを説得する努力をすることである。これは理解や説得の努力など微塵もない強奪や戦争といった力ずくで手に入れることとは全く異なる。理解と説得の努力は他者への尊敬の原因であり結果である。他者への尊敬は道徳的に望ましいゆえに，理解と説得は，そしてそのようなことが起こるような仕組み，すなわち市場機構は，道徳的なのである。

この章の冒頭にあるように，カントは，人々は互いに尊敬しあわなければならないと思っていた。しかし，彼は理想的な社会にあっては，人々は他者を手段としてではなく，目的として扱わなければならないといった。これは，人々は互いに尊敬しなければならないという彼の信念を具体化している。この信念はまた彼の「断定的な命令」の一部をなしており，それは目的と無関係に，本質的に，またそれ自体が必要で大切なものである。

ヘーゲルはカントと同様に，人々は互いに尊敬しあわなければならないと考えた。しかし，彼はこのことを確かに進めるためには抽象的で断定的な命令ではなく，自由市場の教育プロセスのほうが確実だとした。スミスやスチュアートと同様に，彼は市場における取り引き関係は相互の尊敬を養い，他者を支配しようとする衝動に対抗すると述べた。商人は顧客を尊重しなければならないし，顧客もまたどこかでお返しをするだろう。顧客は，さもないと売ってもらえないだろうから，相手の商人を尊重しなければならない。

市場機構が相互の尊敬を助長し，また公平や利他心といったほかの徳をも助長するという主張は，最近のいわゆる最後通牒ゲームと呼ばれる実験結果からも支持されるだろう。この実験では，1人が一定の金額，例えば10ポンドをもらって，それをもう1人の人にも分け与えるようにといわれる。もし，相手が分配の提案を受け入れれば，両者がその案で分け前を手に入れることができる。しかし，もし相手がその案を拒否すれば，双方とも何も得られない。もし，双方が悪党で利己的であれば，結果は明らかであり，与える側が1ペニーを提案

（3） これらの実験の詳細については Rabin（1997）を見よ。

し，受け手がそれを受諾する。しかしながら，実験の結果は常に違うことになる。1回限りでこのゲームをすると，受け取り手は公正でないと感じたら提案を拒否する。そして，提案者は心配からか，あるいは内心の公平感からか，公平な提案をする傾向がある。[3]

これらの実験で特に興味深いことは，非市場的な地域で試されると，この結果は再現できないことである。人類学者たちがこれらのゲームをペルーのアマゾンに住む部族，東アフリカのオルマ（Orma）族，エクアドルのケチュア（Quichua）族で実験した。彼らが発見したのは，それらの社会が市場的ではなければないほど，参加者は寛大な（あるいはより平等な）提案をすることが少なかった。オルマ族の場合は，100ドルの牛の取り引きと労賃に平均44ドルを提案したが，あまり取り引きをしないぎりぎりの生活をしている焼畑農民の場合は平均で25ドルを提案した（Henrich 2001）。結局人類学者は，市場取り引きは人々をより公平にして客との取り引きではより搾取しないようにすることを見いだした。

ある人の目には，特にマルキシズムや他の資本主義の批判に精通した人々にはこれらの主張は信じられないかもしれない。市場取り引きは，特に見知らぬ客を搾取することを助長するのは確かではないか？ 資本主義市場の働きは人々に敬意を表するなどとはほど遠く，現実は個人の尊厳を奪い去っている。また，足かせをはずされた資本主義に常に伴う貧困は，収奪から生ずる生活困窮はさておくとしても，それ自体が品のない無礼なことである。

資本主義のさらに一般的な批判が何であれ，これらの批判は本書で精査している公共サービスの提供のための準市場には当てはまらない。我々が精査してきた準市場は利用者を搾取することにはならないように見える。多分これは，人類学者の実験が示したように「穏やかな商取引（doux commerce）」の影響のゆえであろう。あるいは，準市場が競争的な売り手と買い手を持ち，したがって労働者あるいは顧客の独占者的な搾取が問題にならないからだろう。確か

（4） monopsonyとは買い手が1人しかいない状況を表す専門用語で買い手独占と訳されており，売り手が1人しかいないときの売り手独占（monopoly）と対比される。

に，国は独占的な（monopoly）提供者とか独占的な（monopsony）買い手になったときにはもっと搾取的になる可能性があることは確かである。人々は自分の（貧困とか困窮とか）それぞれ異なる資源を持って準市場にやってくるわけではない。国はすべての人に平等の原則で資源を提供する。

　スミス，スチュアートやヘーゲルの明確な主張は公共サービスの競争的な準市場にも直接当てはまる。公共サービスの国家独占的なシステムの問題は，サービス提供者に与えられている権力の程度にあることはしばしば指摘されている。傲慢な医師，鈍感な教師，注意散漫な社会福祉士，自尊心が強すぎる行政官，これらは政府によって提供されるサービスに対する標準的な非難である。そこには相互の尊敬は少しもない。そのかわり，一方には服従とあきらめが，他方には傲慢と無関心あるいは恩きせがましさある。

　鈍感さは提供者が実際は悪党だからそうなるのかもしれない。しかし，たとえ提供者が公共精神を吹き込まれた利他主義者でも起こり得るかもしれない。というのは，利他的行為はその行動で福利を受ける受け手に同情的であることを必要とするが，これは必ずしもその対象となる人を尊敬することは意味しない。実際は，むしろその逆で，少なくとも自分で利他主義者だと思っている人は受け手の人よりも高い位置に自分を置いている。この優越感は相互の尊敬と調和させることは難しい。あるナイトたちはナイト的な動機を満足させるために歩の人たちを必要としているのである。

　この興味深い例示を，ハートレイ・ディーン Hartley Dean（2004）が書いているのだが，彼はソーシャルワーカーと給付金の管理者を対象に，彼らのクライエントが権利を持っているという考え方に対する態度を調査した。そして彼は，彼らが深い公共心を持っていたにもかかわらず，クライエントは善良であるべきだ，すなわち，協力的で受容的でなければならないと思っていた。権利に基づく需要は恐ろしい（threatening）ことだと思っていた。

　そのように事実ははっきりしていて，適切に構築されれば公共サービス提供のための競争的な準市場は，他のシステムにはできない利用者の尊重を促すという徳目を持っている。さらに，そのような準市場は，貧困者に対する尊重を

むしばむような効果や，純粋な市場が持っている搾取といった効果も持っていない。

さらに，準市場を活用するには悪党的な動機に頼るべきではない。準市場が効果的に機能するためには，関係する当事者はサービスを提供する組織の財政的な健全さにも関心を持たなければならない。しかし，この関心は完全に，あるいは一部でも悪党的である必要はない。サービス提供者は利用者の福利のために純粋に献身的であり得るし，彼ら自身も彼らが働く組織も，実質的に福利のために貢献していると感ずることができるかもしれない。そのような場合には，もし彼ら自身のあるいは組織の経済的な健全性が失われた場合には，提供する福利が深刻な被害を受けるのではないかと心配すること，あるいは財政状況が改善すれば利用者の福利もまた改善すると期待するのは合理的だろう。準市場の圧力は，もし提供者が悪党で，純粋に利己的であったとしても効果的に機能するだろう。そして，ティトマスからセネットにいたるまでの著者が主張したことであるが，他者をケアする心は，きちんとした社会（decent society）の本質であるという事実は保持されるだろう。

事実，真に利用者のために働くには，準市場システムはこの種のナイト的な関心を持たなければならない。これまでの章で見てきたように，公共サービスの提供者はしばしば（決して常にではないが）利用者よりも情報量において，特に彼らが提供するサービスの質と費用については勝っている。したがって，もし彼らがそのような動機づけを与えられたら，利用者の犠牲の下で自分たちの目的を遂行するためにその情報を用いることもできる立場にいる。これはある程度，利用者のために働く情報を持った買い手，あるいは契約の仕組みを利用することによって克服できるかもしれない。しかし，熟練した買い手でさえも完全には情報を持っていないことが多く，契約はいくら詳細であっても完全ではあり得ない。長期的には，このインセンティブ契約における新たな開発は役立つ可能性があるが，そのようなモデルが現実にうまく機能するようになるためにはなお時間がかかるだろう。したがって，我々は彼らが情報の有利さを使って利用者に損害を与えないように提供者のナイト性に期待しなければなら

ない。

　しかし，以前存在しなかった経済的なインセンティブを導入することの危険は，ティトマスらが述べたように，それがナイトを悪党に変えること，あるいは少なくとも利己的動機が利他的動機を上回るようにしてしまうことである。しかし，4 章でも見てきたように，もしうまく設計されれば，それは市場的な報酬を導入することの自動的な結果ではない。少なくとも，それがナイト的と悪党的と両方向へ動機づけるような設計をしてはならない。もっと確実に，それらは頑健に（robust）に設計されるべきである。すなわち，同じ行動がナイトにも悪党にも訴えるようにすべきである。これは利用者の福利になると感じる行動に対して，個人（あるいは組織）に対して報酬を与えるが，しかしその報酬がその活動に伴う個人的な犠牲の感覚を減少させない程度の大きさでなければならない。

　要するに，歩がクイーンになることは必ずしもナイトを悪党に変えるわけではない。必要なことは，よく設計された公共政策であり，それは市場的な機構を用いるけれども，利他的な動機を支配下に置いてしまうような羽目の外れた利己心は許さないような仕組み，すなわち「穏やかな商取引（doux commerce publique）」なのである。

246

訳者あとがき

　本書の原題は「Motivation, Agency, and Public Policy」であるので，直訳すれば「動機と行為主体と公共政策」となるであろう。しかし，かなり迷うところであったが，訳本の書名としては，『公共政策と人間——社会保障制度の準市場改革』とすることとした。

　近年，わが国においても「公共政策」を標榜した大学院が林立しており，「公共政策」ばやりである。具体的に目指されているのは，行政官や政治家などに求められる高度な政策立案能力を持つ人々の育成である。しかし「公共政策学」なるものが確立しているとは思われない。各校がカバーしている内容も，既存の学問領域である法学，経済学，管理学など極めて幅広いもののようである。

　しかし，本書の関心は比較的明確である。すなわち，いわば市場が機能しにくい領域を対象にした政策をどのような原理に基づきどのように構築すべきかにある。具体的には，主としてイギリスにおいては social policy といわれてきた領域，すなわち医療，福祉，教育，住宅，年金と，その財源としての税制などが考察の中心である。

　「公共政策と人間」としたのは，市場そして市場経済の理解においては人間を *homo economicus* という抽象化で十分だが，公共政策の領域ではそれだけでは不十分であるということが著者の基本的な主張だからである。また，各国家間において，また時代とともに変わる政策の変化は，人間の主体性や動機などをどのように見るかによって異なる，という主張である。さらに，公共政策においては人間の主体性とナイト的な動機を励ますための具体的な政策提言を行っている。

　書名は一瞥して読者にその内容をある程度想像していただく必要がある。そ

247

のような理由で訳本の書名を『公共政策と人間——社会保障制度の準市場改革』とした。

　準市場は「市場」のような純化された概念ではなく，モデル化もできていない。著者も認めているよう，領域ごとに形も異なる。しかし，市場が機能しなければ機能するように工夫すればよいというエントーヴェン（Enthoven）らのいう managed competition の考え方よりは幅の広い，いわば自然体のアプローチである。また，人々の主体性と利他性を育成するという意味で民主的な考え方である。そのような意味で，本書がそれぞれの領域におけるアプローチのすべてを完成したわけではないことは明らかだが，その重要な方向性を示しており，特に効率性の向上＝規制緩和と短絡的に考えがちなわが国においては，極めて重要な方向性を示していることは確かである。

　訳語についても多くの迷いがあった。サービスの提供者や受け手などの行為主体にどの程度の主体性を認めるかに，メタファー（隠喩）としてチェスの種々のコマが用いられている。例えば，消費者に大きな権限を認める場合は queen（女王），認めない場合は pawn（歩）が用いられている。queen は理解できると思われるので，そのまま「クイーン」とカタカナ表記した。pawn は無理だと思われたので「歩」と訳した。また，knight（騎士）と knave（悪党）については「ナイト」と「悪党」と訳した。

　人名については，近年はインターネットでの検索が行えるようになったことから，本文中にもできるだけアルファベット表記を残すようにした。また，日本語訳上の問題等はできるだけ「訳注」（〔　　〕を付した）をつけることで対応した。

　最後に，翻訳に当たっては下記の方々の御協力をいただいた。事前に十分な訳語の取り決めをせずにそれぞれに訳出をお願いしたので，最終的に訳語や表現の統一を郡司がさせていただいた。共訳者へのお詫びと，ご寛容をお願いしたい。

　特に，赤祖父修治君は私（郡司）の修士の学生であったが，筋ジストロフィーという難病による体の不自由を押して，1，2，3章の下訳をしてくれた。

訳者あとがき

赤祖父君の努力を讃えたい。

郡司篤晃

訳の分担

0．	日本語版序文，まえがき	郡司篤晃 (1)
1．	序論——動機，行為主体，公共政策	郡司篤晃
2．	公的セクターにおけるナイトと悪党	郡司篤晃
3．	動機づけと政策の文脈	郡司篤晃
4．	公共サービスの動機に関する理論	佐藤雅代 (2)
5．	行為主体と公共サービス	平岡公一 (3)
6．	行為主体と財政	平岡公一
7．	医療	郡司篤晃
8．	学校教育	郡司篤晃
9．	デモグラント	泉田信行 (4)
10．	パートナーシップ貯蓄	府川哲夫 (5)
11．	目的税	山本克也 (5)
12．	終章——穏やかな商取引	郡司篤晃

（1） 聖学院大学大学院　人間福祉学研究科
（2） 国立大学法人　北海道大学公共政策大学院
（3） 国立大学法人　お茶の水女子大学大学院　人間文化研究科
（4） 国立社会保障・人口問題研究所　社会保障応用分析研究部
（5） 国立社会保障・人口問題研究所　社会保障基礎理論研究部

文　献

6, Perri (2003). 'Giving Consumers of British Public Services More Choice : What Can Be Learned from Recent History?'. *Journal of Social Policy*, 32 : 239-70.

Abel-Smith, Brian and Titmuss, Richard (1956). *The Cost of the National Health Service in England and Wales*. Cambridge : Cambridge University Press.

Abrams, Burton A. and Schmitz, Mark A. (1978). 'The Crowding-out Effect of Government. Transfers on Private Charitable Contributions'. *Public Choice*, 33 : 29-39. Reprinted in Digby Anderson (ed.) (1992). *Loss of Virtue : Moral Confusion and Social Disorder in Britain and America*. London : Social Affairs Unit.

Ackerman, Bruce and Alstott, Anne (1999). *The Stakeholding Society*. New Haven : Yale University Press.

―― (2006). 'Why Stakeholding?', in Erik Olin Wright (ed.), *Redesigning Distribution : Basic Income And Stakeholder Grants As Alternative Cornerstones For A More Egalitarian Capitalism*. London : Verso.

Agulnik, Philip and Le Grand, Julian (1998*a*). 'Partnership Pensions versus Compulsory Pensions'. *New Economy*, 5 : 147-52.

―― (1998*b*). 'Tax Relief and Partnership Pensions'. *Fiscal Studies*, 19 : 403-28.

Alcock, Pete, Erskine, Angus and May, Margaret (2003). *The Student's Companion to Social Policy*. Oxford : Blackwell.

Allen, Isobel (1997). *Committed but Critical : An Examination of Young Doctors' Views of their Core Values*. London : British Medical Association.

Altmann, Ros (2003). 'Beyond Tax Relief : A New Savings Incentive Framework', in Will Paxton (ed.), *A Wealthy Society? Progressive and Coherent Asset Based Welfare*. London : Institute for Public Policy Research.

Andreoni, James (1990). 'Impure Altruism and Donations to Public Goods : A Theory of Warm-Glow Giving'. *Economic Journal*, 100 : 464-77.

―― (1993). 'An Experimental Test of the Public-Goods Crowding-Out Hypothesis'. *American Economic Review*, 83 : 1317-27.

―― and Miller, John (2002). 'Giving According to GARP : An Experimental Test of the Consistency of Preferences for Altruism'. *Econometrica*, 70 : 737-53.

—— and Vesterlund, Lise (2001). 'Which is the Fair Sex? Gender Differences in Altruism'. *Quarterly Journal of Economics,* 16 : 293-312.

Antonazzo, Emanuela, Scott, Anthony, Skatun, Diane, and Elliott, Bob (2000). *The Labour Market for Nursing : A Review of the Labour Supply Literature* (HERU Discussion Paper 01/00). Aberdeen : Health Economics Research Unit, University of Aberdeen.

Arrow, Kenneth (1963). 'Uncertainty and the Welfare Economics of Medical Care'. *American Economic Review,* 53 : 941-73.

Atkinson, Anthony B. (1972). *Unequal Shares : Wealth in Britain.* London : Allen Lane.

Bacon, Francis (1870). 'Of Seditions and Troubles', in *Works of Francis Bacon, Vol VI.* London : Longmans.

Baldwin, Peter (1990). *The Politics of Social Solidarity : Class Bases of the European Welfare State 1875-1975.* Cambridge : Cambridge University Press.

Banks, James, Dilnot, Andrew, and Tanner, Sarah (1997). *Taxing Household Saving : What Role for the New Individuals' Savings Account?* London : Institute for Fiscal Studies.

—————— (1999). *Household Saving in the UK.* London : Institute for Fiscal Studies.

Barkema, H. (1995). 'Do Job Executives Work Harder When they are Monitored?' *Kyklos,* 48 : 19-42.

Barnett, Corelli (1986). *The Audit of War.* London : Macmillan.

Barr, Nicholas (2001). *The Welfare State as Piggy Bank.* Oxford : Oxford University Press.

Barrow, Michael (1998). 'Financing of Schools : A National or Local Quasi-Market?', in Will Bartlett, Jenny Roberts, and Julian Le Grand (eds.), *A Revolution in Social Policy.* Bristol : Policy Press.

Barry, Brian (1965). *Political Argument.* London : Routledge & Kegan Paul.

Bartlett, Will, Roberts, Jenny, and Le Grand, Julian (eds.) (1998). *A Revolution in Social Policy.* Bristol : Policy Press.

——, Propper, Carol, Wilson, Deborah, and Le Grand, Julian (eds.) (1994). *Quasi-Markets and the Welfare State.* Bristol : School for Advanced Urban Studies.

Batson, C. Daniel (1991). *The Altruism Question.* Hillsdale, NJ : Lawrence Erlbaum Associates.

Beardow, Rosemary, Cheung, Kathy, and Styles, W. McN. (1993). 'Factors Affecting the Career Choices of General Practitioner Trainees in North West Thames Regional

Health Authority'. *British Journal of General Practice*, 43 : 449-52.

Becker, Gary (1976). *The Economic Approach to Human Behavior*. Chicago : Chicago University Press.

—— (1981). *A Treatise on the Family*. Cambridge, MA : Harvard University Press.

Beeferman, Larry (2001). *Asset Development Policy : The New Opportunity*. Asset Development Institute. Waltham, MA : Center for Hunger and Poverty, Brandeis University.

Bernheim, Douglas B. (1986). 'On the Voluntary and Involuntary Provision of Public Goods'. *American Economic Review*, 76 : 789-93.

Berridge, V. (1997). 'AIDS and the Gift Relationship in the UK', in Anne Oakley and J. Ashton (eds), *Richard Titmuss's The Gift Relationship*. London : Allen and Unwin.

BMA (British Medical Association) (1994). *Hypothecated Tax Funding for the NHS*. London : BMA Health Policy and Economic Research Unit.

—— (1995a). *Cohort Study of 1995 Medical Graduates : Parts I and II*. London : BMA.

—— (1995b). *Core Values for the Medical Profession in the 21st Century : Conference Report*. London : BMA.

—— (1995c). *Core Values for the Medical Profession in the 21st Century : Survey Report*. London : BMA.

Bosanquet, Nick and Leese, Brenda (1989). *Family Doctors and Economic Incentives*. Aldershot : Dartmouth.

Boshara, Ray (ed.) (2001). *Buildidng Assets : A Report on the Aseet Development and IDA Field*. Washington, DC : Corporation for Enterprise Development.

Boswell, James (1934). *The Life of Dr Johnson*. Oxford : Clarendon Press.

Bowles, Samuel and Gintis, Herbert (1998). 'Efficient Redistribution : New Rules for Markets, States and Communities', in Erik Olin Wright (ed.), *Recasting Egalitarianism : New Rules for Communities, States and Markets*. London : Verso.

Bracewell-Milnes, Barry (1991). 'Earmarking in Britain : Theory and Practice', in Ranjit S. Teja and Barry Bracewell-Milnes (ed.), *The Case for Earmarked Taxes : Government Spending and Public Choice*. London : Institute of Economic Affairs.

Bradley, Stephen, Johnes, Geraint, and Millington, Jim (2001). 'School Choice, Competition and the Efficiency of Secondary Schools in England'. *European Journal of Operational Research*, 135 : 545-68.

—— and Taylor, Jim (2000). *The Effect of the Quasi-Market on the Efficiency-Equity Trade-off in the Secondary School Sector* (Centre for Research in the Economics of Education Discussion Paper EC9/00). Lancaster University : Department of Economics.

文　献

Brecher, Charles (2002). *The Public Interest Company as a Mechanism to Improve Public Service Delivery*. London : Public Management Foundation.

Brennan, Geoffrey and Buchanan, James (1985). *The Reason of Rules : Constitutional Political Economy*. Cambridge : Cambridge University Press.

—— and Hamlin, Alan (1995). 'Economising on Virtue'. *Constitutional Political Economy*, 6 : 35-56.

—— —— (2000). *Democratic Devices and Desires*. Cambridge : Cambridge University Press.

Brewer, Gene, Selden, Sally, and Facer II, Rex (2000). 'Individual Conceptions of Public Service Motivation'. *Public Administration Review*, 60 : 254-64.

Brighouse, Harry (1998). 'School Choice : Theoretical Considerations', in Eric Olin Wright (ed.), *Recasting Egalitarianism : New Rules for Communities, States and Markets*. London : Verso.

Brittan, Samuel (1998). *Essays Moral, Political, Economic*. Edinburgh : Edinburgh University Press.

—— (2000). 'In Defence of Earmarked Taxes'. *Financial Times*, 7 December.

Brook, L., Hall, J., and Preston, I. (1996). 'Public Spending and Taxation', in Roger Jowell (ed.), *British Social Attitudes : The 13th Report*. Aldershot : Dartmouth.

Broome, J. (1985). 'The Welfare Economics of the Future : A Review of *Reasons and Persons* by Derek Parfit'. *Social Change and Welfare*, 2 : 221-34.

Bryan, J. H. and Test, M. A. (1967). 'Models and Helping : Naturalistic Studies in Aiding Behaviour'. *Journal of Personality and Social Psychology*, 6 : 400-7.

Bryson, Alex and Jacobs, John (1992). *Policing the Workshy*. Aldershot : Avebury.

Buchanan, James (1963). 'The Economics of Earmarked Taxes'. *Journal of Political Economy*, 71 : 457-69.

—— (1987). 'Constitutional Economics', in John Eatwell, Murray Milgate, and Peter Newman (eds.), *The New Palgrave Dictionary of Economics, Volume 1*. Basingstoke : Palgrave. Reproduced in James Buchanan (1989), *Explorations into Constitutional Economics*. College Station : Texas A&M University Press.

Bunyan, John (1965). *The Pilgrim's Progress*. Harmondsworth : Penguin Books.

Burgess, Simon, Propper, Carol, and Wilson, Deborah (2002). *Does Performance Monitoring Work? A Review of the Evidence from the UK Public Sector Excluding Health Care*. Discussion Paper 02/049. Bristol : Centre for Market and Public Organisation, University of Bristol.

Butler, Eamonn and Pirie, Madsen (1995). *The Fortune Account*. London : Adam Smith Institute.

Butler, Joseph (1997). 'On the Relationship between Self-love and Particular Affections', in Kelly Rogers (ed.), *Self-Interest : An Anthology of Philosophical Perspectives*. London : Routledge.

Bynner, John and Despotidou, S. (2001). *Effects of Assets on Life Chances*. London : Centre for Longitudinal Studies, Institute of Education.

—— and Paxton, Will (2001). *The Asset Effect*. London : Institute of Public Policy Research.

Calcott, Paul (2000). 'New on Paternalism'. *Economics and Philosophy*, 16 : 315-21.

Chaix-Couturier, Carine, Durand-Zaleski, Isabelle, Jolly, Dominique, and Durieux, Pierre (2000). 'Effects of Financial Incentives on Medical Practice : Results from a Systematic Review of the Literature and Methodological Issues'. *International Journal for Quality in Health Care*, 12 : 133-42.

Chalkley, Martin and Malcolmson, James (1998). 'Contracting for Health Services When Patient Demand Does Not Reflect Quality'. *Journal of Health Economics*, 17 : 1-19.

Chevalier, Arnaud, Dolton, Peter, and Mcintosh, Steven (2002). *Recruiting and Retaining Teachers in the UK : An Analysis of Graduate Training Occupation Choice from 1960s to the 1990s*. London : Centre for the Economics of Education.

Chitty, Clyde (1988). 'Central Control over the School Curriculum 1944-1987'. *History of Education*, 17 : 321-34.

Clemence, Lynne (1998). 'To Whom Do You Refer?' *Health Service Journal*, 108 : 26-7.

Clotfelder, Charles T. (1985). *Federal Tax Policy and Charitable Giving*. Chicago : University of Chicago Press.

Cnaan, Ram and Amrofell, Laura (1994). 'Mapping Volunteer Activity'. *Nonprofit and Voluntary Sector Quarterly*, 23 : 335-51.

——, Handy, Fermida, and Wadsworth, Margaret (1996). 'Defining Who is a Volunteer : Conceptual and Empirical Considerations'. *Nonprofit and Voluntary Sector Quarterly*, 25 : 364-83.

Coleman, James (1990). *Foundations of Social Theory*. Cambridge, MA : Harvard University Press.

Collard, D. (1978). *Altruism and Economy*. Oxford : Martin Robertson.

Collard, David (1978). *Altruism and Economy : A Study in Non-selfish Economics*. London : Martin Robertson.

—— (1983). 'Economics of Philanthropy: A Comment'. *Economic Journal,* 93 : 637-8.

Collini, Stefan (1985). 'The Idea of "Character" in Victorian Political Thought', *Transactions of the Royal Historical Society* (5th Series), 35 : 29-50.

Cooper, Michael and Culyer, Anthony (1968). *The Price of Blood* (Hobart Paper No. 41). London : Institute of Economic Affairs.

Corrigan, Paul, Steele, Jane, and Parston, Greg (2001). *The Case for the Public Interest Company : A New Form of Enterprise for Public Service Delivery.* London : Public Management Foundation.

Coulter, Angela (2002). *The Autonomous Patient : Ending Paternalism in Medical Care.* London : Nuffield Trust.

——, Noone, Ahilya, and Goldacre, Michael (1989). 'General Practitioners Referrals to Specialist Outpatient Clinics : 1. Why General Practitioners Refer Patients to Specialist Outpatient Clinics'. *British Medical Journal,* 299 : 304-6.

Crilly, Tessa and Le Grand, Julian (2004). 'The Motivation and Behaviour of Hospital Trusts'. *Social Science and Medicine,* 58 : 1809-1823.

Croxson, Bronwyn, Propper, Carol, and Perkins, Andy (2001). 'Do Doctors Respond to Financial Incentives? UK Family Doctors and the GP Fund Holder Scheme'. *Journal of Public Health Economics,* 79 : 375-98.

Dawkins, Richard (1989). *The Selfish Gene* (2nd edn). Oxford : Oxford University Press.

Deacon, Alan (1976). *In Search of the Scrounger : The Administration of Unemployment Insurance in Britain, 1920-1931* (Occasional Papers in Social Administration No. 60). London : Bell and Sons.

—— (1993). 'Richard Titmuss: 20 Years On'. *Journal of Social Policy,* 22 : 235-42.

—— and Mann, Kirk (1999). 'Agency, Modernity and Social Policy'. *Journal of Social Policy,* 23 : 413-35.

Dean, Hartley (2004). 'Reconceptualising Dependency, Responsibility and Rights', in Hartley Dean (ed.), *The Ethics of Welfare: Human rights, dependency and responsibility.* Bristol : The Policy Press.

Deci, Edward L. and Ryan, Richard M. (1985). *Intrinsic Motivation and Self-determination in Human Behavior.* New York : Plenum Press.

Disney, Richard, Emmerson, Carl, and Wakefield, Matthew (2001). 'Pension Reform and Saving in Britain'. *Oxford Review of Economic Policy,* 17 : 70-94.

Dixit, Avinash (2001). *Incentive Contracts for Faith-Based Organizations to Deliver Social Services* (Working Paper). Princeton : Department of Economics, Princeton University.

—— (2002). 'Incentives and Organizations in the Public Sector : An Interpretative Review'. *Journal of Human Resources,* 37 : 696-727.

Dolton, Peter, McIntosh, Steve, and Chevalier, Arnaud (2002). *Teacher Pay and Performance* (Bedford Way Papers). London : Institute of Education.

Donnison, David V. (1982). *The Politics of Poverty.* Oxford : Martin Robertson.

Dowie, Robin (1983). *General Practitioners and Consultants.* London : Kings Fund.

Dowling, Bernard (1997). 'Effect of Fundholding on Waiting Times : Database Study'. *British Medical Journal,* 315 : 290-2.

—— (2000). *GPs and Purchasing in the NHS : the Internal Market and Beyond.* Brookfield, VT : Ashgate.

Dunleavy, Patrick (1981). *The Politics of Mass Housing in Britain 1945-1975.* Oxford : Clarendon Press.

Dusheiko, Mark, Gravelle, Hugh, Jacobs, Rowena, and Smith, Peter (2003). *The Effect of Budgets on Doctor Behaviour : Evidence from a Natural Experiment* (Centre for Health Economics Technical Paper No. 26). York : University of York.

Eliot, George (1866/1995). *Felix Holt : The Radical.* London : Penguin Classics.

Elster, Jon (1989). *Solomonic Judgements.* Cambridge : Cambridge University Press.

Emmerson, Carl and Wakefield, Matthew (2001). *A Savings Gateway and a Child Trust Fund : Is Asset-based Welfare 'Well Fair'?* London : Institute for Fiscal Studies.

England, Paula (1992). *Comparable Worth : Theories and Evidence.* New York : Aldine de Gruyter.

——, Budig, Michelle, and Folbre, Nancy (2001). 'Wages of Virtue : The Relative Pay of Care Work'. Chicago : Department of Sociology, Northwestern University. Available on www.olin.wustl.edu/macarthur/papers/englandfolbre-wagesofvirtue.pdf.

—— and Folbre, Nancy (1999). 'The Cost of Caring'. *The Annals of the American Academy of Political and Social Science,* 561 : 39-51.

Ennew, Christine, Feighan, Teresa, and Whynes, David (1998). 'Entrepreneurial Activity in the Public Sector : Evidence From UK Primary Care', in Peter Taylor-Gooby (ed.), *Choice and Public Policy.* Houndmills : Macmillan.

Enthoven, Alain (1999). *In Pursuit of an Improving Health Service.* London : Nuffield Trust.

Estrin, Saul (1989). 'Workers' Co-operatives : Their Merits and Limitations', in Julian Le Grand and Saul Estrin (eds.), *Market Socialism.* Oxford : Clarendon.

Evers, Adalbert (1994). 'Payments for Care : A Small But Significant Part of a Wider

Debate', in Adalbert Evers, Maria Pijl, and Claire Ungerson (eds.), *Payments for Care : A Comparative Overview*. Aldershot : Avebury.

―, Pijl, Maria, and Ungerson, Claire (1994). *Payments for Care : A Comparative Overview*. Aldershot : Avebury.

Exworthy, Mark, Powell, Martin, and Mohan, J. (1999). 'The NHS : quasi-market, quasi-hierarchy, and quasi-network?' *Public Money and Management,* 19/October ― December : 15-22.

Fabian Society (2000). *Paying for Progress : Report of the Commission on Taxation and Citizenship*. London : Fabian Society.

Falkingham, Jane and Hills, John (eds.) (1995). *The Dynamic of Welfare : The Welfare State and the Life Cycle*. Hemel Hempstead : Harvester Wheatsheaf.

Falkner, Robert (1997). *A Conservative Economist? The Political Liberalism of Adam Smith Revisited*. London : John Stuart Mill Institute.

Falush, Peter (1977). 'Trends in the Finance of British Charities'. *National Westminster Bank Quarterly Review,* May : 32-44.

Field, Frank (1995). *Making Welfare Work : Reconstructing Welfare for the Millennium*. London : Institute of Community Studies.

Finch, Janet (1989). *Family Obligations and Social Change*. Oxford : Blackwell.

Fitzpatrick, Tony (1999). *Freedom and Security : An Introduction to the Basic Income Debate*. New York : St Martin's Press.

Folbre, Nancy and Weisskopf, Thomas (1998). 'Did Father Know Best? Families, Markets and the Supply of Caring Labour', in Avner Ben-Ner and Louis Putterman (eds.), *Economics, Values and Organization*. Cambridge : Cambridge University Press.

Fontaine, Philippe (2002). 'Blood, Politics, and Social Science : Richard Titmuss and the Institute of Economic Affairs, 1957-1973', *Isis,* 93 : 401-34.

Forder, Julien (2000). 'Mental Health : Market Power and Governance'. *Journal of Health Economics,* 19 : 877-905.

―, Hardy, Brian, Kendall, Jeremy, and Knapp, Martin (1997). 'Residential Care Provider Study (MEOC)'. Unpublished report to the Department of Health. London : Personal Social Services Research Unit, London School of Economics, and Leeds : Nuffield Institute for Health, University of Leeds.

Fotaki, Marianna (1999). 'The Impact of Market Oriented Reforms on Information and Choice : A Case Study of Cataract Surgery in Outer London and Stockholm'. *Social Science and Medicine,* 48 : 1415-32.

Frank, Robert (1988). *Passions Within Reason : The Strategic Role of the Emotions.* New York and London: W.W. Norton.

Frank, Robert (1996). 'What Price the Moral High Ground?' *Southern Economic Journal,* 63 : 1-17.

Frey, Bruno (1997). 'From the Price to the Crowding Out Effect'. *Swiss Journal of Economics and Statistics,* 133 : 325-50.

—— (1999). *Economics as a Science of Human Behavior.* Boston: Kluwer Academic Publishers.

—— (2000). 'Motivation and Human Behaviour', in Peter Taylor-Gooby (ed.), *Risk, Trust and Welfare.* Basingstoke: Macmillan.

—— Goette, Lorenz (1999). *Does Pay Motivate Volunteers?* (Working Paper No. 7). Zurich: Institute for Empirical Research in Economics, University of Zurich.

—— —— (forthcoming). 'Comment on Freeman (1997), *Working for Nothing : The Supply of Volunteer Labour'. Journal of Labour Economics.*

—— and Jegen, Reto (2000). *Motivation Crowding Theory : A Survey of Empirical Evidence* (Working Paper No. 49). Zurich: Institute for Empirical Research in Economics, University of Zurich.

—— and Oberholzer-Gee, F. (1997). 'The Cost of Price Incentives: An Empirical Analysis of Motivation Crowding Out'. *American Economic Review,* 87 : 746-55.

Fukuyama, Francis (1992). *The End of History and the Last Man.* New York: Free Press.

—— (1995). *Trust.* London: Hamish Hamilton. References are to the Penguin edition (London: Penguin Books, 1996).

Gabris, Gerald and Simo, Gloria (1995). 'Public Sector Motivation as an Independent Variable Affecting Career Decisions'. *Public Personnel Management,* 24 : 33-51.

Gewirtz, Sharon, Ball, Stephen, and Bowe, Richard (1995). *Markets, Choice and Equity in Education.* Buckingham: Open University Press.

Gibson, Alex and Asthana, Sheena (2000). 'What's In a Number?' Commentary on Gorard and Fitz's "Investigating the Determinants of segregation between schools" '. *Research Papers in Education,* 15 : 133-53.

Giddens, Anthony (1998). *The Third Way.* Cambridge: The Polity Press.

Glennerster, Howard (1995). *British Social Policy Since 1945.* Oxford: Blackwell.

—— (1998). 'Education: Reaping the Harvest?', in Howard Glennerster and John Hills (eds.), *The State of Welfare* (2nd edn). Oxford: Oxford University Press.

—— (2002). 'United Kingdom Education 1997-2001'. *Oxford Review of Economic Policy,* 18 : 120-36.

—— and Le Grand, Julian (1995). 'The Development of Quasi-markets in Welfare Provision in the United Kingdom'. *International Journal of Health Services,* 25 : 203-18.

——, Matsaganis, Manos, and Owens, Pat (1994). *Implementing GP Fundholding : Wild Card or Winning Hand?* London : Open University Press.

Goodin, Robert (1993). 'Moral Atrophy in the Welfare State'. *Policy Sciences,* 26 : 63-78.

—— (ed.) (1996). *The Theory of Institutional Design.* Cambridge : Cambridge University Press.

—— and Dryzek, John (1987). 'Risk Sharing and Social Justice : The Motivational Foundations of the Post-War Welfare State', in Robert Goodin and Julian Le Grand (eds.), *Not Only the Poor : The Middle Classes and the Welfare State.* London : Allen and Unwin.

—— and Le Grand, Julian (1987). *Not Only the Poor : The Middle Classes and the Welfare State.* London : Allen and Unwin.

Goodwin, Nicholas (1998). 'General Practitioner Fundholding', in Julian Le Grand, Nicholas Mays, and Jo-Ann Mulligan (eds.), *Learning from the NHS Internal Market.* London : Kings Fund.

Gorard, Stephen (2000). 'Here We Go Again : A Reply to "What's in a Number?" by Gibson and Asthana'. *Research Papers in Education,* 15 : 155-62.

—— and Fitz, John (1998*a*). 'The More Things Change . . . The Missing Impact of Marketisation?' *British Journal of Sociology of Education,* 19 : 365-76.

—— (1998*b*). 'Under Starters' Orders : The Established Market, the Cardiff Study and the Smithfield Project'. *International Studies in Sociology of Education,* 8 : 299-314.

—— and Taylor, Chris (2001). 'School Choice Impacts : What Do We Know?' *Educational Researcher,* 30 : 18-23.

Gordon, Rupert (1999). 'Kant, Smith and Hegel : The Market and the Categorical Imperative', in Frank Trentmann (ed.), *Paradoxes of Civil Society : New Perspectives on Modern German and British History.* Oxford : Berghahn.

Gosden, Toby, Forland, Frode, Kristiansen, Ivar Sonbo, Sutton, Matthew, Leese, Brenda, Giuffrida, Antonio, Sergison, Michelle, and Pedersen, Lone (2001). 'Impact of Payment Method on Behaviour of Primary Care Physicians : A Systematic Review'. *Journal of Health Services Research and Policy,* 6 : 44-55.

Gothill, Matthew (1998). 'What Do Doctors Want? Altruism and Satisfaction in General

Practice'. *Family Practice,* 15: S36-9.

Graham, Alison and Steele, Jane (2001). *Optimising Value: The Motivation of Doctors and Managers in the NHS.* London: Public Management Foundation.

Green, David (1993). *Reinventing Civil Society.* London: Institute of Economic Affairs.

—— (1996). *Community without Politics.* London: Institute of Economic Affairs.

Gundlach, Erich, Wossman, Ludger, and Gmelin, Jens (2001). 'The Decline of Schooling Productivity in OECD Countries'. *Economic Journal,* 111: C135-C147.

Hall, P. A. (1993). 'Policy paradigms, social learning, and the state: the case of economic policymaking in Britain', *Comparative Politics,* 25 (April): 275-96.

Hamilton, Alexander, Madison, James, and Jay, John (1970). *The Federalist.* London: Dent.

Harris, Conrad and Scrivener, Glen (1996). 'Fundholders' Prescribing Costs: The First Five Years'. *British Medical Journal,* 313: 1531-4.

Harth, Phillip (1989). 'Introduction' to Bernard Mandeville, *The Fable of the Bees.* London: Penguin.

Hausman, Daniel (1998). 'Rationality and Knavery', in Werner Leinfellner and Eckehart Köhler (eds.), *Game Theory, Experience, Rationality; Foundations of Social Sciences; Economics and Ethics: In Honor of John C. Harsanyi.* Dordrecht: Kluwer.

—— and Le Grand, Julian (1999). 'Incentives and Health Policy: Primary and Secondary Care in the British National Health Service'. *Social Science and Medicine,* 49: 1299-1307.

Haveman, Robert (1988). *Starting Even.* New York: Simon and Schuster.

Hennessy, Peter (1992). *Never Again: Britain 1945-51.* London: Jonathan Cape.

Henrich, Joseph (2001). 'In Search of Homo Economicus: Behavioral Experiments in 15 Small-Scale Societies'. *American Economic Review,* 91: 73-8.

Hill, Stephen, Lupton, Mark, Moody, Graham, and Regan, Sue (2002). *A Stake Worth Having? The Potential for Equity Stakes in Social Housing.* London: Chartered Institute of Housing and Institute for Public Policy Research.

Hill, Thomas E., Jr (1993). 'Beneficence and Self-Love: A Kantian Perspective', in Ellen Frankel Paul, Fred D. Miller, and Jeffery Paul (eds.), *Altruism.* Cambridge: Cambridge University Press.

Hills, John (2000). *Reinventing Social Housing Finance.* London: Institute of Public Policy Research.

—— and Burchardt, Tania (1997). *Private Welfare Insurance and Social Security.* York:

Rowntree Foundation.

—— and Lelkes, Orsolya (1999). 'Social Security, Selective Universalism and Patchwork Redistribution', in Roger Jowell *et al.* (eds.), *British Social Attitudes : The 16th Report —Who Shares New Labour Values?* Aldershot : Ashgate.

Hirsch, Fred (1977). *Social Limits to Growth.* London : Routledge & Kegan Paul.

Hirschman, Albert (1970). *Exit, Voice and Loyalty : Responses to Decline in Firms, Organizations and States.* Cambridge, MA : Cambridge University Press.

—— (1977). *The Passions and the Interests.* Princeton : Princeton University Press.

—— (1986). *Rival Views of Market Society and Other Recent Essays.* New York : Viking.

Hobbes, Thomas (1651/1985). *Leviathan.* London : Penguin Books.

Hoffmeyer, Ulrich K. and McCarthy, Thomas R. (1994). *Financing Health Care.* Netherlands : Kluwer Academic Publishing.

Hoxby, Caroline M. (2000*a*). 'Does Competition Among Public Schools Benefit Students and Taxpayers?' *American Economic Review,* 90 : 1209-38.

—— (2000*b*). *Do Private Schools Provide Competition for Public Schools?* (NBER Working Paper No. 4978). Cambridge, MA : National Bureau of Economic Research.

—— (2002). 'How School Choice Affects the Achievement of Public School Students', in Paul Hill (ed.), *Choice with Equity.* Stanford : Hoover Institution.

—— (2003). 'School Choice and School Productivity (Or, Is School Choice a Rising Tide that Lifts All Boats?)', in Caroline M. Hoxby (ed.), *The Economic Analysis of School Choice.* Chicago : University of Chicago Press.

Hume, David (1875). 'On the Independency of Parliament', in *Essays, Moral, Political and Literary,* Vol. 1 (ed. T. H. Green and T. H. Gross). London : Longmans.

Institute of Economic Affairs (1991). *The Case for Earmarked Taxes : Government Spending and Public Choice.* London : Institute of Economic Affairs.

Irwell Valley Housing Association (2001). *Gold Service : Report.* Copies available from www.irwellvalleyha.co.uk.

Jacobs, John (1994). 'The Scroungers Who Never Were : The Effects of the 1989 Social Security Act', in R. Page and J. Baldock (eds.), *Social Policy Review 6.* Canterbury : Social Policy Association, University of Kent.

Jones, Andrew and Duncan, Alan (1995). *Hypothecated Health Taxes : An Analysis of Recent Proposals.* London : Office of Health Economics.

Jones, Philip, Cullis, John, and Lewis, Alan (1998). 'Public versus Private Provision of Altruism : Can Fiscal Policy Make Individuals "Better" People?' *Kyklos,* 51 : 3-24.

Kavka, Gregory (1986). *Hobbesian Moral and Political Theory*. Princeton, NJ: Princeton University Press.

Kelly, Gavin and Lissauer, Rachel (2000). *Ownership for All*. London: Institute for Public Policy Research.

Kempson, Elaine and Whyley, Claire (1999). *Kept Out or Opted Out? Understanding and Combating Financial Exclusion*. Bristol: Policy Press.

Kendall, Jeremy (2000). 'The Mainstreaming of the Third Sector into Public Policy in England in the Late 1990s: Whys and Wherefores'. *Policy and Politics*, 28: 541-62.

—— (2001). 'Of Knights, Knaves and Merchants: The Case of Residential Care for Older People in England in the late 1990s'. *Social Policy and Administration*, 35: 360-75.

——, Matosevic, Tihana, Forder, Jules, Knapp, Martin, Hardy, Brian, and Ware, Patricia (2003). 'The Motivation of Domiciliary Care Providers in England: New Concepts, New Findings'. *Journal of Social Policy*, 32: 489-511.

Keynes, John Maynard (1935/1964). *The General Theory of Employment, Interest and Money*. New York: Harcourt Brace.

Khanna, Jyoti, Posnett, John, and Sandler, Todd (1995). 'Charity Donations in the UK— New Evidence Based on Panel Data'. *Journal of Public Economics*, 56: 257-72.

Kingma, Bruce (1989). 'An Accurate Measure of the Crowd-Out Effect, Income Effect and Price Effect for Charitable Contributions'. *Journal of Political Economy*, 97: 1197-203.

Klein, Rudolf (1995). *The New Politics of the NHS* (3rd edn). London: Longman.

Klein, Rudolf and Millar, Jane (1995). 'Do-it-yourself social policy: searching for a new paradigm' *Social Policy and Administration*, 29 (4): 303-316.

Klein, Rudolf (2005). 'The Great Transformation'. *Health Economics, Policy, and Law*, 1 (1): 91-98.

Krebs, Dennis (1970). 'Altruism—An Examination of the Concept and a Review of the Literature'. *Psychological Bulletin*, 73: 258-302.

Kvist, Jon and Sinfield, Adrian (1996). *Comparing Tax Routes to Welfare in Denmark and the United Kingdom*. Copenhagen: The Danish National Institute of Research.

La Rochefoucauld, Duc de (1678/1964). 'Maximes', in *Oeuvres Complètes*. Paris: Gallimard.

Ladd, Helen F. and Fiske, Edward B. (1999). 'The Uneven Playing Field of School Choice: Evidence from New Zealand'. Paper presented to the annual meeting of the Association of Public Policy Analysis and Management, Washington DC, 5 November.

Land, Hilary and Rose, Hilary (1985). 'Compulsory Altruism for Some or an Altruistic Society for All?', in Philip Bean, John Ferris, and David Whynes (eds.), *In Defence of Welfare*. London: Tavistock.

Lane, Robert E. (1991). *The Market Experience*. New York: Cambridge University Press.

Lauder, Hugh and Hughes, David (1999). *Trading in Futures : Why Markets in Education Don't Work*. Buckingham: Open University Press.

Lawson, Nigel (1992). *The View from No. 11 : Memoirs of a Tory Radical*. London: Bantam Press.

Le Grand, Julian (1982). *The Strategy of Equality*. London: Allen and Unwin.

—— (1989). 'Markets, Equality and Welfare', in Julian Le Grand and Saul Estrin (eds.), *Market Socialism*. Oxford: Clarendon.

—— (1991). *Equity and Choice : An Essay in Economics and Applied Philosophy*. London: Harper Collins.

—— (1995). 'The Market, the State and the Distribution of Life Cycle Income', in Jane Falkingham and John Hills (eds.), *The Dynamic of Welfare : The Welfare State and the Life Cycle*. Hemel Hempstead: Harvester Wheatsheaf.

—— (1997*a*). 'Afterword', in Anne Oakley and J. Ashton (eds.), *Richard Titmuss's The Gift Relationship*. London: Allen and Unwin.

—— (1997*b*). 'Knights, Knaves or Pawns? Human Behaviour and Social Policy'. *Journal of Social Policy*, 26 : 149-69.

—— (1998). 'The Third Way Begins with CORA'. *New Statesman*, 6 March.

—— (1999*a*). 'New Approaches to the Welfare State', in Andrew Gamble and Tony Wright (eds.), *The New Social Democracy*. Malden, MA: Blackwells.

—— (1999*b*). 'Tales from the British National Health Service: Competition, Cooperation or Control?' *Health Affairs*, 18 : 27-37.

—— (2000). 'From Knight to Knave? Public policy and Market Incentives', in Peter Taylor-Gooby (ed.), *Risk, Trust and Welfare*. Basingstoke: Macmillan.

—— (2002). 'The Labour Government and the National Health Service' *Oxford Review of Economic Policy* 18 : 137-53.

—— and Bartlett, Will (eds.) (1993). *Quasi-Markets and Social Policy*. Houndmills: Macmillan.

—— and Estrin, Saul (eds.) (1989). *Market Socialism*. Oxford: Clarendon.

——, Mays, Nicholas, and Mulligan, Jo-Ann (eds.) (1998). *Learning from the NHS Internal Market*. London: Kings Fund.

—— and Winter, David (1987). 'The Middle Classes and the Welfare State under Labour and Conservative Governments'. *Journal of Public Policy*, 6 : 399-430.

Leat, Diana (1990). *For Love and Money : the Role of Payment in Encouraging the Provision of Care*. York : Joseph Rowntree Foundation.

—— and Gay, Pat (1987). *Paying for Care : A Study of Policy and Practice in Paid Care Schemes* (Research Report No. 661). London : Policy Studies Institute.

Lepper, Mark and Greene, David (1978). *The Hidden Costs of Reward : New Perspectives on the Psychology of Human Motivation*. Hillsdale : Wiley/Erlbaum.

Lewis, Richard (2002). 'Uh . . . Haven't We Been Here Before?' *Health Matters*, 49/ Autumn : 5-7.

Lipsey, David (2002). *Big Tent Welfare* (Health and Social Care Discussion Paper). London : London School of Economics.

Lipsky, M. (1980). *Street-Level Bureaucracy*. New York : Russell Sage Foundation.

Lowe, Rodney (1993). *The Welfare State in Britain Since 1945*. London : Macmillan.

Mandeville, Bernard (1714/1989). *The Fable of the Bees*. London : Penguin Books, 1989.

—— (1731). *Free Thoughts on Religion, the Church and National Happiness* (3rd edn). London.

Margolis, H. (1982). *Selfishness, Altruism and Rationality*. New York : Cambridge University Press.

Marshall, T. H. (1973). 'Richard Titmuss — An Appreciation', *The British Journal of Sociology*, XXIV (2): 138-39.

Mayo, Ed and Moore, Henrietta (2001). *The Mutual State : How Local Communities Can Run Public Services*. London : New Economics Foundation.

Mays, Nicholas, Goodwin, N., Killoran, Amanda, and Malbon, G. (1998). *Total Purchasing : A Step towards Primary Care Groups*. London : Kings Fund.

Mead, Lawrence (1992). *The New Politics of Poverty*. New York : Basic Books.

Mill, John Stuart (1859/1982). *On Liberty*. Harmondsworth : Penguin.

Miller, David (1988). 'Altruism and the Welfare State', in J. Donald Moon (ed.), *Responsibility, Rights and Welfare*. Boulder, CO : Westview.

Monroe, Kristen Renwick (1994). 'A Fat Lady in a Corset : Altruism and Social Theory'. *American Journal of Political Science*, 38 : 861-93.

Mueller, D. (1989). *Public Choice II*. Cambridge : Cambridge University Press.

Nagel, Thomas and Murphy, Liam (2002). *The Myth of Ownership : Taxes and Justice*. New York : Oxford University Press.

文　献

New, Bill (1999). 'Paternalism and Public Policy'. *Ecomonics and Philosophy*, 15 : 63-83.

Nissan, David and Le Grand, Julian (2000). *A Capital Idea : Start Up Grants For Young People*. London : Fabian Society.

Noden, Philip (2000). 'Rediscovering the Impact of Marketisation : Dimensions of Social Segregation in England's Secondary Schools, 1994-99'. *British Journal of Sociology of Education*, 21 : 371-90.

—— (2002). 'Education Markets and Polarisation: Back to Square One?'. *Research Papers in Education*, 17 (4): 409-412.

Oakley, Anne and Ashton, J. (eds.) (1997). *Richard Titmuss's The Gift Relationship*. London : Allen and Unwin. London : LSE Books.

Oakley, A. and Barker J. (eds.) (2004). *Private Complaints and Public Health : Richard Titmuss on the National Health Service*. Bristol : The Policy Press.

OD Partnerships Network (2002). *Networks, Hierarchies and Markets : Good, Bad and Ugly?* www.odpnetwork.co.uk.

O'Neill, Onora (2002). *A Question of Trust*. Cambridge : Cambridge University Press.

Ouchi, W. (1980). 'Markets, Bureaucracies and Clans'. *Administrative Science Quarterly*, 25 : 129-41.

Page, Robert M. (1996). *Altruism and the Welfare State*. Aldershot : Avebury.

Pampel, Fred and Williamson, John (1989). *Age, Class, Politics and the Welfare State*. Cambridge : Cambridge University Press.

Parfit, Derek (1984). *Reasons and Persons*. Oxford : Oxford University Press.

Paul, Ellen Frankel, Miller, Fred D., and Paul, Jeffery (eds.) (1993). *Altruism*. Cambridge : Cambridge University Press. Also published as a special issue of *Social Philosophy and Policy*, 10/1 (1993).

Pauly, Mark (1990). 'The Rational Non-Purchase of Long-Term Care Insurance'. *Journal of Political Economy*, 98 : 153-68.

Peltzman, S. (1980). 'The Growth of Government'. *Journal of Law and Economics*, 23 : 209-88.

Pettipher, C. and Halfpenny, P. (1993). 'The 1990-1991 Individual Giving Survey', in S. E. C. Saxon-Harrod and J. Kendall (eds.), *Researching the Voluntary Sector*. Tonbridge : Charities Aid Foundation.

Pettit, Philip (1996). 'Institutional Design And Rational Choice', in Robert Goodin (ed.), *The Theory of Institutional Design*. Cambridge : Cambridge University Press.

Phelps, Edmund S. (ed.) (1975). *Altruism, Morality and Economic Theory*. New York :

Russell Sage.

Piachaud, David (1993). *What's Wrong with Fabianism?* (Fabian Pamphlet No. 558). London: Fabian Society.

Piliavin, Jane Allyn and Charng, Hang-Wen (1990). 'Altruism: A Review of Recent Theory and Research'. *American Review of Sociology*, 16: 27-65.

Pinker, Robert (1971). *Social Theory and Social Policy.* London: Heinemann.

—— (1977). 'Preface'in Reisman (1997). vii-xv.

—— (1979). *The Idea of Welfare.* London: Heinemann.

—— (1987). 'Opportunities for Altruism', in Philpot, Terry (Ed) *On Second Thoughts : Reassessments of the Literature of Social Work*, Wallington: Reed Business Publishing.

—— (2003). 'The Conservative Tradition in Social Welfare' in Alcock, Peter, Erskine, Angus and May, Margaret (eds.) *The Student's Companion to Social Policy*, 78-84, Oxford: Blackwell/Social Policy Association.

—— (2006). 'From Gift Relationships to Quasi-markets: An Odyssey along the Policy Paths of Altruism and Egoism'. *Social Policy & Administration*, 40 (1): 10-25.

Plant, Raymond (2001). *A Public Service Ethic?* London: Social Market Foundation.

Powell, Enoch J. (1976). *Medicine and Politics : 1975 and After.* Tunbridge Wells: Pitman Medical.

Power, Anne (1993). *Hovels to High Rise : State Housing in Europe until 1850.* London: Routledge.

Power, Michael (1999). *The Audit Society.* Oxford: Oxford University Press.

Propper, Carol, Croxson, Bronwyn, and Shearer, Arran (2002). 'Waiting Times for Hospital Admissions: The Impact of GP Fundholding'. *Journal of Health Economics*, 21: 227-52.

——, Wilson, Deborah, and Soderland, Neil (1998). 'The Effects of Regulation and Competition in the NHS Internal Market: The Case of GP Fund-Holder Prices'. *Journal of Health Economics*, 4: 333-56.

Rabin, Matthew (1997). *Psychology and Economics* (Berkeley Department of Economics Working Paper No. 97-251). Berkeley: University of California. Shorter version published in *Journal of Economic Literature*, 36 (1998): 11-46.

Rawnsley, Andrew (2001). *Servants of the People : The Inside Story of New Labour* (revised edn). London: Penguin.

Reisman, D. (1977). *Richard Titmuss : Welfare and Society.* London: Heinemann.

Ridley, Matt (1996). *The Origins of Virtue.* London: Viking.

Risse, Mathias (2005). 'Should Citizens of a Welfare State be Transformed into "Queens"? *Economics and Philosophy,* 21 : 291-303.

Roberts, Russell D. (1984). 'A Positive Model of Private Charity and Public Transfer'. *Journal of Political Economy,* 92 : 136-48.

Rodwin, Mark (1993). *Medicine, Money and Morals ; Physicians' Conflict of Interest.* Oxford : Oxford University Press.

Roemer, John (1988). *Free to Lose.* London : Radius.

Rogers, Kelly (1997). *Self-Interest : An Anthology of Philosophical Perspectives.* London : Routledge.

Rose-Ackerman, Susan (1996). 'Altruism, Nonprofits and Economic Theory'. *Journal of Economic Literature,* 34 : 701-28.

Sandford, Cedric (1971). *Taxing Personal Wealth.* London : Allen and Unwin.

Scheffler, Richard (1989). 'Adverse Selection : The Achilles Heel of the NHS Reforms'. *The Lancet,* i : 950-2.

Scott, Anthony (1997). *Designing Incentives for GPs : A Review of the Literature on their Preferences for Pecuniary and Non-pecuniary Job Characteristics* (Discussion Paper 01/97). Aberdeen : Health Economics Research Unit, University of Aberdeen.

Seldon, Arthur (1968). 'Commitment to Welfare : A Review Article', Social and Economic Administration, Vol 2, No 3, 196-200.

Sen, Amartya (1985). *Commodities and Capabilities.* Amsterdam : North Holland.

Sennett, Richard (1998). *The Corrosion of Character.* New York : W.W. Norton.

Shaw, R, Mitchell, D., and Dawson, S. (1995). 'The Motivation of Consultant Physicians'. *British Journal of Health Care Management,* 1 : 648-52.

Sherraden, Michael (1991). *Assets and the Poor.* Armonk, New York : M.E. Sharpe.

Smith, Adam (1759/1976). *The Theory of Moral Sentiments* (ed. D. D. Raphael and A. L. Macfie). Oxford : Clarendon Press.

—— (1776/1964). *The Wealth of Nations.* London : Dent, Everyman's Library.

Steele, Jane (1999). *Wasted Values : Harnessing the Commitment of Public Managers.* London : Public Management Foundation.

Sugden, Robert (1982). 'On the Economics of Philanthropy'. *Economic Journal,* 92 : 341-50.

—— (1984). 'Reciprocity : The Supply of Public Goods Through Voluntary Contributions'. *Economic Journal,* 94 : 772-87.

—— (1993). 'Thinking as a Team : Towards an Explanation of Non-selfish Behaviour', in Ellen Frankel Paul, Fred D. Miller, and Jeffery Paul (eds.), *Altruism*. Cambridge: Cambridge University Press.

Taylor-Gooby, Peter (ed.) (2000). *Risk, Trust and Welfare*. Basingstoke: Macmillan.

——, Sylvester, Stella, Calnan, Mike, and Manley, Graham (2000). 'Knights, Knaves and Gnashers: Professional Values and Private Dentistry'. *Journal of Social Policy*, 29: 375 -95.

Teja, Ranjit S. and Bracewell-Milnes, Barry (1991). *The Case for Earmarked Taxes : Government Spending and Public Choice*. London: Institute of Economic Affairs.

Thompson, G., Levacic, F., and Mitchell, J. (eds.) (1991). *Markets, Hierarchies, and Networks : The Co-ordination of Social Life*. London: Sage.

Thompson, J. A. K. (1976). *The Ethics of Aristotle : The Nichomachean Ethics*. London: Penguin.

Thompson, Sarah, Busse, Reinhard, and Mossialos, Elias (2002). 'The Demand for Substantive Health Insurance in Germany'. *Croatian Medical Journal*, 43/4 : 425-32.

Timmins, Nicholas (1995). *The Five Giants*. London: HarperCollins.

—— (1999). 'The Silent Death of National Insurance'. *Financial Times*, 22 November.

Titmuss, Richard (1958). *Essays on 'The Welfare State'*. London: Allen and Unwin.

—— (1968). *Commitment to Welfare*. London: Allen and Unwin.

—— (1974). *Social Policy*. London: Allen and Unwin.

—— (1970/1997). *The Gift Relationship*. London, Allen and Unwin. Quotations are from new edition; see Anne Oakley and J. Ashton (eds.) (1997), *Richard Titmuss's The Gift Relationship*. London: Allen and Unwin.

Tversky, Amos and Kahneman, Daniel (1982). 'Judgement under Uncertainty: Heuristics and Biases', in Daniel Kahneman, Paul Slovic, and Amos Tversky (eds.), *Judgement under Uncertainty*. Cambridge: Cambridge University Press.

Unger, Roberto and West, Cornel (1998). *The Future of American Progressivism : An Initiative for Political and Economic Reform*. Boston: Beacon Press.

Ungerson, Claire (1987). *Policy is Personal : Sex, Gender and Informal Care*. London: Tavistock.

United Kingdom. Audit Commission (1995). *The Doctors' Tale : the Work of Hospital Doctors in England and Wales*. London: HMSO.

United Kingdom. Department of Health (1998*a*). *Establishing Primary Care Groups* (HSC 1998/065). London: Department of Health.

—— (1998*b*). *Developing Primary Care Groups* (HSC 1998/139). London: Department of

文　献

Health.

──── (2002). *Reforming NHS Financial Flows*. London : Department of Health.

United Kingdom. Royal Commission on Long-term Care (1999). *With Respect to Old Age : Long-Term Care―Rights and Responsibilities* (Cm 4192-I). London : TSO.

United Kingdom. Treasury (2001*a*). *Savings and Assets for All* (The Modernisation of Britain's Tax and Benefit System Consultation Paper No. 8). London : HM Treasury.

──── (2001*b*). *Delivering Savings and Assets* (The Modernisation of Britain's Tax and Benefit System Consultation Paper No. 9). London : HM Treasury.

Upton, W. (1973). 'Altruism, Attribution and Intrinsic Motivation in the Recruitment of Blood Donors' (Ph.D. dissertation). Ithaca, NY : Cornell University.

Vandenberghe, Vincent (1998). 'Educational Quasi-markets : The Belgian Experience', in Will Bartlett, Jenny Roberts, and Julian Le Grand (eds.), *A Revolution in Social Policy*. Bristol : Policy Press.

Van Doorslaer, Eddie, Wagstaff, Adam, and Rutten, Franz (1993). *Equity in the Finance and Delivery of Health Care*. Oxford : Oxford University Press.

Van Parijs, Philippe (ed.) (1992). *Arguing for Basic Income : Ethical Foundations for a Radical Reform*. London : Verso.

Van Parijs, Philippe (ed.) (1995). *Real Freedom for All : What (If Anything) can Justify Capitalism?* Oxford : Oxford University Press.

Ware, Alan (1990). 'Meeting Need through Voluntary Action : Does Market Society Corrode Altruism?', in Alan Ware and Robert Goodin (eds.), *Needs and Welfare*. London : Sage.

Warr, Peter G. (1982). 'Pareto Optimal Redistribution and Private Charity'. *Journal of Public Economics,* 19 : 131-8.

Weale, Albert (1980). *Political Theory and Social Policy*. London : Macmillan.

Webber, Carolyn and Wildavsky, Aaron (1986). *A History of Taxation and Expenditure in the Western World*. New York : Simon and Schuster.

West, Anne and Pennell, Hazel (1997). 'Educational Reform and School Choice in England and Wales'. *Education Economics,* 5 : 285-305.

──── (1998). 'School Admissions : Increasing Equity, Accountability and Transparency'. *British Journal of Educational Studies,* 46 : 188-200.

──── (2000). 'Publishing School Examination Results in England : Incentives and Consequences'. *Educational Studies,* 26 : 423-36.

──── , and Edge, Anne (1997). 'Exploring the Impact of Reform on School-Enrolment

Policies in England'. *Education Administration Quarterly*, 33 : 170-82.

White, A. H. (1989). 'Patterns of Giving', in R. Magat (ed.), *Philanthropic Giving : Studies in Varieties and Goals*. Oxford : Oxford University Press.

White, Stuart (2001). 'Asset-Based Egalitarianism : Forms Strengths, Limitations', in Sue Regan (ed.), *Assets and Progressive Welfare*. London : Institute of Public Policy Research.

—— (2006). 'The Citizen's Stake and the Alienation Objection', in Erik Olin Wright (ed.), *Redesigning Distribution : Basic Income And Stakeholder Grants As Alternative Cornerstones For A More Egalitarian Capitalism*. London : Verso.

Whitty, Geoff, Power, Sally, and Halpin, David (1998). 'Self-Managing Schools in the Market-Place : The Experience of England, the USA and New Zealand', in Will Bartlett, Jenny Roberts, and Julian Le Grand (eds.), *A Revolution in Social Policy*. Bristol : Policy Press.

Wildavsky, A. (1994). 'Why self-interest means less outside of a social context'. *Journal of Theoretical Politics*, 6 (2): 131-59.

Williams, Fiona (1999). 'Good-Enough Principles for Welfare'. *Journal of Social Policy*, 28/4 : 667-87.

Williamson, Oliver (1983). *Markets and Hierarchies*. New York : Free Press.

Wolpert, Julian (1993). *Patterns of Generosity in America*. New York : Twentieth Century Fund.

Woods, Philip, Bagley, Carl, and Glatter, Ron (1998). *School Choice and Competition : Markets in the Public Interest?* London : Routledge.

Wright, Erik Olin (ed.) (1998). *Recasting Egalitarianism : New Rules for Communities, States and Markets*. London : Verso.

Wright, Karen (2002). *Generosity versus Altruism : Philanthropy and Charity in the US and UK* (Working Paper No. 17). London : Centre for Civil Society, London School of Economics.

Wright, Robert (1994). *The Moral Animal*. New York : Pantheon Books.

人名索引

【ア 行】

アッカーマン，ブルース　Ackerman, Bruce ……………………………………185, 193
アトキンソン，A. B.　Atkinson, A. B. ………………………………………………183
アリストテレス　Aristotle ……………………………………………………………77
アルストット，アン　Alstott, Anne ………………………………………………185, 193
アルトマン，ロス　Altmann, Ros ……………………………………………………210
アンガー，ロバート　Unger, Roberto ………………………………………………184
アンドレオーニ，ジェームズ　Andreoni, James ……………………………………64, 73
イングランド，ポーラ　England, Paula ……………………………………………102
ヴァイスコップ，トーマス　Weisskoph, Thomas ……………………………………86, 102
ヴァン・パリス，フィリップ　Van Parijs, Philippe …………………………………185
ヴァンデンベルゲ，ビンセント　Vandenberghe, Vincent ……………………………173
ウィルソン，デボラ　Wilson, Deborah ………………………………………………60
ヴィルダフスキー，アーロン　Wildavsky, Aaron ……………………………………229
ウィンター，デービット　Winter, David ……………………………………………26
ウェアー，アラン　Ware, Alan ………………………………………………………68
ヴェスタールンド、リズ　Vesterlund, Lise …………………………………………73
ウェスト，アン　West, Anne …………………………………………………………166
ウェスト，コーネル　West, Cornel …………………………………………………184
ウェスレー，ジョン　Wesley, John …………………………………………………53
ウォルパート，ジュリアン　Wolpert, Julian ………………………………………64
ウッズ，フィリップ　Woods, Philip …………………………………………………171
ウッバー，カロライン　Webber, Caroline ……………………………………………229
オニール，オノラ　O'Neill, Onora ……………………………………………………125

【カ 行】

カンナ，ジオッティ　Khanna, Jyoti …………………………………………………64
カント，インマヌエル　Kant, Immanuel ……………………………………………241
ギデンズ，アンソニー　Giddens, Anthony …………………………………………35
キングマ，ブルース　Kingma, Bruce …………………………………………………64
ギンティス，ハーバート　Gintis, Herbert ……………………………………………175
グッディン，ロバート　Goodin, Robert ……………………………………………25, 48
クライン，ルドルフ　Klein, Rudolf …………………………………………………22
グラッター，ロン　Glatter, Ron ……………………………………………………171
グラハム，アリソン　Graham, Alison ………………………………………………56
クリリー，テッサ　Crilly, Tessa ……………………………………………………58
クリントン，ビル　Clinton, Bill ……………………………………………………35
グレナスター，ハワード　Glennerster, Howard ………………………………166, 167, 169
クロクソン，ブロンウィニー　Croxon, Bronwyn ……………………………………154-155
クロスランド，アンソニー　Crosland, Anthony ……………………………………20, 23
クロトフェルター，チャールズ　Clotfelter, Charles ………………………………64
ケインズ，ジョン・メイナード　Keynes, John Maynard ……………………………20, 240
ゲッテ，ロレンツ　Goette, Lorenz …………………………………………………71
ゲビルツ，シャロン　Gewirtz, Sharon ………………………………………………168

271

人名索引

ケリー，ガビン　Kelly, Gavin ……183
ケンダル，ジェレミー　Kendall, Jeremy ……58
ゴードン，ラパート　Gordon, Rupert ……241
ゴラード，スティーブン　Gorard, Stephen ……168
コンドルセ　Condorcet, Marie Jean Antoine de Caritat, Marquis de ……240

【サ 行】

サッチャー，マーガレット　Thatcher, Margaret ……26
サンドフォード，セドリック　Sandford, Cedric ……183
サンドラー，トッド　Sandler, Todd ……64
ジェゲン，レト　Jegen, Reto ……79
シェラデン，マイケル　Sherraden, Michael ……207
ジョーンズ，ジェレート　Jones, Geraint ……171
ジョーンズ，フィリップ　Jones, Philip ……67
ジョンソン，サミュエル　Johnson, Samuel ……239
スチュアート，ジェームズ　Steuart, James ……241
スティール，ジェーン　Steele, Jane ……56
スマート，ガビン　Smart, Gavin ……195
スミス，アダム　Smith, Adam ……30, 49, 241
セネット，リチャード　Sennett, Richard ……68
セン，アマルティア　Sen, Amartya ……120

【タ 行】

タナー，サラ　Tanner, Sarah ……192
ダルトン，ピーター　Dolton, Peter ……61
チャルクレー，マーチン　Chalkley, Martin ……96
ディーコン，アラン　Deacon, Alan ……23, 33
ディーン，ハートレイ　Dean, Hartley ……244
ディクシット，アヴィナッシ　Dixit, Avinash ……93
ティトマス，リチャード　Titmuss, Richard ……20, 22-25, 32, 246
ティミンズ，ニコラス　Timmins, Nicholas ……233
テイラー，ジム　Taylor, Jim ……171
テイラー-グッビー，ピーター　Taylor-Gooby, Peter ……58
デュシェイコ，マーク　Dusheiko, Mark ……154
ドーキンス，リチャード　Dawkins, Richard ……50
ドライゼク，ジョン　Dryzek, John ……25

【ナ 行】

ニッサン，デービット　Nissan, David ……184
ニュー，ビル　New, Bill ……117-119
ノーデン，フィリップ　Noden, Philip ……168

【ハ 行】

パーキンス，アンディー　Perkins, Andy ……155
バーケマ，H.G.　Barkema, H. G. ……79
バージス，サイモン　Burgess, Simon ……60
バーネット，コレリ　Barnett, Corelli ……19
バイナー，ジョン　Bynner, John ……192
パウリ，マーク　Pauly, Mark ……137
バグレイ，カール　Bagley, Carl ……171

人名索引

バトラー, イーモン　Butler, Eamonn　……………………………………………………183
バトラー, ジョセフ　Butler, Joseph　………………………………………………………49
ハムリン, アラン　Hamlin, Alan　……………………………………………………………86
パルフィット, デレク　Parfit, Derek　……………………………………………………140-143
パワー, マイケル　Power, Michael　………………………………………………………80
バンクス, ジェームス　Banks, James　……………………………………………………192
ピアショー, デービット　Piachaud, David　………………………………………………26
ヒューム, デービット　Hume, David　…………………………………………17,31,46,49
ピリー, マドセン　Pirie, Madsen　……………………………………………………………183
ヒル, ジョン　Hills, John　………………………………………………………………185,224
ヒルシ, フレッド　Hirsch, Fred　……………………………………………………………68
ヒルシュマン, アルバート　Hirschman, Albert　……………………………………128,239
フィールド, フランク　Field, Frank　………………………………………………………26
フィスク, エドワード　Fiske, Edward　……………………………………………………173
フィッツ, ジョン　Fitz, John　………………………………………………………………168
フィンチ, ジャネット　Finch, Janet　………………………………………………………73
フーズ, デービット　Hughes, David　………………………………………………………173
フォルダー, ジュリアン　Forder, Julian　…………………………………………………60
フォルベ, ナンシー　Folbre, Nancy　…………………………………………………86,102
ブキャナン, ジェームズ　Buchanan, James　………………………………………………30
フクヤマ, フランシス　Fukuyama, Francis　……………………………………………240-241
ブラウン, ゴードン　Brown, Gordon　……………………………………………………229
ブラウン, ジョン　Brown, John　……………………………………………………………53
ブラッドレー, スティーブン　Bradley, Stephen　……………………………………170-172
フランク, ロバート　Frank, Robert　……………………………………………………102
ブリタン, サムエル　Brittan, Samuel　………………………………………………185,222
ブリューワー, ジーン　Brewer, Gene　……………………………………………………59
ブルーム, ジョン　Broome, John　………………………………………………………140-143
ブレア, トニー　Blair, Tony　…………………………………………………………29,35
フレイ, ブルーノ　Frey, Bruno　………………………………………………71-72,79,84-86
ブレナン, ジェフリー　Brennan, Geoffrey　………………………………………………86
プロッパ, キャロル　Propper, Carol　…………………………………………………60,155
ヘイブマン, ロバート　Haveman, Robert　……………………………………………184
ペイン, トーマス　Paine, Thomas　………………………………………………………182,240
ヘーゲル　Hegel, G. W. F.　………………………………………………………………241-242
ヘネシー, ピーター　Hennessy, Peter　……………………………………………………19
ベバリッジ, ウィリアム　Beveridge, William　……………………………………………20
ペンネル, ハーゼル　Pennell, Hazel　………………………………………………………166
ボウルス, サムエル　Bowles, Samuel　……………………………………………………175
ボー, リチャード　Bowe, Richard　…………………………………………………………168
ボール, スティーブン　Ball, Stephen　……………………………………………………168
ボールドウィン, ピーター　Baldwin, Peter　………………………………………………25
ポスネット, ジョン　Posnett, John　…………………………………………………………64
ホックスビー, カロライン　Hoxby, Caroline　……………………………………………172
ホッブズ, トーマス　Hobbes, Thomas　…………………………………………43,48-49,53
ホワイト, スチュアート　White, Stuart　…………………………………………………196

【マ　行】

マーシャル, T. H.　Marshall, T. H.　…………………………………………………………20
マディソン, ジェームズ　Madison, James　………………………………………………30

273

人名索引

マルコルムソン，ジェームズ　Malcolmson, James　　96
マン，カーク　Mann, Kirk　　32
マンデヴィーユ，ベルナルト　Mandeville, Bernard　　30, 49, 53
ミード，ローレンス　Mead, Lawrence　　34
ミリントン，ジム　Millington, Jim　　171
ミル，ジョン・スチュアート　Mill, John Stuart　　49, 116
ムーア，ヘンリータ　Moore, Henrietta　　97
メイヨー，エド　Mayo, Ed　　97
メジャー，ジョン　Major, John　　222
モンテスキュー　Montesquieu, Charles de Secondat　　240

【ラ　行】

ラ・ロシュフーコー　La Rouchefoucauld, François Duc de　　48
ライト，カレン　Wright, Karen　　64
ラッド，ヘレン　Ladd, Helen　　173
ラビン，マシュー　Rabin, Matthew　　54
リート，ダイアナ　Leat, Diana　　72
リソー，レイチェル　Lissauer, Rachel　　183
ルグラン，ジュリアン　Le Grand, Julian　　183
レイン，ロバート　Lane, Robert　　85
レーマー，ジョン　Roemer, John　　185
レルケ，オルソリア　Lelkes, Orsolya　　224
ロウ，ロドニー　Lowe, Rodney　　20
ローダー，フー　Lauder, Hugh　　173
ロバートソン，ウィリアム　Robertson, William　　240

事項索引

【ア 行】

アーウェル・バレー住宅公団 ……………178
悪党
　一般医 ………………………………148-151
　教育制度 ………………………………163
　合理性 …………………………………51
　サービス提供 …………………………89-97
　住宅 ……………………………………178-179
　準市場 …………………………………244-245
　信頼 ……………………………………52
　定義 ……………………………………17,46,49
　病院の専門医 …………………………159
アメリカ合衆国
　学校間の競争 …………………………173
　公共サービスの動機 …………………59
　慈善 ……………………………………63-65
　準市場 …………………………………28
　デモグラント …………………………184
家の所有（ジョン・ヒルと──）……185
意思決定
　共同体主義 ……………………115,121,127
　自由主義 ………………………………115,119
　専門職の権力 …………………………123-126
　福祉主義 ………………115-121,122-125,127
　利他主義 ………………………………125
　→権限付与も見よ
医師の動機 ……………………………………57
一般医（GP）
　1991年以前のインセンティブ構造 …149-151
　医療の配給 ……………………………151
　紹介 ……………………………………150
　動機 ……………………………………149-151
　民間契約者 ……………………………148
　役割 ……………………………………148
　予算管理 ………………………………151-155,175-177
イデオロギー
　行為主体 ………………………………35-38
　公共政策 ………………………………29-36
　動機 ……………………………………35-38
医療
　──の配給 ……………………………151
　意思決定 ………………………………114-132
　権限付与 ………………………114,128-132
　共同体主義的アプローチ ……………121,127

　自由主義的アプローチ ………………119
　専門職の権力 …………………………123-126
　超過需要 ………………………………122
　長期ケア制度 …………………………210-216
　福祉主義的アプローチ ………116-119,127
　プライマリーケア・トラスト ………155-162
　目的税 …………………………………235-237
　→NHSの一般医の項も見よ
インセンティブ契約
　アヴィナッシュ・ディクシットと── …93
　頑健なインセンティブ ………………100-101
　逆選択 …………………………………94
　サービス提供 …………………………92-97
　非営利団体 ……………………………100
　モラルハザード ………………………93
　立証費用の問題 ………………………95
インセンティブ構造
　1991年以前の一般医 …………………149-151
　ヴァウチャー・システム ……………164-166
　住宅 ……………………………………178-179
　病院の専門医 …………………………159
　プライマリーケア・トラスト ………155-159
　予算管理医 ……………………………151-155,175-177
ヴァウチャー
　ハーバート・ギンティスと── ……175
　サムエル・ボウルスと── …………175
　教育 ……………………………………164
　積極的差別 ……………………………174
英国医学雑誌 …………………………………114
　専門医のオンライン調査 ……………114
英国医師会 ……………………………………57
　──と医師の動機 ……………………57-58
英国社会意識調査 ……………………………224
NHS（国営医療）
　患者の責任 ……………………………22
　管理者の動機（アリソン・グラハムと──）
　 ……………………………………………56
　準市場 …………………………………27,29
　専門医の支払い ………………………159-162
　ネットワークモデル …………………77-81
　プライマリーケア・トラスト ………155-159
　誇り ……………………………………235
　→一般医も見よ
NHSトラスト（テッサ・クリリーと──）……58
NHSトラストと動機 …………………………58

275

事項索引

親の選択と教育制度 …………163-166,166-177
オランダ
　　教育制度改革 ……………………173
　　準市場 ………………………………28

【カ　行】

皆支給
　　——とデモグラント ………………197
　　——の便益 …………………………197
課税
　　控除 …………………………207-210
　　国民の態度 …………219-221,223-225
　　再分配への抵抗 ……………………26
　　市民の無力感 ……………………219
　　収入と行為主体 ……………218-221
　　Savings Gateway …………………207
　　相続 …………………………………182
　　年金 …………………………………205
　　反感 …………………………………223
　　歩 ……………………………………217
　　目的税 ……………200,221-231,235-237
　　——の倫理 ………………………217
学校間の競争の影響
　　フィリップ・ウッズと—— ………171
　　ジェレート・ジョーンズと—— …171
　　カール・バグレイと—— …………171
　　カロライン・ホックスビーと—— 172
　　ジム・ミリントンと—— …………171
学校の選抜
　　スティーブン・ブラッドレーと—— 172
　　リチャード・ボーの—— …………168
株式（サムエル・ブリタンと——）……185
管理者の動機（ジェーン・スティールと——）
　　…………………………………………56
管理と動機 ……………………………56-57
犠牲
　　市場のインセンティブ ……………84
　　専門医に対する支払い制度 …159-162
　　動機 …………………………………86
　　費用閾値 ……………………………83
　　利他主義 …………………83-84,87
　　水準 ………………………………74-75
基礎収入（フィリップ・ヴァン・パリスと——）
　　…………………………………………185
寄付（カレン・ライトと——）……………64
逆選択とインセンティブ契約 ……………94
教育改革
　　ビンセント・ヴァンデンベルゲと
　　　ベルギーの—— ………………173

教育改革の影響
　　アン・ウェストと—— ……………166
　　ハワード・グレナスターと—— 166,169
　　スティーブン・ゴラードと—— …168
　　ジム・テイラーと—— ……………172
　　フィリップ・ノーデンと—— ……168
　　ジョン・フィッツと—— …………168
　　ハーゼル・ペンネルと—— ………166
教育改革法 ……………………………164
教育制度
　　1980年以前の構造 …………………163
　　意思決定 ……………………114-131
　　インセンティブ構造 ………………165
　　ヴァウチャー制度 ……164-165,174-175
　　LMS イニシアティブ ………………164
　　親の選択 …………114,163-165,170,176
　　親の無力 ……………………………163
　　競争の影響 …………………170-174
　　共同体主義的アプローチ …………121
　　権限付与 ……………128-132,174,176
　　公的支出 ……………………………169
　　サッチャー改革 ………………164-166
　　自由主義的アプローチ ……………119
　　準市場 ……………27,164-174,174-175
　　成績 ……………………………166-174
　　選抜 ……………………………167-173
　　専門職の権力 ………………123-126
　　（超過）需要 ……………………122
　　動機 …………………………………165
　　ネットワークモデル ……………79-81
　　福祉主義的アプローチ ………115-121
　　ペアレンタリズム …………………119
教育の失敗（ビル・ニューと——）…117-119
教育標準化対策室 ……………………169
教師と動機 ……………………………61
競争の影響
　　ロン・グラッターと—— …………171
　　スティーブン・ブラッドレーと—— 170
協同組合と公共の利益 …………………98
共同体主義
　　権限付与 ……………………114,128
　　専門職の権力 ……………………128
近視眼と貯蓄 ……………………138-143
クイーン
　　意思決定 ……………………115-132
　　公共政策 ……………………………238
　　貯蓄 …………………………………133
　　デモグラント ………………191-192
　　目的税 ………………………224-225

事項索引

ケア提供者
 搾取 …………………………………102-104
 動機 ……………………………………71-75
経済的人間 ……………………………………47,51
献血（リチャード・ティトマスと――）
 …………………………………… 54,68-71
献血制度 ………………………………………68-71
 動機 ………………………………………… 55
 利他主義 …………………………………… 54
権力
 公共サービスの利用者 ………………126-128
 不平等 …………………………………181-182
 →意思決定，権限付与も見よ
権限付与（エンパワーメント）
 アルバート・ヒルシュマンと―― ……… 128
 親の―― …………………………… 164-165
 教育制度 ……………………128-132,174,176
 共同体主義的アプローチ ………115,121,127
 公共サービス …………………………114-115
 公共政策 ………………………………… 238
 個人の失敗 ……………117,118-120,124-126
 資産ベースの平等主義 …………182,186-191
 自由主義的アプローチ ………………115,119
 選挙 ………………………………… 129,216
 総選挙 …………………………………… 225
 貯金 ……………………………………… 134
 デモグラント …………………………… 181
 発言 ……………………………… 128-132,158
 福祉主義的アプローチ ………115-121,127-128
 目的税 …………………………………224-225
 予算管理医 ……………………………175-176
 離脱 ……………………………128,130-132,158
 利用者 …………………………………… 115
行為主体
 ――の程度 ……………………………… 113
 イデオロギー ……………………………35-38
 公共サービス …………………………113-132
 財政 ……………………………………133-143
 資産所有 ………………………………… 188
 市場社会主義 ……………………………… 35
 社会民主主義 ……………………………32-35
 新自由主義 ………………………………34-36
 税収 ……………………………………218-221
 定義 ………………………………………… 16
公営住宅（アンソニー・クロスランドと――）
 ………………………………………………23
公共サービス
 過剰利用 ………………………………… 131
 権限付与 ……………………………114,127-128
 行為主体 ………………………………113-132

サービスの命令と統制モデル …………78-81
財源 ……………………………………… 133
市場機構 ………………………………… 27
超過需要 ………………………………… 122
動機 ……………………………54-65,82-87,106-109
（ジーン・ブリューワーと――）
 ………………………………………………59
ネットワークモデル ……………………77-81
利他的行動 ……………………………… 60
→準市場も見よ
公共サービスのエートス ……………16,21,44
 リチャード・ティトマスと―― ………… 44
公共政策
 イデオロギー ……………………………29-36
 権限付与 ………………………………… 238
 準市場 ……………………………67,151,166-174
 動機に対する影響 ………………………67-81
公共選択理論 ………………………………25,28
公共の利益と非営利団体 …………………… 98
厚生と所有 ……………………………………188
公的セクター
 管理動機 …………………………………56-58
 経済的インセンティブと行動 …………60-61
 信頼 ……………………………………125-126
公的セクターの労働者，ナイト的行動，悪党的行
 動 ……………………………………………60
行動
 経済的なインセンティブ …………60-61,161
 政策 ………………………………………… 16
 動機との区別 ……………………………… 45
 入所ケア …………………………………58-60
合理性，利己と利他 ………………………51-52
国営宝くじ ………………………………… 222
国民保険
 ――の機能 ……………………………… 231
 ――の動機（ニコラス・ティミンズと――）
 …………………………………………… 233
 ――の問題 ……………………………231-234
 給付削減 ………………………………… 232
 強力でない目的税 ……………………… 234
 幻滅 ……………………………………… 233
 再分配の手段 …………………………… 233
 保険料増額 ……………………………… 232
 目的税 …………………………223,231-234
 目的の明瞭性の欠如 …………………… 234
個人
 犠牲者 ……………………………………33-34
 自律的な行動 ……………………………… 33
個人開発口座（マイケル・シェラドンと――）
 ………………………………………………207

277

事項索引

個人主義（リチャード・ティトマスと――）…33
個人的な利益（ラ・ロシュフーコーと――）…48
個人の失敗
　　意思決定 …………………119-121,122-125
　　近視眼 ………………………………………138
個人の同一性
　　デレク・パルフィットと―― ………140-143
　　ジョーン・ブルームと―― ………………140
国家
　　個人の貯蓄への介入 …………………134-143
　　同額助成 ……………………………………208
　　動機に対する影響 ……………………… 75-77
　　道徳の萎縮 ……………………………… 75-77
　　福祉サービスの提供 …………………………18
　　不信 …………………………………………219
　　利他主義の堕落 ………………………… 77-81

【サ　行】

サービス提供
　　――のネットワークモデル ………77-80,96
　　――のモデル ……………………………77-81
　　悪党 ……………………………………90,92,96
　　インセンティブ契約 ………………… 93-97,101
　　頑健なインセンティブ ……………………101
　　市場のインセンティブ ……………………88-89
　　ナイト ……………………………………89-90,96
　　非営利団体 ……………………………… 97-100
　　→インセンティブ構造も見よ
財政と行為主体 …………………………133-143
再分配 ……………………………………………26
搾取
　　――と利他主義 ……………………………102
　　ポーラ・イングランドと―― ……………102
　　トーマス・ヴァイスコップと―― ………102
　　ナンシー・フォルベと―― ………………102
　　ロバート・フランクと―― ………………102
歯科医の動機（ピーター・テイラー＝グッビーと
　　――） ……………………………………………58
試験の成績（スティーブン・ブラッドレーと
　　――） …………………………………………170
資産管理のトレーニング（スチュアート・ホワイ
　　トと――） ……………………………………196
資産窮乏（ジョン・バイナーと――） ……192
資産所有
　　一般的な資本主義 …………………………187
　　権限付与 ………………………………181,191
　　行為主体 ……………………………………188
　　厚生 …………………………………………188
　　資産の平等主義 …………………………186-191
　　自主 …………………………………………189

若年層の―― …………………………………192
不平等 …………………………………………186
→デモグラントも参照のこと
資産調査
　　長期ケア ………………………………210,213
　　デモグラント ………………………196-197
自主性
　　強制 …………………………………205-207
　　資産所有 ……………………………188-189
市場
　　公共サービス ……………………27,238-239
　　市場の失敗 …………………………135-137
　　社会民主主義 ………………………………30
　　新自由主義 …………………………………30
　　狭める ………………………………………69
　　動機に対する影響 …………………………70
　　道徳的 ……………………………………242
　　ナイト的行動に対する影響 ………… 67-75
　　福祉国家 ………………………………27-28
　　文明化 ……………………………240-243
　　利己的 …………………………………30-31
　　→準市場も見よ
市場社会主義 ……………………………………35
市場のインセンティブ
　　――の影響 ………………………………70-73
　　医師の行動 ………………………………161
　　犠牲 ………………………………………84
　　サービス提供 …………………………88-89
　　動機 ……………………………………88-89
　　利他 ……………………………68-75,83,242
市場の限界（リチャード・ティトマスと――）
　　…………………………………………………68-71
市場の利点（ラパート・ゴードンと――）…241
慈善
　　ジュリアン・ウォルパートと―― ……64
　　ジオッティ・カンナと―― ………………64
　　ブルース・キングマと―― ………………64
　　チャールズ・クロトフェルターと―― …64
　　トッド・サンドラーと―― ………………64
　　ジョン・ポスネットと―― ………………64
　　締め出し ……………………………64-65
資本主義と資産所有 ……………………………187
締め出し（ジェームズ・アンドレオーニと――）
　　…………………………………………………64
社会政策と準市場革命 ………17-18,151,166-174
社会投資国家 ……………………………………36
社会保険 ………………………………………236
　　長期ケア …………………………………211
　　目的税 …………………………………221-223
　　→保険，国民保険も見よ

278

事項索引

社会保障，受給者と選択 …………………23
社会民主主義
　　行為主体 ………………………………33
　　公共政策 …………………………29-36
　　市場 …………………………………30,32
　　動機 ……………………………………32
社会民主主義と福祉国家の起源 ……20-21
若年層
　　ジェームス・バンクスと―― …………192
　　――の資産（サラ・タナーと――） ……192
　　――の資産窮乏 ……………………192
自由主義
　　権限付与 ……………………114,120
　　専門職の決定権 ……………………126
住宅
　　インセンティブの設計 …………178-179
　　買い取り入居 ………………………25
　　公営住宅 ………………………………23
　　公的基金 ……………………………195
　　準市場 …………………………………27
　　地方議会 ………………………………23
集団主義
　　新自由主義の不信感 ………………31
　　第二次世界大戦後 …………………19
　　利他 ……………………………………51
準市場 ……………………………238-239
　　スウェーデンの―― …………………28
　　トニー・ブレアと―― ………………29
　　悪党 ……………………………244-246
　　NHS ……………………………………28,29
　　教育制度 ………………………27,166-175
　　公共政策 ……………19,67,151,168-174
　　住宅 ……………………………………27
　　道徳 ……………………………241-243
　　ナイト …………………………………245
　　福祉国家 ……………………19,27,151
商取引と文明化 …………………240-243
　　ジョン・メイナード・ケインズ ……240-241
　　フランシス・フクヤマと―― ………241
　　トーマス・ペインと―― ……………240
自主性と資産所有 ……………………188-189
女性と利他 …………………………73-74
進化心理学 ………………………………50
信仰に基づく組織と公共の利益 …………98
新自由主義
　　行為主体 …………………………34-36
　　公共政策 …………………………30-36
　　集団主義 ……………………………32
　　動機 ……………………………………30
新生児債 ……………………………………184

　　→デモグラントも見よ
シンガポール ……………………………185
信頼
　　オノラ・オニールと―― ……………125
　　課税政策 …………………………219-221
　　公的セクター ……………………125-126
　　ネットワークモデル …………………77-81
　　利他主義 ……………………………51-52
スウェーデン ……………………………28
正義感 ……………………………………62
性差
　　経済的インセンティブの動機へのインパクト
　　　……………………………………73
　　利他主義 ……………………………73-75
政策立案者 ………………………………16
成人債
　　ブルース・アッカーマンと―― ……185,193
　　アン・アルストットと―― …………185,193
成績 ……………………………………166-174
政府
　　個人の貯蓄への介入 …………134-143
　　同額助成金 ………………207,209-213
　　動機の影響 …………………………75-77
　　統制 ……………………………………90
　　道徳の萎縮 …………………………75-77
　　福祉サービスの提供 …………………18
　　不信 …………………………………219
　　利他主義の堕落 ……………………77-81
政府支出に対する国民の態度
　　オルソリア・レルケと―― ……………224
　　ジョン・ヒルと―― ……………………224
選挙
　　権限付与 ……………………………128
　　説明責任の道具 ……………………218
　　→総選挙も見よ
選好 ………………………………………46
選抜（シャロン・ゲビルツと――）………168
専門医と病院の支払い ………………159-162
専門職と統制 ……………………………90
総選挙と目的税 …………………………225
相続税 ……………………………………182
　　デモグラント ……………182,200-202
　　不平等 ………………………………186-187
贈与関係（The Gift Relationship）（リチャード・ティトマス）………………54,68-69

【タ　行】

第三の道 ……………………………35-36
　　アンソニー・ギデンズと―― …………35
　　ビル・クリントンと―― ………………35

279

事項索引

地域教育管理局のイニシアティブ ……………164
中産階級と福祉国家 ………………………24-25
長期ケア
　同額助成金 ……………………………………211
　パートナーシップ ………………………210-216
貯蓄 ……………………………………………133
　強制的 ……………………………………205-207
　権限を付与されない …………………………135
　個人開発口座 …………………………………207
　個人の近視眼 ………………………………138-140
　個人の失敗 ……………………………………140
　国家の介入 ……………………………………134
　国家のパートナーシップ ………………206-209
　市場の失敗 ………………………………135-137
　将来の自己 ……………………………………141
　助成 ……………………………203, 207-210
　Savings Gateway ……………………………207
　パートナーシップ年金 …………………207-210
　福祉国家 ………………………………………136
デモグラント
　──の金額 ……………………………………193
　──の支給時期 ……………………………199-200
　A. B. アトキンソンと── …………………183
　ロバート・アンガーと── …………………184
　コーネル・ウェストと── …………………184
　ガビン・ケリーと── ………………………183
　セドリック・サンドフォードと── ………183
　シンガポールと── …………………………185
　デービット・ニッサンと── ………………184
　イーモン・バトラーと── …………………183
　マドセン・ピリーと── ……………………183
　ロバート・ヘイブマンと── ………………184
　トーマス・ペインと── ……………………182
　レイチェル・リソーと── …………………183
　ジュリアン・ルグランと── ………………183
　ジョン・レーマーと── ……………………185
　皆支給 ……………………………………196-199
　近年の提案については ……………………183-186
　権限付与 ………………………………………191
　貢献 ………………………………………200-203
　財政 ………………………………………200-202
　資産調査 …………………………………196-199
　資産の平等主義 ……………………………186-190
　使途 ……………………………………………194
　使途制約 …………………………………193-196
　定義概念 ………………………………………182
　トレーニング …………………………………196
　発案 ……………………………………………182
　反論 ………………………………………189-191
　歩とクイーン ……………………………191-193

負のインセンティブ ……………………203-204
濫用 ……………………………………………196
同一性
　個人的同一性 ……………………………140-143
　目的税 …………………………………………235
同額助成金 ………………………207, 208-210, 211
　ロス・アルトマンと── ……………………210
動機 …………………………………………44-46
　ロバート・レインと── ………………………85
　悪党的 ………………………………………46-48
　医師 …………………………………………57-58
　一般医 ……………………………148-153, 175-177
　イデオロギー ……………………………29-36
　NHSトラスト …………………………………58
　外在的 …………………………………………84
　犠牲 …………………………………………86-87
　献血 ……………………………………………54
　公営住宅入居者 …………………………178-179
　公共サービス ……………54-65, 82-87, 106-109
　構造 ………………………………165, 174, 175
　行動との区別 ……………………………………45
　サービス提供モデル ……………………77-81
　自己の利益 …………………………………46-48
　市場社会主義 ……………………………………35
　市場のインセンティブ ……………………………70
　締め出し効果 ………………………………86-87
　社会民主主義 ………………………………30-33
　新自由主義と── …………………………30-32
　政策改革 ……………………………………67-81
　政府の影響 …………………………………75-77
　相対価格効果 ………………………………85-86
　定義 ……………………………………………16
　内在的 …………………………………………84
　ナイト的 ……………………………………48-52
　入所ケア提供者 ……………………………58-60
　非営利団体 ………………………………97-100
　利他的 ………………………………………60-65
　倫理性 ……………………………………101-104
同情 ……………………………………………62
統制
　政府による ……………………………………90
　プライマリーケア・トラスト ………………158

【ナ 行】

ナイト
　一般医 ……………………………………148-149
　犠牲 …………………………………………74, 86
　教育制度 …………………………………163-166
　公的セクター …………………………………61
　行動型 ………………………………61-63, 82

事項索引

　　合理性 …………………………51
　　個人的な利益 ……………………48-50
　　異なる型の—— …………………65
　　サービス提供 …………………88-89
　　市場の影響 ……………………67-75
　　住宅 …………………………178-179
　　集団主義 ………………………51
　　準市場 ………………………245
　　信頼 …………………………52
　　政府による減少 ………………75-77
　　定義 …………………17, 48-52
　　動機 …………………………48-52
　　非行動型 ……………61-63, 76, 95
　　病院の専門医 …………………159-162
ニュージーランド
　　——の教育改革 ………………173
　　（デービット・フーズと——）………173
　　（フー・ローダーと——）…………173
　　学校間の競争 …………………172-173
　　準市場 ………………………28
入所ケア提供者
　　——の行動（ジュリアン・フォルダーと——）……………………58
　　——の動機（ジェレミー・ケンダルと——）…………………………58-59
年金 ……………………………133
　　強制 …………………………205-206
　　近視眼 ………………………138-143
　　助成制度 ……………………207-210
　　パートナーシップ制度 ……………207-210

【ハ　行】

パートナーシップ制度
　　長期ケア ……………………210-216
　　年金 …………………………207-210
発言 ……………………………158
　　権限付与 ……………………128
発言と離脱（アルバート・ヒルシュマンと——）…………………………158
非営利団体
　　サービス提供 …………………97-100
　　利他主義 ……………………99
平等主義
　　資産の—— …………………182, 186-191
　　→デモグラントも見よ
平等と教育制度 …………………23
歩
　　意思決定 ……………………115-132
　　教育制度 ……………………163-165
　　公共政策 ……………………238

　　税 ……………………………217
　　定義 …………………………17
　　デモグラント …………………191-193
　　目的税 ………………………224-225
フェビアン協会
　　課税に対する国民の態度 ………219, 223-224
　　デモグラント …………………184
福祉国家
　　アクター ……………………20-21
　　暗黙の仮定 …………………20
　　イデオロギーの影響 ……………29-36
　　強制の効果 …………………206
　　市場機構 ……………………27
　　社会民主主義者 ………………20-21
　　準市場改革 …………18-19, 27-28, 148
　　第二次世界大戦後 ………………19-20
　　貯蓄 …………………………136
　　道徳の萎縮 …………………75-77
　　標準化 ………………………23
不平等 …………………………181
　　資産所有 ……………………186
　　相続 …………………………186-187
　　年齢と関連した—— …………187
　　→平等主義も見よ
プライマリーケア・トラスト（PCT）……155-159
プリンシパル-エージェント理論とインセンティブ契約 …………………92-97, 100
分権化と予算管理医 ………………151-155
文明化と商取引 …………………240-243
ペアレンタリズム ………………119, 130
ベルギー
　　教育制度改革 …………………173
　　準市場 ………………………28
保険 ……………………………135
　　国の介入 ……………………134-143
　　助成金 ………………………211
　　長期ケアの社会保険 ……………211
　　モラルハザード ………………137
　　→国民保険・社会保険も見よ
ボランティア
　　市場のインセンティブの影響 ……71-73
　　人々の認識 …………………86

【マ　行】

民営化 …………………………27
民主主義と税収 …………………218
無力感と課税 …………………219
命令と統制，サービス提供モデル ……77-81
目的税
　　——に関する議論 ………………223-231

281

事項索引

　　──の歴史 …………………221
　　アーロン・ヴィルダフスキーと── ……229
　　カロライン・ウッパーと── ……229
　　医療保険税 …………………235
　　景気の安定化 ………………226
　　国民保険 …………………231-234
　　純粋性 ………………………227
　　総選挙 ………………………225
　　他の支出への影響 …………228-229
　　強い意味の── ……………227
　　定義 ………………………221-223
　　デモグラントの財政 ………200
　　反対意見 …………………225-231
持ち家（ガビン・スマートと──）……195
モラルハザード
　　インセンティブ契約 ………93
　　年金 …………………………206
　　保険 …………………………137

【ヤ　行】

予算管理とGP …………………175
予算管理医
　　ブロンウィン・クロクソンと── ……155
　　マーク・デュシェイコと── …154
　　アンディー・バーキンスと── …155
　　キャロル・ブロッパと── …155

【ラ　行】

利己（自己の利益）………………45-48
　　ジョセフ・バトラーと── …49
　　公共サービスの提供 ………27
　　合理性と利他主義 …………51
　　新自由主義 ………………30-32
　　政策 …………………………16
　　定義 ………………………46-48
　　ナイト的動機 ……………48-52
利己的遺伝子（リチャード・ドーキンスと──）
　　………………………………50
利他主義 …………………45, 48
　　──の存在 …………………65

　　──の堕落 ……67, 75-77, 77-81
　　（アラン・ウェアと──）……68
　　（フレッド・ヒルシと──）……68
　　──の不在（トマス・ホッブスと──）
　　…………………………48-49
　　──の腐敗（リチャード・セネットと──）
　　………………………………68
　　ジャネット・フィンチと── …48
　　マシュー・ラビンと── ……54
　　医師 ………………………56-58
　　意思決定 ……………………126
　　機会費用 ……………………83
　　犠牲 ……………83-84, 86-87
　　義務的 ………………………73
　　献血制度 …………………54, 68
　　公共サービス ………………59
　　公的セクターの管理者 ……56
　　行動型 ……………………61-63
　　搾取 …………………………102-104
　　市場のインセンティブ …69-76, 83, 242-243
　　慈善 ………………………63-65
　　集団主義 ……………………51
　　信頼 …………………………52
　　性 …………………………73-74
　　専門医への支払い ………159-162
　　存在しない── ……………49
　　非営利団体 ………………97-100
　　非行動型 …………………61-63, 76
　　費用の閾値 …………………83
　　優越感 ……………………244
　　利己と合理性 ………………51
離脱と権限付与 ………128-131, 158-159
利他的な供給（リチャード・ティトマスと──）
　　………………………………101
立証費用の問題とインセンティブ契約 ……95
倫理と動機 …………………101-104
老年
　　──への準備 ………………134
　　→長期ケア，年金も見よ

282

《監訳者紹介》

郡司篤晃　（ぐんじ　あつあき）

1937年茨城県水戸市生まれ。東京大学医学部卒、同大学院卒。医学博士。東京女子医科大学日本心臓血圧研究所研究部を経て1975年に厚生省入省、その後医務局総務課、環境庁、鹿児島県衛生部長、厚生省生物製剤課長、健康増進栄養課長を歴任。1985年より東京大学医学部保健管理学教授。
現在、聖学院大学大学院人間福祉学研究科長・教授。

〔著書〕『医療システム研究ノート』（丸善プラネット），『保健医療計画ハンドブック』（編著，第一法規），『身体活動・不活動の健康影響』（編著，第一出版），『福祉国家の医療改革』（東信堂），『医療と福祉における市場の役割と限界』（聖学院大学出版会）など。

ジュリアン・ルグラン
公共政策と人間──社会保障制度の準市場改革
2008年8月25日　初版第1刷発行

監訳者　　郡　司　篤　晃

発行者　　大　木　英　夫

発行所　　聖　学　院　大　学　出　版　会

〒362-8585　埼玉県上尾市戸崎1-1
電話 048-725-9801
Fax. 048-725-0324
E-mail: press@seigakuin-univ.ac.jp
印刷　堀内印刷

©2008, Gunji Atsuaki
ISBN4-915832-74-1　C3036

梅津順一 著
「文明日本」と「市民的主体」
福沢諭吉・徳富蘇峰・内村鑑三
〈聖学院大学研究叢書 1〉

A 5 判　288頁　6090円
978-4-915832-38-3（2001）
(4-915832-38-4)

開国と明治維新は，近代日本の為政者と人民に思想的に大きな課題を突きつけた。それは日本の目指す政治体制，為政者の役割，人民の生き方，あるいは国際社会における自国の位置付けを，世界に向かって「理解されるもの」として語る必要からであった。本書では，「文明日本」と「市民的主体」の二構想を諭吉・蘇峰・鑑三の思想を通して明らかにする。

安酸敏眞 著
歴史と探求
レッシング・トレルチ・ニーバー
〈聖学院大学研究叢書 2〉

A 5 判　205頁　5250円
978-4-915832-39-0（2001）
(4-915832-39-2)

中間時における真理の多形性をとく「真理の愛好者」レッシング，「徹底的歴史性」の立場でキリスト教的真理の普遍妥当性と格闘したトレルチ，歴史の有意味性を弁証しつづけたニーバーのそれぞれの思想的連関を考察し，著者の神学的・宗教哲学的立場から偶然的な歴史的真理と必然的な規範的真理の関係性を明らかにする。

金子晴勇 著
エラスムスとルター
16世紀宗教改革の二つの道
〈聖学院大学研究叢書 3〉

A 5 判　275頁　6090円
978-4-915832-50-5（2002）
(4-915832-50-3)

自由意志の問題は，古代から中世，近代にかけて，アウグスティヌスとペラギウス，エラスムスとルター，ジェズイットとポール・ロワイヤルの思想家たち，さらにピエール・ベールとライプニッツなどの間で激烈な論争が繰り広げられた哲学と神学の重要主題であった。本書では，自由意志と奴隷意志論争を焦点に，ルネサンスと宗教改革という二つの精神上の運動を述べる。

郡司篤晃 編著

医療と福祉における市場の役割と限界
イギリスの経験と日本の課題
〈聖学院大学研究叢書 4〉

A5判 199頁 5250円
978-4-915832-56-7 (2004)
(4-915832-56-2)

イデオロギーの対立が消滅して，グローバリゼーションが進行し，あらゆる場面で経済競争が激化している。医療・福祉などの社会保障の分野でも例外ではない。そのサービスの質と平等を確保しつつ，いかにそれらのシステムを効率化していけるかが各国で模索されている。本書は，この重要な主題を論じたものである。

平修久 著

地域に求められる人口減少対策
発生する地域問題と迫られる対応
〈聖学院大学研究叢書 5〉

A5判 198頁 5040円
978-4-915832-60-4 (2005)
(4-915832-60-0)

人口減少は住民という縮んでしまうパイの奪い合いを意味し，自治体の淘汰に繋がりかねない。しかしこの危機感は特に東京都市圏に含まれる自治体の間で芽生えていない。本書は，自治体へのアンケート調査をもとに，「人口減少期に対応する意識と政策」を分析し，人口減少というこれまで自治体が前提としてきた人口増加とはまったく異なるシナリオを提示。

H. リチャード・ニーバー 著
柴田史子 訳

アメリカにおける神の国
〈聖学院大学研究叢書 6〉

A5判 214頁 3150円
978-4-915832-71-0 (2008)

本書は，アメリカの社会学者，倫理学者，また神学者として知られる著者が，アメリカにおいて「神の国」という思想がどのように展開したかを歴史的に論じた古典である。1937年の出版であるが，アメリカとは何かを神学的に解明しており，現代のアメリカのキリスト教，アメリカ社会を理解するうえで欠くことのできない書物である。

標宮子 著

とはずがたりの表現と心

「問ふにつらさ」から「問はず語り」へ
〈聖学院大学研究叢書 7〉

A5判 570頁 9450円
978-4-915832-72-7（2008）

『とはずがたり』は1938年に発見され，埋もれた古典として話題になった文献であるが，それ以降，研究者によって地道な注釈研究がなされてきた。本書は，それらの成果を踏まえながら，作品の背景である宮廷貴族の生活を解明し，主題となっているさまざまな人間関係の中で苦悩する著者の生き方を現代に甦らせている。

大木英夫 著

ピューリタン

近代化の精神構造

四六判 232頁 2100円
978-4-915832-66-6（2006）
（4-915832-66-x）

著者は，近代の成立をルネッサンスと宗教改革に求め，非宗教化と捉える俗説を排し，近代の起源を，「教会と国家の分離」「人間の個人化」「契約社会への移行」という構造変化に見出す。その構造変化の担い手としてのピューリタンたちの運動の思想史を描く。名著『ピューリタン』の改訂新著。

松谷好明 著

イングランド・ピューリタニズム研究

A5判 432頁 8400円
978-4-915832-70-3（2007）

イギリスに起こり，アメリカへと展開したピューリタニズムは明治期から日本の文学・思想に多大な影響を与えてきているが，一方でまちがった理解によりゆがんだピューリタニズム像も描かれてきた。本書は，ピューリタンたちの生み出した第一次資料にあたって歴史資料に則ったピューリタン像を描くとともに，ピューリタニズムを世界史的動向の中で捉え，歴史を変革し，形成する普遍的原理としてのピューリタニズムを評価しなおすものである。

C. E. メリアム 著 和田宗春 訳 ## シカゴ 大都市政治の臨床的観察 A 5 判　332頁　4830円 978-4-915832-53-6（2006） (4-915832-53-8)	『政治権力』などの著作で知られる，アメリカ現代政治学の始祖，メリアムによる都市行政論の古典，急激に膨張する大都市の成長過程に，どのような政治機構，政治活動，人間組織が現れてくるのか，政治権力がどのようにして誕生してくるのかを詳細に描く。メリアム自身の市議会議員経験6年を含む28年のシカゴ在住の体験をもとに書かれたもので，メリアム政治学の原形とみなされる書。
M. L. スタックハウス 著 深井智朗 他訳 ## 公共神学と経済 A 5 判　307頁　4305円 978-4-915832-43-7（2004） (4-915832-43-0)	宗教の機能を個人の敬虔の問題として矮小化する傾向と宗教をだれにも与えられている真理の問題として拡散させる方向に対して，著者は，キリスト教神学の伝統から，「スチュワードシップ」という概念を展開し，キリスト教信仰は，公的領域に関わり，現代の政治・経済の複雑な課題に対しても，「解釈的で規範的なガイドラインを提供する」ことを論じる。著者は，プリンストン神学大学院教授。
L. D. ガルスト 著 小貫山信夫 訳 ## チャールズ・E・ガルスト ミカドの国のアメリカ陸軍士官学校卒業生 四六判　290頁　4200円 978-4-915832-52-9（2003） (4-915832-52-x)	米国ディサイプルス派の宣教師C. E. ガルストはウエストポイント（陸軍士官学校）に学び軍人を志すが，キリスト教の宣教師として献身することを決意し1883年（明治16年）来日した。東北秋田の地でキリスト教の伝道に携わる一方，社会運動にも乗り出し，土地だけに課税すべきとする土地単税論を説き，単税太郎と称された。本書はガルストの夫人による彼の劇的な生涯の伝記である。

大木雅夫・中村民雄 編著
多層的ヨーロッパ統合と法

A 5 判　574頁　6300円
978-4-915832-77-2（2008）

本書は，政治，経済，法の各分野を横断する総合的な観点から，ヨーロッパ統合の過去と現在を重層的に見直すことによって，現在のEUをできるだけ客観的に認識し，これを基礎にしてEU法の現在を解明する。特に「欧州憲法条約」の意義など，正しい現実を認識し，歴史的・比較的方法によってEU法を客観的に認識し，日本の対EU政策の方向づけについて論じる。

ジョン・ウィッテ 著
大木英夫・髙橋義文 監訳
自由と家族の法的基礎

四六判　273頁　3360円
978-4-915832-75-8（2008）

現代の社会で大きな課題に直面している結婚，デモクラシー，また教会と国家の分離などに，憲法学，法律学の立場から考察を加え，現代の諸問題に新しい視角から新しい局面を浮かび上がらせる。著者はエモリー大学法学部教授であり，同大学の「宗教と法」研究所長として数多くの研究活動を進めており，また著書を発表している気鋭の法学者である。

F. ヴィルヘルム・グラーフ 著
近藤正臣・深井智朗 訳
ハルナックとトレルチ

四六判　131頁　1890円
978-4-915832-73-4（2007）

ドイツの第二帝国の時期（1870年から1918年）は，急激な社会変化とそれに続く政治的，社会的，文化的対立によって特徴付けられる。この時期における神学も大きな変革を余儀なくされた。この時代に歴史的変動と取り組み神学的主題としたハルナック，トレルチなどの神学者を論じ，激動の時代のドイツの思想状況を明らかにする。